权威·前沿·原创

皮书系列为
"十二五""十三五"国家重点图书出版规划项目

广州蓝皮书
BLUE BOOK OF
GUANGZHOU

广州市社会科学院／编

广州汽车产业发展报告（2017）

ANNUAL REPORT ON GUANGZHOU AUTOMOBILE INDUSTRY
(2017)

主　编／杨再高　冯兴亚
副主编／白国强　巫细波

社会科学文献出版社
SOCIAL SCIENCES ACADEMIC PRESS（CHINA）

图书在版编目（CIP）数据

广州汽车产业发展报告 . 2017 / 杨再高，冯兴亚主
编 . -- 北京：社会科学文献出版社，2017.7
　（广州蓝皮书）
　ISBN 978 - 7 - 5201 - 0992 - 5

　Ⅰ. ①广⋯　Ⅱ. ①杨⋯ ②冯⋯　Ⅲ. ①汽车工业 - 经
济发展 - 研究报告 - 广州 - 2017　Ⅳ. ①F426.471

　中国版本图书馆 CIP 数据核字（2017）第 150102 号

广州蓝皮书
广州汽车产业发展报告（2017）

主　　编／杨再高　冯兴亚
副 主 编／白国强　巫细波

出 版 人／谢寿光
项目统筹／丁　凡
责任编辑／高振华

出　　版／社会科学文献出版社·区域与发展出版中心（010）59367143
　　　　　　地址：北京市北三环中路甲 29 号院华龙大厦　邮编：100029
　　　　　　网址：www. ssap. com. cn
发　　行／市场营销中心（010）59367081　59367018
印　　装／北京季蜂印刷有限公司

规　　格／开　本：787mm × 1092mm　1/16
　　　　　　印　张：18.75　字　数：282 千字
版　　次／2017 年 7 月第 1 版　2017 年 7 月第 1 次印刷
书　　号／ISBN 978 - 7 - 5201 - 0992 - 5
定　　价／79.00 元

皮书序列号／PSN B - 2006 - 066 - 3/14

主要编撰者简介

杨再高 现任广州市社会科学院副院长、博士、研究员。广东省政府决策咨询顾问委员会专家委员，广州市政府决策咨询专家，广州市优秀中青年社会科学工作者。主要从事区域经济学、区域与城市发展战略规划、开发区发展与规划、产业发展规划研究、项目投资可行性研究。合作出版著作8部，在《经济地理》《南方经济》《农业经济问题》《广东经济》《城市发展研究》等刊物上发表论文100多篇；主持和参与完成课题100多项。先后获国家发改委和广州市优秀成果奖等奖项8项。

冯兴亚 现任广州汽车集团股份有限公司副董事长、党委副书记、总经理、执行委员会主任。曾任广州汽车集团股份有限公司常务副总经理，广汽丰田汽车有限公司销售部副部长、销售本部副本部长、副总经理、董事、党委委员、执行副总经理，郑州日产汽车有限公司党委委员、副总经理，郑州海燕搪瓷股份有限公司副董事长兼党委委员、总经理，郑州日产汽车配套处处长，郑州轻型汽车制造厂车间副主任、生产准备室副主任、总装厂厂办副主任。冯兴亚先生2008年3月被广州市委、市政府评为"广汽集团十年发展突出贡献先进个人"，2009年3月在"第四届华鼎奖汽车年度人物"的评选中获得"2008中国汽车年度风云人物"大奖，2009年被人力资源和社会保障部、中国机械工业联合会评为全国机械工业劳动模范先进工作者，2013年6月被人民网主办的"新中国汽车工业诞辰60周年盛典"评选为"中国汽车工业60年卓越贡献人物"。

白国强 现任广州市社会科学院区域经济研究所所长、研究员、博士，广州市政府决策咨询专家，广州市政府重大行政决策咨询专家；广东省委宣传部思想理论优秀人才"十百千工程"第二层次培养对象。曾任广东省委党校（行政学院）经济学部（系）副主任、德庆县副县长等职，2003年被选送至美国佛蒙特大学、纽约州立大学做访问学者。研究方向为区域经济发展与战略、城乡规划、产业经济。承担课题100多项，在《南方经济》《城市问题》《产经评论》《湖北社会科学》等期刊上发表论文近百篇，参编专著、教材10本。其中包括承担国家社科规划重点课题2项，中央党校课题2项，省级课题9项，其他项目20多项。曾获中央党校教学资源片奖、国家行政学院科研评奖一等奖、《南方日报》十佳通讯员等多项奖励。

巫细波 广州市社会科学院区域经济研究所副研究员。研究方向为区域经济学、汽车产业、空间计量与GIS应用。2010年至今在广州市社会科学院工作。主持和参与国家及省市社科规划课题2项，完成相关应用决策课题40多项；独立完成《广州汽车产业自主创新与升级研究》《广州智慧城市战略实践与展望》等著作2本，参与编写《广州汽车产业发展报告》（2009～2016年）等著作8本。在《地理科学》《城市发展研究》《科技管理研究》《汽车工业研究》《商业经济研究》《广州汽车产业发展报告》等刊物上公开发表论文20多篇。

摘　要

为及时了解广州和国内外汽车产业发展现状及趋势，科学指引和促进广州汽车产业转型发展，在广州市领导和有关部门的支持下，广州市社会科学院区域经济研究所和广州汽车产业研究中心联合编写了《广州汽车产业发展报告（2017）》。

本书重点展现了广州汽车产业在2016年的发展情况，跟踪新形势下广州以及国内汽车产业发展的动态及热点问题，展望2017年及今后广州汽车产业发展的背景和前景，研究探讨了广州汽车产业发展的对策。全书的内容主要包括总报告、环境篇、专题篇、区域篇、企业篇和附录。

总报告：简要回顾了2016年广州汽车产业发展概况，指出了汽车产业发展存在的不足，阐述了广州汽车产业发展的动态及热点，展望了2017年及未来一段时间广州汽车产业发展的形势及前景，预计2017年广州汽车产量可超过290万辆，汽车工业产值可超过4800亿元，并提出了广州汽车产业进一步做大做强的对策措施，为广州打造国际汽车制造基地提供了决策参考。

环境篇：主要分析和展望了2016年国内外汽车产业发展形势和概况，主要包括全球汽车产业发展态势、税收政策与我国汽车产业全要素生产率、自主品牌汽车产业供给侧结构性改革、我国新能源汽车发展趋势及对策研究等。

专题篇：主要为广州汽车产业专题研究，包括广州汽车产业外经贸发展概况、广州网约车发展及对策建议、基于国际比较的广州城市交通状况分析、政府对广州汽车产业发展影响研究等。

区域篇：主要介绍广州各区汽车产业发展概况，包括花都区新能源汽车产业发展情况与展望，从化区、增城区和花都区汽车产业发展形势及未来展望等。

企业篇：主要分析了广州汽车工业集团、广汽乘用车等汽车企业2016年经济运行状况及对未来的发展展望。

附　录：主要收录国内及广州汽车产业发展的相关政策动态、广州汽车产业大事记等。

总体上，作为为数不多的中国区域汽车产业发展蓝皮书，本书定位为专家观点、民间立场，以专家、学者们提供的各类关于广州汽车产业发展的研究报告为主，各区有关部门、汽车企业等提供的一些汽车产业专题调研成果和汽车产业界部分专家的重要成果也构成本书的重要内容。从书中我们不仅能够看到广州汽车发展的真实轨迹和不俗成就，也能看到市内外专家、学者对广州及中国汽车产业发展的真知灼见，还能看到国家及广州汽车企业出台的有关汽车产业发展的最新规划、政策、信息，以及国内一些省市汽车产业发展的动态。

关键词：广州汽车产业　供给侧结构性改革　市场环境

Abstract

Annual Report on Guangzhou Automobile Industry (*2017*), which is co-edited by Institute of Regional Economy in Guangzhou Academy of Social Sciences and Guangzhou Automobile Industry Research Center, received great supports from municipal government, leaders and concerning departments. The goal of this book is to research on the automobile industry development and trends in Guangzhou, inside and outside China, which will the beneficial to the development of Guangzhou's auto industry.

The focus of this bookis to show the achievements of Guangzhou's automobile industry development in 2016, and also to track Guangzhou and domesticdevelopment and hot issues of auto industry, and forecast the background and foreground of Guangzhou automobile industry in 2017 and the future. The research of the countermeasures of scientific development for Guangzhou automobile industry is also one of the focus of this book. The content of this book includes chapters such as general report, development environment, special reports, regional development, enterprisesdevelopment, and appendix.

Part 1 is the General Report. It mainly analyzes the development of Guangzhou automobile industry in 2016, points out the shortages, elaborates the trends and hot issues of Guangzhou automobile industry and forecasts on the development situation and tendency in 2017 and also the future. This chapter makes a forecast that vehicle production is expected to reach 2. 9 million, and the output value of the auto industry will exceed 480 billion Yuan. It also puts forward countermeasures for the development of Guangzhou automobile industry, which will facilitate to build Guangzhou into an international automobile manufacturing base.

Part 2 is Development Environment Reports. It mainly analyzes the development situation of the global automotive industry, study on tax policy and total factor productivity (TFP) of China's automobile industryEnterprises, discussion on supply-side structural reform of the independent brand automobile industry, development trends and countermeasures of Chinese new energy vehicle and so on.

Part 3 is Special Reports. This part focuses onsituation and outlook of Guangzhou's foreign trade in automobile industry, research on the development of Guangzhou's network booking taxi in the background of supply-side structural reform, analysis of Guangzhou urban transportation status based on international c omparison and its countermeasures, research on the influence of government on the development of Guangzhou automobile industry, research on the supporting policy of Guangzhou automobile industry.

Part 4 is Regional Development Reports. This part focuses on development and prospect of Huadu new energy vehicles, development and trend of automobile industry and in Zengcheng, Huadu, Conghua and so on.

Part 5 is Enterprises Development Reports. It mainly analyzes the economic performance in 2016 and the trends of Guangzhou Automobile Group and Guangzhou Automobile Co., Ltd. and so on.

In summary, it is the only regional blue book in which the automobile industry in China has been covered and focused on. Meanwhile, it is an elegant collection of experts' views and civilian standpoints, including not only research reports on the industry originated by related experts and scholars, but also investigations and research fruits provided by various departments of Guangzhou, enterprises and so on. We are sure that from the book, readers will track the development of the automobile industry in Guangzhou and achievements herein, and acquire penetrating judgments from various experts and scholars in or out of Guangzhou. Furthermore, readers will gain the newest plans, policies, information about the industry and current events of development in Guangzhou and even the other cities and provinces in China.

Keywords: Guangzhou Automobile Industry; Supply-side Structural Reform; Market Environment

序言
把握发展新趋势　培育发展新动能

杨再高*

2016 年广州汽车产业发展再创新高。受益于世界经济继续呈现温和复苏态势和各国汽车消费鼓励政策，全球汽车产销增速呈现企稳回暖趋势，我国汽车产销增速再次实现两位数增长，汽车产销规模再创历史新高，连续第 8 年位居全球第一。受国内汽车产销增速较快的影响，在广州汽车整车产能扩张、产品结构优化升级和自主品牌发力的拉动下，广州汽车产业在"十三五"开局之年交出了一份令人振奋的成绩单，汽车制造业产值达 4346.27 亿元，比 2015 年增长 12.6%，增速较上年加快 4.7 个百分点；汽车制造业增加值占广州 GDP 的比重超过 6%，为广州经济持续稳定健康发展及质量、效益提升做出了重要贡献。全年广州汽车产量 262.88 万辆（居全国第二位）、销量 262.59 万辆，分别增长 19.0% 和 17.2%，比全国汽车产、销增速分别高 4.5 个和 3.5 个百分点。汽车零部件制造业持续快速发展，产值达 1187.05 亿元；汽车贸易、汽车金融等汽车服务业及其他汽车产业持续稳定发展。广汽集团坚持创新发展，通过从制造向创造、从数量向质量、从产品向品牌的三大转变，实现了汽车产销高速增长，其母公司广汽工业集团位列"2016《财富》世界 500 强"第 303 位，比 2015 年排名上升了 59 位。以广汽传祺为主的自主品牌持续高速发展，产销规模突破 50 万辆，占全市汽车产量的比重达到 20.44%，自主品牌汽车已经成为广州汽车制造业发展的新引擎。市委市政府

---

* 杨再高，广州市社会科学院副院长、博士、研究员。

更加重视汽车产业发展，已编制出台了《广州汽车产业2025战略规划》《广州市汽车零部件产业基地规划》等，进一步明确了广州汽车产业发展的目标及思路，为推动广州汽车产业新一轮大发展创造了良好的环境。

2016年广州汽车产业发展短板仍存。得益于自主品牌汽车的高速增长，汽车工业作为广州第一支柱产业的地位继续强化，汽车工业及关联的相关汽车行业仍是当前广州现代产业体系发展的重要增长点。在广州全市新的支柱产业尚未发展形成、新旧支柱产业动能尚未接续的情况下，汽车产业快速发展为广州经济持续稳定健康发展及国家重要中心城市经济地位的巩固提供了重要支撑。汽车产业已是西方工业发达国家国民经济的支柱产业，经过100多年的发展和演变，现已步入产业成熟期和竞争格局重塑期，同时也正处于创新发展、技术升级、消费结构转型的关键时期。在经济发展新常态背景下，我国作为全球最大汽车产销国，汽车产业进入了一个新的发展时期。当前，广州汽车产业发展的基础很好、优势明显、前景乐观，但面对国内外竞争激烈和创新方兴未艾的汽车产业发展形势，广州也有必要正视汽车产业存在的不足与短板。从与全国汽车产业发展比较及未来激烈竞争的态势来看，虽然广州汽车生产规模已位居全国第二，但单辆车的产值明显低于上海、长春、重庆、北京等特大汽车城市，整车制造业对零部件制造业的辐射带动作用还不强，尤其是对自主品牌零部件企业的带动作用有待加强；汽车研发创新能力有所增强，但自主变速箱、新能源汽车、智能网联汽车等领域还偏弱；新能源汽车发展速度明显滞后于全国平均水平，推广应用环境还有待加速完善；汽车服务业与汽车制造业发展不协调，以及城市交通拥堵加重、停车场短缺、汽车环境污染等诸多因素，使2017年及未来广州汽车产业发展面临不少挑战。我们必须增强忧患意识，保持战略定力，抓住汽车电动化、国际化、网络化、绿色化及汽车产业转型升级的机遇，继续推进广州汽车产业健康快速发展和做大做强。

2017年广州汽车产业发展环境乐观。随着新一轮产业和科技革命的加速到来，汽车产业正在与新技术、新产业、新商业模式发生积极的化学反应，作为传统产业的同时，也不断孕育形成具有高技术、高附加值的新兴产业，在新能源汽车、智能汽车、网联汽车、无人驾驶汽车等汽车产业的新兴领域将迎来新的蓝海市场。尤其是汽车产业与互联网等新技术的深度融合，汽车全产业链纵横深度拓展，汽车生产领域的智能制造，产品领域的车联网、智能汽车、新能源汽车，销售与金融保险领域的线上线下融合汽车平台，服务使用领域的共享汽车等都将形成汽车产业发展的巨大商机。事实证明，汽车产业发展至今都是具有产业关联度高、规模效益明显、资金和技术密集等特点的大产业，是汽车强国、制造强国、经济强国最重要的支柱产业。同时，我国作为千人汽车拥有量还不高的人口大国，随着城镇化、工业化、信息化、农业现代化的推进及全面建成小康社会的到来，汽车产业将迎来新一轮发展的战略机遇期，汽车产业在"十三五"时期及未来相当长一段时间仍是我国制造业强国建设及经济发展的重要支柱产业。广州应积极把握世界汽车产业领域发展的新趋势、新商机和我国汽车产业发展的战略机遇，坚持新发展理念，厚植汽车产业发展的新优势，形成发展的新动能，营造发展的新价值。

2017年广州汽车产业发展应创新拓展。中国汽车产业进入"十三五"规划和《中国制造2025》实施的第二年。汽车产销市场在经历了2016年快速增长之后，竞争将更加激烈、环境将更加复杂，但汽车产业发展形势仍较乐观，中国品牌汽车、新能源汽车、共享汽车、二手车、汽车金融、汽车租赁、汽车贸易及"走出去"等将呈不断上升态势，为2017年及未来汽车产业发展创造良好的环境及条件。随着广州汽车产业新兴领域的快速发展及自主品牌的强势崛起，汽车产业作为广州第一支柱产业对广州经济及国家重要中心城市发展的支柱作用，有望在"十三五"时期及未来一段时间得到进一步强化。同时，如果能把握全球汽车制造业格局重大调整、我国汽车强国建设、汽车新技术新产品新领域崛起等发展新机遇，广州汽车产业仍有较大的发展空间，汽车产业对未来广州国民经济发展的支撑、支柱作用会更大，对"广州制造业2025"行动纲领实施及高端、高质、高新现代产业体系建设发展起到更加重要的作用。因此，推进2017年及未来广州汽车产业发展，一是加快落实落细汽车产业规划和重大项目建设。全面推进《广州汽车产业2025战略规划》《广州市汽车零部件产业基地规划》等重要规划的实施，尤其要加快广汽智联新能源汽车产业园、广汽比亚迪、广汽丰田三期等汽车产业重大项目攻城拔寨、落地生根和开花结果。二是大力实施创新驱动发展战略。把握国际汽车产业发展的新技术、新产品、新领域、新商业模式及新趋势，按照智能化、绿色化、品牌化和国际化发展的要求，大力集聚整合国内外高端汽车产业资源，大力加强现代汽车核心技术及产品的研发，大力发展节能与新能源汽车、智能汽车、动力电池、先进变速器、智能控制等汽车行业及关键零部件，打造世界级汽车品牌，提高广州汽车产品及服务的供给质量。三是深入拓展汽车全产业链。要按照整车与零部件、汽车制造与服务业协调发展的要求，围绕汽车产业创新链、价值链和生态链，大力发展汽车零部件制造业，大力发展汽车金融保险、汽车租赁、汽车后市场、汽车电商、车联网、平行汽车进口等现代汽车服务业，提高广州汽车制造配套能力和汽车服务业竞争力。四是全力推进广汽集团做大做强。要抓住国际汽车制造业格局调整、国内汽车产业转型升级及并购重组、供给侧结构性改革、"一带一路"建设等机遇，以国际先进汽车企业为标杆，以自主品牌发展为重点，以汽车技术及产品创新为核心，加快做强做优自主品牌新能源整车、汽车关键零部件、汽车金融服务、汽车电商及车联网等汽车行业，积极支持广汽集团"走出去"开展国际产能合作和打造国际品牌，提升广汽集团的可持续发展能力和国际竞争力，进一步提升广汽集团在《财富》世界500强中的地位。五是营造一流的汽车产业发展环境。要主动适应和引领经济发展的新常态，按照汽车产业未来发展趋势，打造国际一流的汽车产业发展新载体，拓展广州汽车产业发展新空间，完善优化相关配套和服务，设立汽车产业创新基金，落实汽车产业发展政策优惠，完善汽车产业发展的商业和文化氛围，激发广州汽车产业创新发展活力，为在新征程上再创广州汽车产业发展新优势、新辉煌，促进高端、高质、高新现代产业体系建设，实现广州经济在保持中高速增长中提质增效，推进广州国家重要中心城市建设全面上水平及更好践行习近平总书记对广东提出的"三个支撑"要求提供更强大的支撑。

2017 年 4 月 15 日

目　录

Ⅳ 区域篇

Ⅴ 企业篇

Ⅵ 附录

皮书数据库阅读 **使用指南**

CONTENTS

I General Report

II Development Environment Reports

III Special Reports

Ⅳ   Regional Development Reports

Ⅴ   Enterprises Development Reports

VI   Appendix

总 报 告

General Report

B.1

广州汽车产业发展形势分析与展望
（2016~2017年）

巫细波　白国强*

摘　要： 2016年，广州汽车产业再次实现两位数增长，整体迈上了新台阶：汽车产销规模突破260万辆，汽车工业总产值突破4300亿元，其中汽车零部件产值突破千亿元规模；自主品牌实现快速崛起，多品牌整车生产格局初步形成。本文重点分析2016年广州汽车产业发展概况、存在的问题及面临的发展环境，展望广州汽车产业发展形势及前景，预计2017年广州汽车产业有望继续实现两位数增长，产量有望达到295万辆，汽车工业产值有望突破4800亿元。为进一步强化汽车产业作为广州支柱产业地位、广州

* 巫细波，广州市社会科学院区域经济研究所副研究员；白国强，广州市社会科学院区域经济研究所所长、博士、研究员。

推进国家重要中心城市建设提供强大支撑，本文提出了加速新能源汽车产业发展、做大广州自主品牌产销规模、积极推进汽车产业大项目建设、提升广汽集团世界500强排名、推进汽车零部件产业做大做强、加快汽车服务业发展步伐等对策建议。

关键词： 广州　多元化品牌　广汽传祺　汽车零部件产业　新能源汽车产业

一　2016年广州汽车产业总体发展形势

得益于广州市委市政府不断加强汽车工业领域的供给侧改革、出台多项汽车产业方面的专项发展规划、汽车产品结构调整和更新步伐持续加快、自主品牌和欧美品牌呈现快速发展趋势，广州汽车产业在"十三五"规划开局之年取得新进展，产销规模跃居国内汽车生产城市第二位，汽车工业产值、增加值和汽车零部件制造业产值均取得新突破，作为广州支柱产业的地位不断得到强化，为广州建设国家重要中心城市及推进三大枢纽（国际航运枢纽、国际航空枢纽、国际科技创新枢纽）建设提供了强大支撑。

（一）产销量突破260万辆，跃居全国第二位

在"十三五"开局之年，国内汽车行业再次实现两位数增长，受此影响的广州汽车企业加速产能扩张和车型更新及导入步伐，自主品牌产销规模实现新突破，Jeep等欧美品牌产能逐步增加，2016年广州汽车产销规模首次突破260万辆，产量达到262.88万辆，同比增长19.0%，增速高于全国平均水平4.5个百分点，继续保持两位数快速增长态势，轿车产量148.55万辆，基本与上年持平。其中广汽传祺、北汽绅宝、北汽威旺、东风启辰等自主品牌汽车合计产量达到53.73万辆，占全市汽车产量的比重已突破20%，达到20.44%。新能源汽车产业发展增速较快但整体规模偏小，产量仅为4869辆，较2015年增长86.3%。广州汽车产量占全国的比重进一步提高，达到9.35%

（见表1），广州汽车产业正在从"广州制造"向"广州创造"、从"广州产品"向"广州品牌"转变，作为国家重要汽车产业基地的地位进一步得到巩固。

表1　2012～2016年广州汽车生产情况

单位：万辆，%

年份	全国汽车产量	广州汽车产量	广州占全国比例
2012	1927.18	138.44	7.18
2013	2211.68	180.53	8.16
2014	2372.29	197.39	8.32
2015	2450.33	220.99	9.02
2016	2811.90	262.88	9.35

资料来源：广州统计信息网、中国汽车工业协会。

借助广汽传祺、东风启辰等自主品牌的高速增长，广州整车产销规模在国内特大汽车城市中的排名由2015年的第五跃居第二，仅次于重庆，不过与上海、北京及长春等特大汽车城市的差距也很小（见表2）。

表2　2016年广州与其他城市汽车生产情况

单位：万辆，%

城市	汽车产量	增速	城市	汽车产量	增速
广州	262.88	19.0	长春	260.69	15.9
上海	260.77	7.3	重庆	315.62	3.4
北京	260.41	17.4			

资料来源：各城市统计信息网。

（二）工业产值突破4000亿元，位居全国第五

投资驱动仍然是支撑广州汽车制造业产值突破4000亿元大关的重要保障，汽车工业产值规模在国内特大汽车城市中位居第五。2016年，广汽乘用车第二生产线、广汽本田和广汽丰田第三工厂等整车项目建成投产，在大项目带动下广州汽车制造业继续保持两位数增长，达到13.7%，高于全市固定资产投资增速5.7个百分点，高于全市工业投资增速19.1个百分点（见表3）。

表 3 2012～2016 年广州汽车制造业投资增速与其他工业对比

单位：%

指标	2012 年	2013 年	2014 年	2015 年	2016 年
全市固定资产投资增速	10.1	18.5	14.5	10.6	8.0
其中：全市工业	11.7	18.2	6.9	10.2	−5.4
汽车制造业	18.8	19.8	21.6	17.5	13.7
汽车零部件及配件制造业	60.2	−2.1	6.2	−11.7	−2.2
电子信息制造业	11.8	105.2	−0.3	−17	14.8
石油化工制造业	7.5	24.8	−33	−1.2	−35.4

资料来源：广州统计信息网。

2016 年，广州汽车制造业投资额由 2012 年的 92.75 亿元增长到 169.38 亿元，占广州全市固定资产投资的比例由 2.47% 提升至 2.97%（见图 1）。

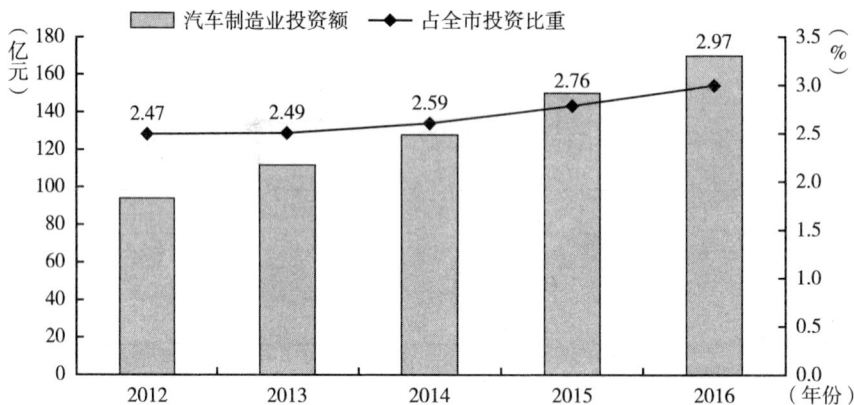

图 1 2012～2016 年广州汽车制造业投资额及占全市比重情况

2016 年，广州汽车制造业工业产值首次突破 4000 亿元，达到 4346.27 亿元，同比增长 12.6%，高于全市工业总产值增速 6.1 个百分点，其中零部件产业首次突破千亿元大关，达到 1187.05 亿元，同比增长 11.5%[①]（见

———————

① 本部分增速数据为官方发布数据，考虑了通胀因素，并非简单计算得出。

表4），汽车工业增加值也是首次突破千亿元大关。汽车制造业总产值占广州全市规模以上工业总产值（19556.25亿元）的比重为22.2%，占三大支柱产业总产值（9693.48亿元）的比重达到44.8%，而同期电子产品制造业和石油化工制造业工业总产值为2892.88亿元和2454.33亿元，汽车制造业作为第一支柱工业地位进一步得到强化。

表4 2012～2016年广州规模以上汽车制造业产值情况

单位：亿元

项目	2012年	2013年	2014年	2015年	2016年
汽车制造业产值	2721.29	3346.84	3642.44	3776.79	4346.27
其中：零部件	786.24	897.47	973.07	994.46	1187.05

资料来源：2012～2016年广州市国民经济和社会发展统计公报。

目前，广州汽车工业产值规模在国内特大汽车城市中位居第五，次于上海（5781.58亿元）、重庆（5391.29亿元）、长春（5372.20亿元）和北京（4866.73亿元）（见图2）。

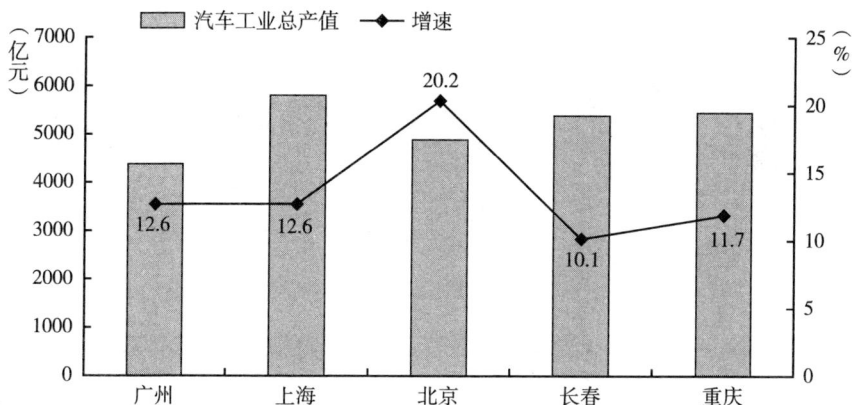

图2 2016年广州汽车制造业工业总产值及增速与其他城市比较

（三）自主品牌规模突破50万辆，广州品牌知名度逐渐形成

随着广汽传祺、北汽乘用车、东风启辰等品牌产销规模的不断增加，

广州自主品牌汽车知名度逐渐形成，自主品牌汽车已经成为广州汽车工业发展的新引擎。2016年，广汽传祺、北汽绅宝、北汽威旺、东风启辰等自主品牌汽车合计产量达到53.73万辆，占广州全市汽车产量的比重已突破20%，达到20.44%。凭借国内SUV市场的高速发展及核心技术的不断突破创新，目前广汽乘用车在发动机领域已经实现了自给自足，在智能网联汽车领域也实现了突破，广汽乘用车旗下的传祺品牌销量连续6年实现产销规模的持续高速增长，到2016年销量已经达到37.08万辆，成为广州第四大乘用车品牌，其明星车型GS4全年销量突破33万辆，在国内的SUV车型销量排名中仅次于长城哈弗H6，月均销量高达2.78万辆，此外中大型7座SUV传祺GS8自上市以来也获得市场的高度认可，传祺品牌已经成为"广州创造"的新名片。东风日产旗下的启辰品牌作为国内最早的合资自主品牌，经过多年的发展，产销规模也突破了10万辆大关，2016年销量达到11.7万辆，成为广州第二大自主品牌。北汽乘用车旗下有绅宝、威旺及北汽新能源等3个自主启辰品牌，自2013年底投产以来，发展相对缓慢，到2016年产量仅为3.7万辆。发展相对缓慢的自主品牌还有广汽比亚迪新能源客车，自2015年10月投产以来由于市场仅局限于广州本地，到2016年销量仅为178辆，还有较大发展空间。随着新能源汽车和智能网联汽车的快速发展，跨界造车企业也不断涌现，位于广州开发区的小鹏汽车则是广州地区涌现的汽车创业新星，目前已经完成首款纯电动SUV的开发测试，有望成为广州本土培养的又一新能源整车企业。

（四）汽车消费和会展日趋繁荣，汽车服务业规模不断扩大

广州作为千年商都，汽车类商贸业非常活跃，各类汽车专业特色会展发展日趋繁荣，与汽车相关的汽车维修及配件、金融保险、汽车养护、汽车物流、汽车租赁、汽车会展等服务业非常丰富，汽车服务业已经发展成为广州汽车产业的重要支撑。广州汽车及零部件的批发零售业保持较快发展速度，已成为广州商贸业的重要组成部分。2016年，汽车及零部件批发零售总额

达到 3685 亿元（见图 3），同比增长 9.6%，增速高于全市平均水平 3.9 个百分点。

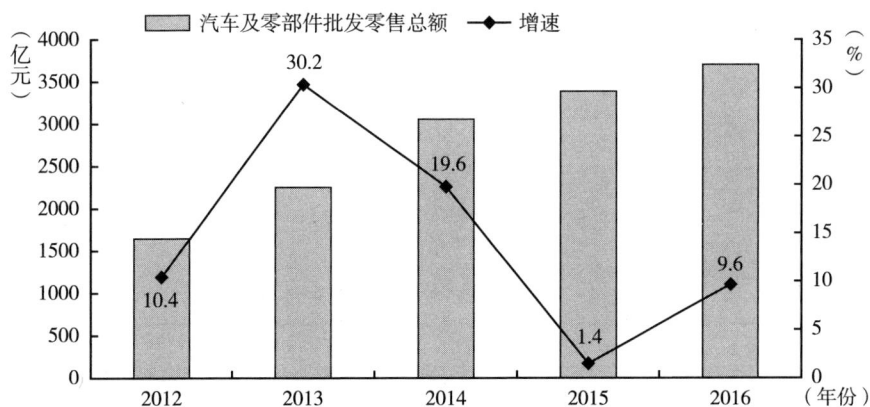

图 3　2012～2016 年广州汽车及零部件批发零售总额和增速情况

资料来源：广州市历年统计年鉴。

广州地区的汽车品牌 4S 店数量和种类非常多，依托 4S 店发展起来的汽车服务业也日益成熟。目前，广州地区的汽车 4S 店多达 351 家，汽车品牌有 81 个，涵盖了主流的汽车品牌，以丰田、本田、大众等品牌为主，其中丰田品牌的 4S 店多达 27 家，本田品牌 4S 店有 23 家。此外，豪华品牌种类也非常丰富，其 4S 店有 71 家，约占全市 4S 店总数的 1/5，其中奥迪品牌的 4S 店数量最多，有 11 家，4S 店超过 5 家的豪华品牌有宝马、凯迪拉克、雷克萨斯、路虎等。

伴随着汽车市场的持续高速发展，汽车会展已经成为各城市推动汽车产业发展的新举措，汽车会展本身也不断升级，改装会展、零部件会展等专题性会展越来越多，对促进汽车服务业发展具有重要作用。专业化也成为广州汽车展的亮点，以专业化模式打造的广州国际商用车展览、广州国际汽车零部件及用品展览和新能源汽车展览，作为独立设展的专业展会，与乘用车主展会并列成为广州汽车展的特色，多个专业展会的共同举办在不断完善着广州汽车会展的产业链。作为国内规模最大的三大汽车专业展会之一的"中国（广州）国际汽车展览会"到2016年已经连续举办了14届，成为推动广州汽车服务业发展的重要引擎。广州汽车会展内容经过不断拓展和完善，规模和影响力不断得到提升（见表5）。2016年广州车展以"新科技、新生活"为主题，聚焦新能源、无人驾驶、分时租赁、智能互联、共享出行等热门领域，吸引海内外众多汽车厂商齐聚一堂，展出车辆达到1130台，其中概念车有19台，全球首发车达到56台。会展媒体日新闻发布会多达69场，吸引了海内外媒体2412家，共有9549名记者参与会展报道。

表5 2012～2016年广州汽车展情况

指标	2012年	2013年	2014年	2015年	2016年
会展面积（万平方米）	20	20	22	22	22
到会记者（人）	6800	7076	8478	8491	9549
观众数量（万人次）	56.0	57.0	63.5	63.5	66.7

随着新能源汽车的高速发展，加快新能源汽车的开发速度已成为国内外企业的共识，连续举办三届的广州国际电动汽车展览会逐步发展成为国内在顶级专业汽车展览会中集中展示新能源汽车产品的平台，得到国内外众多汽车企业的高度重视。参展的跨国企业有奔驰、宝马、特斯拉、大众、通用、奥迪、保时捷、沃尔沃、雷诺、起亚等，中国品牌企业有比亚迪、广汽、腾势、上汽、长安、北汽、东风、奇瑞、长城、江淮、吉利、华晨、汉能等，共展出新能源汽车146台，其中中国品牌车49台、外资品牌车97台。除了整车企业以外，展会还吸引到南方电力、科士达、松下、凝智科技、力朗、安悦充电、超威等新能源汽车关联企业参展。于2016年7月15～17日在广州保利世贸博览馆举办的"2016中国（广州）国际新能源、节能及智能汽车展览会"是广州地区又一专业性主题会展，展会以"绿色、畅想、未来"为主题，会场面积有2.7万平方米，吸引了近100家新能源、节能及智能相关企业参展，吸引到会观众约5.1万人次，目前已经发展成为华南地区规模最大、影响力最强、品质最高的新能源、节能及智能车展。

（五）整车企业辐射带动效应增强，零部件企业不断集聚发展

经过多年发展，广州先后集聚了广汽本田、东风日产、广汽丰田、广汽日野、广汽乘用车、北汽乘用车、广汽比亚迪等整车企业，此外还有广日专用汽车有限公司、捷厉中警羊城特种车厂、广州市环境卫生机械设备厂等改装车企业，以超过250万辆的整车产能成为我国五大特大型汽车产业基地，汽车产品涵盖乘用车、商用车、改装车、新能源汽车及相关配套汽车零部件，东风日产、广汽乘用车等总部型整车企业在全国的辐射带动和影响力不断提升，吸引了一大批汽车零部件企业不断集聚广州。到2015年底，广州规模以上汽车零部件企业有275家，产品几乎涵盖了发动机动力系统、驱动及传动系统、悬挂及制动系统、车身系统、电气系统、新能源汽车零部件等主流汽车零部件种类（见表6）。

表6　广州汽车产业链及部分代表企业概况

所属总成	零部件	部分代表企业
发动机系统	发动机及机体组	广汽丰田发动机、东风日产乘用车发动机工厂、东风本田发动机、广汽乘用车、广东鸿泰科技、广州正锐汽车配件、东风本田汽车零部件、广州市和信实业、山本机车部件(广州)、广州布特龙精密制件、高丘六和(广州)机械工业等
	配气及进排气	东风本田汽车零部件、广州日弘机电、广州市太邦汽车配件、广州三五汽车部件、天纳克汽车工业等
	燃料供给系统	广州赛鼎汽车、TI Automotive 广州燃油箱系统、英瑞杰汽车系统、考泰斯(广州)塑料技术、广州竞标汽车零部件制造
	启动系统	广州市雄兵汽车电器
	点火系统	广州市太禾田汽车部件制造厂、山本机车部件、广州汇高新汽车电子
	冷却系统	广州坤江汽车配件、广州赛鼎汽车配件、广州得意电子精密、广州电装等
底盘系统	传动系统	广州大钧离合器、加特可广州自动变速器、广州市聚友汽车配件、广州市立华摩擦制动器、广州常富机械工业
	行驶系统	广州赛鼎汽车配件、广州市特耐得车轴、广州华德汽车弹簧、广州昭和汽车零部件、广州万宝井汽车部件、广州市企成汽车零部件、广州市川化减震器等
	转向系统	广州金邦有色合金、广州市星曆汽车零配件、广州汽车集团零部件、高丘六和(广州)机械工业
	制动系统	广东骏汇汽车科技、广州曙光制动器、爱德克斯(广州)汽车零部件、广州帕夫斯特汽车零部件、广州市骏佳金属制品、广州日立优喜雅、霍尼韦尔摩擦材料等

续表

所属总成	零部件	部分代表企业
车身及附件	安全系统	克恩－里伯斯(广州)精密金属零件、广东奥托立夫安全系统、广州中创汽车座椅有限公司、广州樱泰汽车饰件、广州铭成橡塑科技
	车身内饰	广州车邦汽车用品制造、广州樱泰汽车饰件、广州市三泰汽车内饰材料、广州邦通汽车配件、广州江森汽车内饰系统、四维尔丸井(广州)汽车零部件、广州提爱思汽车内饰系统、广州三兴精密模具塑料工程等
	车身外饰	鬼怒川橡塑、广州市祺达汽车零部件、广东志达精密管业制造、广州邦通汽车配件、四维尔丸井(广州)汽车、广州提爱思汽车内饰系统、森密汽车零部件(广州)等
	车身构件及其他	广州金纪铝业、广州华德汽车弹簧、广州市番禺盈力气弹簧制造、东洋佳嘉汽车零配件、全盛汽车配件集团、广州白木汽车零部件、广州宝绅汽车配件等
汽车电子电器	空调	广州金邦有色合金、广州精益汽车空调、松下万宝(广州)压缩机、广州电装有限公司、广州雪凌汽车空调配件、广州豪华空调器、广州基业汽车空调制造等
	照明装置	广州宙斯照明电器、广州铭车电子、广州市悦照车灯、广州胜之星科技、广东金华达电子、广州荣发汽配五金、广州索哥波灯具、广州斯坦雷电气、广州小糸车灯等
	电子控制器	伟巴斯特(广州)车顶系统、广州通达汽车电气股份、法雷奥耐路志(广州)电机、广州信征汽车零件、广州市雄兵汽车电器、广州中汽恩可汽车电子、广州飒特红外股份、广州科密汽车电子控制技术、广州日立优喜雅汽车等
	娱乐系统	广东杰成电子科技、广州市知远电子有限公司、广州智航电子科技、广州酷尔汽车用品、广州蓝族音响科技、广东瑞图万方科技、广州飞歌汽车音响、广州飒特红外股份、广州百强电子科技、广州三洋汽车电子、广州市雅途电子科技等
	线束等其他	广州市奕光电子、欧姆龙(广州)汽车电子、广州市光辉电子、广东百圳君耀电子、法雷奥耐路志(广州)电机、广州维高集团、广州耐路志电机等
通用件		广州精特汽车紧固件、广州金邦有色合金、广州维金汽车零部件、广州顺承汽车轴承盛势达、广州化工等
模具及工艺件		广州广汽获原模具冲压、广州市景顺模具、广州坤江汽车配件工业制造、广州优尼冲压有限公司等
新能源	电池	广州力柏电动科技、辉鹏能源科技有限公司
	驱动电机	—
	电控系统	广州信征汽车零部件

资料来源:《中国汽车零部件产业发展报告（2015~2016）》。

目前大部分零部件企业为日资品牌，数量占比接近2/3，而且主要为本土整车企业配套（见表7）。随着广州自主品牌和欧美系整车企业的发展，越来越多的非日系品牌零部件企业集聚广州。

表7　广州整车企业本地化配套情况

企业名称	所在区域	本地化配套情况	广州地区主要配套品类
东风日产	花都区	500家一级供应商中有150家在广东省内，90家在广州地区，40家在花都开发区；采购额排名前十的供应商已入驻花都区；零部件总采购额500亿元	供应商体系比较成熟，没有大的需求去拓展新供应商
广汽乘用车	番禺区	500家零部件供应商，13家一级供应商在广州，排名前十的有2～3家在广州；主要是座椅、内饰件、冲焊件，未来本地配套率要达到60%～70%；年零部件采购额80亿元，在广东省占比40%，番禺占比少	底盘、线束在江门；变速箱总成、座椅、内饰件、仪表板总成、玻璃、天窗
广汽菲亚特	番禺区	核心供应商71家，在广州地区15家，在广东省25家	车架、悬挂系统、燃油箱总成、内饰件、全车仪表、座椅、空调系统、仪表板、雨刮总成、玻璃、天窗
广汽丰田	南沙区	250家零部件供应商，218家为一级供应商，在广州一级56家，在中山一级146家；采购成本中，广州地区采购额占55%，其中南沙占45%	底盘、座椅、内饰件等
广汽本田	黄埔区	华南地区配套率为75%，基本上都在广东省内，其中广州地区占比80%；日系的供应商数量占43%，金额占50%；零部件采购额为400亿～500亿元，不包括自制件和进口件	供应商较成熟，本地配套率强
北汽广州	增城区	核心供应商36家，在广州地区落地12家	玻璃、前后座椅、悬挂系统、燃油箱总成、排气系统、内饰件、全车仪表、座椅、保险杠、仪表板总成

资料来源：《广州国际汽车零部件产业基地投资指南》。

（六）产业基地建设持续推进，各大板块发展特色逐步凸显

经过近19年的开发建设，广州汽车产业集群日益完善，逐步发展成为我国五大特大型汽车产业基地之一，到2016年广州已经形成了东部、南部、北部及东北部四大汽车产业板块，整车产能进一步得到提高，吸引了一大批汽车零部件企业不断集聚发展，形成了产能达到250.5万辆（见表8）、产值达到4300多亿元的特大型汽车及零部件产业集群。2016年广州市政府出台了第一个汽车零部件产业方面的专项规划——《广州市汽车零部件产业基地规划》，将促进汽车产业基地迎来新一轮发展。

表8　广州汽车产业板块概况及整车产能

汽车板块	发展重点	汽车产业基地	整车企业	企业性质	整车产能（万辆）
东部	传统和新能源乘用车	广州开发区汽车产业基地	本田（中国）公司	外资	6
		黄埔汽车产业园	广汽本田第一工厂	合资	24
		增城汽车产业基地	广汽本田第二工厂	合资	24
			广汽本田第三工厂	合资	12
			北汽（广州）汽车有限公司	自主	30
南部	传统和新能源乘用车、技术研发及创新	南沙开发区汽车产业基地	广汽丰田公司	合资	38
		番禺汽车城	广汽乘用车公司	自主	35
			广汽菲克广州工厂	合资	16
北部	传统和新能源乘用车	花都汽车产业基地	东风日产乘用车公司	合资	60
东北部	传统和新能源商用车	从化汽车及零部件产业基地	广汽比亚迪新能源客车公司	自主	0.5
			广汽日野汽车有限公司	合资	5
合　计					250.5

资料来源：根据网络资料整理。

东部汽车产业板块以传统燃油汽车为主，自主品牌新能源汽车发展逐步提速。这一板块位于广州东部的黄埔区和增城区，是广州地区第二个产值超千亿的汽车产业板块，汽车品牌有本田 Honda、本田讴歌、北汽绅宝、北汽

威旺及北汽新能源，整车企业有广汽本田（第一工厂在黄埔区，第二和第三工厂在增城区）、北汽（广州）乘用车（在增城区）、本田（中国）汽车（在黄埔区），还有广日专用车（位于广州开发区）和捷厉中警羊城特种车（位于增城区）等改装车整车企业，形成广汽本田36万辆、本田（中国）出口基地6万辆、北汽（广州）汽车乘用车30万辆产能，逐渐发展成为产能接近80万辆、产值超亿元的汽车产业集群。在整车制造业带动下，集聚了加特可（广州）自动变速箱、广州电装、斯坦雷电气、提爱思、中新塑料、福耀玻璃、麦格纳等一大批知名度较高的零部件汽车，涵盖底盘系统、车身系统、发动机系统、电子电气系统等四个细分领域。黄埔区广州开发区集聚了威凯、中国机械、国机集团、莱茵认证等汽车认证检测机构，此外具备汽车检测认证、技术咨询、汽车产业大数据、汽车及新能源汽车关键技术研发及产业化等功能的中国汽车技术研究中心华南总部也于2016年8月正式落户增城。2016年黄埔区实现汽车工业总产值1386.53亿元，增速10.1%，其中原萝岗片区444.05亿元，增速12.98%，黄埔片区942.48亿元，增速10.5%。增城区汽车工业总产值260.16亿元，同比增长14.34%。

南部汽车产业板块发展不断提速，将逐步发展成为广州自主品牌的主战场及汽车技术研发创新中心。这一板块位于广州南部的番禺区和南沙区，是广州地区第三个产值超千亿元、首个整车产能超100万辆的汽车产业板块，汽车品牌有丰田、传祺和Jeep，其中广汽丰田现有两个整车工厂，形成了38万辆整车产能，广汽乘用车产能达到35万辆，广汽菲克产能达到16万辆，南部汽车产业板块的总产能达到89万辆，产值超千亿元。依托广汽丰田、广汽乘用车和广汽菲克，该板块逐步集聚了鞍钢高强热镀锌汽车钢板、宝商钢材加工、广汽获原模具冲压等一系列知名零部件企业。作为国家级研发中心的广州汽车集团汽车工程研究院已经成为广州汽车产业的创新引擎，为广州自主品牌汽车发展提供了强大支持。此外，由广州中国科学院工业研究院与广东出入境检验检疫局技术中心共建的新能源电池联合检测中心在南沙新区于2016年7月正式成立，将发展成为华南地区第一个致力于为新能源电池企业提供电池材料和结构分析、工艺装备标准化、产品型式试验等整合上下游产业链的技术服务和检测认证的公益性公共技术服务平台。2016年，南部汽车产业板块实现了汽车工业产值1249.42亿元，同比增长21.7%，汽车产量达到83.32万辆。其中，番禺区完成汽车工业产值397亿元，增速高达109%，实现税收33.21亿元，同比增长91%；南沙区852.42亿元，基本与2015年持平，微增0.7%，其中零部件产值达到188.45亿元，同比增长4.9%。汽车产量达42.33万辆，同比增长4.9%。

北部汽车产业板块以传统燃油汽车为主，新能源汽车发展具有良好基础。这一板块位于广州北部的花都区，是广州第一个产值突破千亿元、产量突破百万辆的汽车产业板块，也是广州乃至华南地区面积最大的汽车园区。此板块以东风日产乘用车公司为龙头，汽车品牌有日产和启辰，主要生产乘用车和纯电动新能源汽车。

截至2016年，北部汽车产业板块规模以上汽车零部件企业有74家，产品覆盖发动机、汽车模具、冲压件、制动系统、内饰件等各个方面，其中康奈可科技、优尼冲压、河西内饰件、红忠钢材等企业营业收入超10亿元，东风日产有33个一级配套商均集聚在这一板块。2016年，北部汽车产业板块累计完成工业总产值1496.77亿元，实现两位数增长，达到11.9%，占花都区工业总产值的比重达到63.15%，其中东风日产实现工业总产值1218.49亿元，同比增长12.9%，汽车产业基地配套企业累计完成工业总产值278.28亿元，同比增长约7.9%。

东北部汽车产业板块是广州发展传统燃油及新能源商用车的主战场，目前发展速度较为缓慢。这一板块位于广州东北部的从化区，以广汽日野和广汽比亚迪新能源客车为整车龙头企业，其中广汽日野主要生产各类卡车，广汽比亚迪主要生产纯电动商用车，累计整车产能达到5.5万辆。相对于其他三大板块，东北部汽车产业板块发展较晚，目前有汽车零部件企业37家，其中规模以上企业有8家，主要零部件制造企业有广州丰力轮胎、亨龙机电、广州从化科昂诗汽车配件、广州晔昕车辆配件、广州钻石轮胎、广州从化昌林摩托车配件、广州富力达汽车配件、海桥汽车改装有限公司等。零部件产品包括汽车冲压件、汽车轮胎、汽车空气弹簧、汽车空调系统、汽车电器、换热器、钢板弹簧以及摩托车油箱、摩托车拉索、摩托车外胎、摩托车坐垫等。2016 年，从化区汽车制造及摩托车配件行业共实现产值首次突破 100 亿元规模，达到 109.14 亿元，同比增长 13.39%，其中从化明珠工业园的摩托车及零部件产业实现工业产值 42.55 亿元。

（七）广州多元化品牌格局形成，整车企业产销规模不断提升

随着广汽传祺、Jeep、北汽绅宝、北汽威旺等品牌产销规模的不断提升，广州多年来以日系整车品牌为主导的局面被逐步改变，初步形成了以日系品牌、自主品牌和欧美品牌为主的多元化汽车品牌格局，企业产销规模不断提升。随着国内汽车市场竞争程度的不断加剧，广州整车企业为抢占和巩固市场份额，不断加快装备新技术车型的导入和车型换代步伐，不断提高产品质量和提升竞争力，根据 J. D Power 发布的 2016 年国内新车质量品牌排名，广州主要的汽车品牌新车质量水平均好于国内平均水平（见表 9），其中广汽传祺和东风日产排名提升较快，广汽传祺排名第 5（2015 年排名第 8），东风日产排名第 8（2015 年排名 16），而广汽本田和广汽丰田分别排第 11 名和第 14 名。

表 9　2016 年广州汽车品牌国内新车质量排名

单位：辆

排名	企业	每百辆车问题数	排名	企业	每百辆车问题数
1	北京现代	80	11	广汽本田	97
2	一汽马自达	84	12	斯柯达	97
3	东风悦达起亚	88	13	吉普	98
4	长安马自达	94	14	广汽丰田	99
5	广汽传祺	94	15	东风本田	100
6	纳智捷	94	16	广汽三菱	102
7	北汽乘用车	96	17	上汽名爵	103
8	东风日产	96	18	上汽大众	104
9	东风标致	97	19	一汽轿车	104
10	一汽大众	97	20	上汽通用五菱	104
行业平均水平					104

资料来源：J. D. Power 官网，http://china. jdpower. com/zh - hans。

东风日产乘用车有限公司（简称东风日产，合资乘用车企业，日系品牌）旗下有日产和启辰两个品牌，总部及两个整车工厂在广州。其中广州花都有两个整车工厂，产能达到60万辆，主要生产的车型有轩逸、骐达、阳光、逍客等，还有其他车型则是在湖北襄阳（主要生产天籁、楼兰及英菲尼迪等高端车型，产能25万辆）、河南郑州（主要生产启辰和奇骏，产能20万辆）及辽宁大连（主要生产新奇骏和新逍客，产能15万辆，2016年产量16.39万辆，产值超过166亿元，纳税超过15亿元）生产。东风日产是广州第一家产销量突破百万辆的企业。2016年，东风日产旗下的NISSAN和启辰品牌同时发力，助力东风日产销量再次突破100万辆，累计完成销量111.79万辆，增幅达到11.7%，在国内所有汽车品牌销量排名中位于第7，其中NISSAN品牌销量首次突破100万辆。轩逸依旧为东风日产的主力产品，全年累计完成销量高达36.64万辆（见表10），月均销量超过3万辆，也是广州单一销量最高的车型，而天籁、西玛等中高级轿车销量有所萎缩，天籁的销量已不足10万辆（降至9.03万辆），西玛还未得到市场认可，销量仅为0.23万辆；奇骏、逍客等SUV产品的销量均突破10万辆规模，分别达到18.02万辆、13.97万辆，中高级SUV楼兰的销量则增长较慢，仅为2.05万辆；逐步形成了以"蓝鸟+西玛+新骐达"为主的动感产品阵容，以"轩逸+天籁+阳光"为主的舒适产品阵容，以"逍客+奇骏+新楼兰"为主的SUV产品阵容。

表10　2016年东风日产主要车型销售情况

单位：万辆

车型	天籁	TIIDA	楼兰	奇骏	蓝鸟	轩逸	阳光	逍客	西玛
销量	9.03	4.03	2.05	18.02	7.9	36.64	7.44	13.97	0.23

资料来源：搜狐汽车，http://db.auto.sohu.com。

经过近5年的发展，启辰品牌已经发展为国内仅次于上汽通用五菱宝骏品牌的第二大合资自主品牌，得益于国内SUV市场的持续快速发展，加上较高的性价比，2016年完成销量11.7万辆。其中T70成为启辰的主力车型，销量达到 7.24 万辆；新能源车增长较慢，晨风的销量还未突破 2000 辆，仅为 0.19 万辆（见表 11）。

表 11 2016 年东风日产启辰品牌部分车型销售情况

单位：万辆

车型	T70	T90	D50	R30	R50	晨风
销量	7.24	0.25	1.22	0.28	2.26	0.19

资料来源：搜狐汽车，http://db.auto.sohu.com。

广汽本田汽车有限公司（简称广汽本田，合资乘用车企业，日系品牌）旗下有本田、讴歌及理念三个品牌，总部及整车工厂均在广州，为广州第二大规模的整车企业。在广州有三个整车工厂，其中黄埔区一个、增城区两个，累计产能达到 60 万辆。2016 年，广汽本田不仅推出了新雅阁混动版、冠道、讴歌 CDX 等多款新产品，而且成功导入讴歌（Acura）品牌实现国产化，首次实现三个品牌同时运营，同时加快了 1.5T、2.0T 等高性能涡轮增压发动机的普及，助力广汽本田销量突破 60 万辆，达到 63.88 万辆，同样实现两位数增长，达到 10.1%，在国内所有品牌汽车销量中排名第 13，其中讴歌品牌 0.68 万辆、本田品牌 62.78 万辆、理念品牌 0.42 万辆。借助国内 SUV 市场的快速增长，缤智实现 29.4% 的增长，完成销量 16.41 万辆，成为广汽本田的主力车型；雅阁则凭借新车型继续领跑国内中高级轿车，成为日系中高级轿车中销量唯一超过 10 万辆的车型，达到 13.62 万辆，同比增长 6.3%，于 2016 年 9 月上市的雅阁锐·混动搭载了本田全新的 i-MMD 双电机混动系统，实现低能耗的同时在动力和性能上也有所提升，进一步增强了雅阁的竞争力；首款豪华 SUV 冠道则汇聚了本田的众多新技术成果，上市不到两个月就收获了过万的订单，未来市场表现值得期待；广汽本田也尝试将讴歌导入国内，在豪华车市场进行耕耘，首款国产车型 CDX 为 SUV 车型，2016 年销量为 6800 辆（见表 12）。此外，飞度、凌派、锋范、奥德赛等车型也出现了不同程度的增长。

表12 2016年广汽本田主要车型销售情况

单位：万辆

车型	讴歌CDX	飞度	锋范	冠道	凌派	雅阁	缤智	奥德赛	理念S1
销量	0.68	11.36	7.08	0.94	8.74	13.62	16.41	4.00	0.42

资料来源：搜狐汽车，http://db.auto.sohu.com。

广汽丰田汽车有限公司（简称广汽丰田，合资乘用车企业，日系品牌）旗下仅有丰田品牌，总部及整车工厂均在广州，为广州规模第三大的整车企业。在广州有三个整车工厂，均在南沙新区，产能达到60万辆。2016年，广汽丰田继续强化"多种动力"的技术优势，加速普及混动及涡轮增压车型，累计完成销量42.18万辆，同比增长4.6%，在国内所有汽车品牌中销量排名第19。搭载1.8L自然吸气发动机、1.2T直喷涡轮增压发动机及混合动力的雷凌成为广汽丰田的主力车型，累计完成销量14.33万辆（见表13），同比增长14.0%，自2015年上市以来雷凌累计完成销量32万辆；作为广汽丰田传统的主力热销车型，凯美瑞受SUV市场影响，销量呈现下降趋势，全年销量9.5万辆，同比下降27.7%，上市十年以来凯美瑞累计完成销量150万辆；中大型SUV汉兰达推出了全新2.0T车型，销量增长明显，达到9.2万辆，同比增长22.3%，自国产汉兰达上市以来已累计完成销量63万辆，持续领跑大中型7座SUV细分市场。

表13 2016年广汽丰田主要车型销售情况

单位：万辆

车型	致炫	汉兰达	凯美瑞	雷凌	美瑞双擎	雷凌双擎	逸致
销量	6.34	9.2	9.5	13.31	0.57	1.02	0.67

资料来源：搜狐汽车，http://db.auto.sohu.com。

广汽乘用车有限公司（简称广汽乘用车，地方国企乘用车企业，自主品牌）目前旗下仅有传祺品牌，总部及部分整车工厂在广州，为广州规模第四大的整车企业。在广州番禺总部有一个整车工厂，设计产能为35万辆，实际产能可突破 50 万辆；浙江杭州工厂由原来的广汽吉奥升级改造而来，一期设计产能 10 万辆，预计 2017 年建成投产；新疆工厂位于乌鲁木齐经济技术开发区，初期产能 5 万辆。凭借高性能增压发动机、汽车智能联网等领域的技术创新及国内 SUV 车市的高速增长，广汽乘用车在 2016 年增速高达 95.1%，在国内销量超 10 万辆的汽车企业中增速仅次于广汽菲克，实现销量 37.08 万辆。目前，传祺品牌已经顺利突破以往中国品牌难以超越的 15 万元价格天花板，在获得稳定市场份额的同时逐步站稳 15 万～20 万元的市场。作为国内销量排名第二的 SUV 车型，传祺 GS4 自 2015 年上市以来就一直保持销量稳定快速增长的态势，单月最高销量超过 3.5 万辆，2016 年累计完成销量 33.33 万辆（见表 14），同比增长 158%，成为广汽乘用车的绝对拳头产品；而大中型七座 SUV 传祺 GS8 自 2016 年 10 月上市以来，凭借高度原创的硬朗外观设计和过硬品质，仅两个月销量已突破 3 万辆，创造了同等价位中国品牌车型最好的成绩；但其他车型则少有亮点，仅 C 级轿车 GA8 和 B 级轿车 GA6 销量破万辆。在渠道方面，广汽乘用车的 4S 店已经突破 100 家，达到 121 家，网络经销商总数超过 410 家。

表 14　2015～2016 年广汽乘用车主要车型销量

单位：万辆

年份	GS4	GA8	GA6	GA3	GS5 速博	GA5
2016 年	33.33	1.21	1.34	0.87	0.71	0.35
2015 年	12.91	—	0.97	2.14	1.98	0.18

资料来源：搜狐汽车，http://db.auto.sohu.com。

广汽菲亚特克莱斯勒汽车有限公司（简称广汽菲克，合资乘用车企业，欧美品牌），总部位于湖南长沙，销售国产和进口 Jeep 车型，广州工厂于 2016 年 4 月 18 日竣工投产，设计产能为 16 万辆（长沙工厂产能为 24.6 万辆），主要生产 Jeep 品牌旗下的自由侠和指南者。凭借 Jeep 的品牌知名度和火热的 SUV 市场，2016 年完成总销量 17.98 万辆，其中国产车型销量为 14.64 万辆，同比增长 270.84%，其中 Jeep 自由侠完成销量 2.63 万辆，

Jeep 自由光完成销量 10.68 万辆，Jeep 指南者由于上市时间较晚，2016 年销量仅为 300 辆，因此广汽菲克广州工厂 2016 年累计生产汽车 2.89 万辆，销售 2.66 万辆，工业产值达到 36.31 亿元。

北汽（广州）汽车有限公司（简称北汽乘用车，央企乘用车企业，自主品牌），总部位于北京，旗下有绅宝、威旺及北汽新能源三个品牌，北汽广州工厂于 2013 年 12 月建成投产，设计产能为 30 万辆，目前主要生产绅宝 X55、绅宝 X65、绅宝 CC 等北汽品牌中的高端车型，新增的新能源生产线将逐步开始生产 EU260、EV160、EV200 等北汽新能源车型。2016 年广州工厂产量达到 3.7 万辆，其中北汽威旺 S50 销量为 2.12 万辆，绅宝 X65 销量为 8354 辆。

本田汽车（中国）有限公司（简称本田汽车，合资乘用车企业，日系品牌）成立于 2003 年 9 月 8 日，是中国汽车史上首个产品 100% 出口的整车制造企业。公司由本田技研工业株式会社（股比：55%）、本田技研工业（中国）投资有限公司（股比：10%）、广州汽车集团股份有限公司（股比：25%）和东风汽车集团股份有限公司（股比：10%）共同出资成立，合资年限 30 年，注册资金 8200 万美元。公司位于广东省广州出口加工区内，占地面积 45 万平方米，在册员工约 1000 人。公司具备焊接、涂装、发动机组装、整车装配以及整车检测等工序，拥有新车型中心、试车跑道等基础设施，根据崭新的生产理念导入最先进的生产设备，通过精密的手工作业，建成了高效率、高品质的生产线。项目总投资 1.25 亿美元，生产能力为 6 万辆/年（两班制生产）。经济型轿车有 JAZZ（爵士）和 FIT（飞度），产品全部出口欧洲各国及加拿大。2014 年 5 月，公司开始投产中高档新车型 ACCORD（雅阁），出口地由欧洲、北美地区转至非洲、中东等地区。

广汽日野汽车有限公司（简称广汽日野，合资商用车企业，日系品牌）是由广州汽车集团股份有限公司与日野自动车株式会社各按 50% 比例出资共同设立的合资企业，成立于 2007 年 11 月 28 日，现主要生产日野牌重卡和驱动桥等关键总成，设计产能规模为 2 万辆。由于广汽日野品牌定位相对高端，国内销售一直处于不温不火状态，2016 年完成销量 1801 辆，同比增长 8.10%。

广汽比亚迪新能源客车有限公司（简称广汽比亚迪，地方国企商用车企业，自主品牌）是由比亚迪和广汽集团分别按 51% 和 49% 持股比例共同出资设立的，成立于 2014 年 8 月 4 日，主要致力于发展新能源商用车及相关零部件的研发制造。目前，广汽比亚迪的新能源客车销售主要集中在广州本土市场，产能还远未得到释放，2016 年销量仅为 178 辆，同比下降 36.2%。

（八）广汽集团及广汽部件发展提速，龙头企业竞争力不断提升

在"十三五"开局之年，作为广州汽车产业龙头的广汽集团坚持"多元化、多品牌"发展战略，主动与国内外整车企业开展新一轮合资合作，已初步改变了过于依靠日系整车企业发展的局面，传祺、Jeep 等品牌实现高速发展态势，集团产销规模进一步提升，核心业务全面均衡发展，发展速度不断加快，竞争力不断得到提升。2016 年广汽集团以 344.4 亿美元的营业收入在美国《财富》杂志发布的 2016 年世界 500 强企业名单中居第 303 名，排位比 2015 年上升了 59 位，这也是广汽集团连续 4 年入选世界 500 强，而且排名年年上升。

凭借资本运作方面的优势，广汽集团大力实施产业链横向整合策略，推进以整车制造为主业，零部件、汽车商贸、汽车金融等相关产业多元化发展的战略，积极探索汽车新兴产业领域的布局，形成汽车整车、零部件、研究开发、商贸服务和汽车金融、保险及股权投资等较为完善的产业链竞争优势。

2016 年，广汽集团旗下的日系、自主及欧美系整车品牌均取得良好发展，尤其是自主品牌及欧美合资整车业务突飞猛进，多品牌发展格局初步形成。2016 年实现整车产销分别约为 165.96 万辆和 165 万辆，增速分别约为 30% 和 27%，销量增幅高于行业平均水平 12 个百分点，2012~2016 年年均增速高达 23.3%，增长势头明显高于上汽、长安等汽车集团。在自主品牌业务方面，广汽传祺 2016 年累计销量达 37.08 万辆，广汽传祺 GS4 已成为国内销量第二的"爆款"车型，高端 SUV 产品传祺 GS8 上市两个月订单突

破 3 万辆，刷新中国品牌的历史新高度。在欧美品牌方面，广汽菲克旗下的
Jeep 品牌也迎来高速发展，在 2016 年完成销量 14.64 万辆，增速高达
270.84%（见表 15）。

表 15 2016 年广汽集团及旗下企业销量情况

单位：辆，%

指标	2015 年销量	2016 年销量	增速
乘用车企业	1297715	1648116	27.00
广汽本田汽车有限公司	580068	638791	10.12
广汽丰田汽车有限公司	403088	421800	4.64
广汽集团乘用车有限公司	192463	370768	92.64
广州汽车集团乘用车（杭州）有限公司	11438	1617	−85.86
广汽菲亚特克莱斯勒汽车有限公司（国产车型）	39488	146439	270.84
广汽三菱汽车有限公司	56317	55888	−0.76
本田汽车（中国）有限公司	12182	11547	−5.21
广汽中兴汽车有限公司	2671	1266	−52.60
商用车企业	1945	1979	1.75
广汽日野汽车有限公司	1666	1801	8.10
广汽比亚迪新能源客车有限公司	279	178	−36.20
汽车合计	1299660	1650095	26.96
发动机	401627	375065	−6.61
广汽丰田发动机有限公司	396291	372054	−6.12
上海日野发动机有限公司	5336	3011	−43.57
摩托车	1070168	1022020	−4.50
五羊－本田摩托（广州）有限公司	1070168	1022020	−4.50

资料来源：广汽集团，http://www.gagc.com.cn/。

通过整合兼并，目前广汽集团拥有 10 家整车企业，包括广汽本田、广
汽丰田、广汽日野、广汽乘用车、广汽三菱、广汽菲克、本田（中国）、广
汽中兴、广汽比亚迪新能源客车等。随着广汽集团的进一步发展，辐射带动
影响力逐渐覆盖到全国，杭州和新疆的自主品牌工厂建设正在加速推进，还
通过旗下的龙头零部件企业——广州汽车集团零部件有限公司（简称广汽
部件）在全国范围内布局企业，广汽集团的品牌影响力正由"广汽制造"
逐步转向"广汽创造"。广汽部件截至 2016 年底已成立了广州提爱思汽车

内饰系统有限公司、广州广爱兴汽车零部件有限公司、广州斯坦雷电气有限公司、广州电装有限公司、杭州依维柯汽车变速器有限公司等37家投资企业（见表16）。到2016年，广汽部件营业收入达到314亿元，列2016年中国机械行业竞争力500强第30位，产品主要涉及内外饰系统（营业额占比46%）、底盘系统（营业额占比16%）、动力系统（营业额占比3%）、照明系统（营业额占比14%）、电子电器系统（营业额占比21%）等五大类，配套客户主要为广汽本田、广汽丰田、本田（中国）、广汽乘用车、广汽菲克、广汽三菱、东风本田、东风日产、长安福特等主机厂。

表16 广汽部件部分投资企业情况

企业名称	主要产品	地址
广州提爱思汽车内饰系统有限公司	汽车座椅	广州市增城区
广州斯坦雷电气有限公司	汽车灯具	广州市黄埔区
广州电装有限公司	汽车空调系统	广州市增城区
广州樱泰汽车饰件有限公司	汽车座椅、门饰板	广州市南沙区
广州昭和汽车零部件有限公司	汽车减震器、汽车转向器	广州市黄埔区
广州三叶电机有限公司	汽车雨刮	广州市黄埔区
武汉林骏汽车饰件有限公司	地板地毯、行李箱饰件、遮物帘等汽车饰件	湖北省武汉市
广州江森汽车内饰系统有限公司	座椅系统、门饰系统、顶饰系统、座舱系统	广州市番禺区
广州广汽获原模具冲压有限公司	车身冲压焊接、车身冲压模具	广州市番禺区
杭州依维柯汽车变速器有限公司	汽车变速箱	浙江省杭州市
广汽强华(梅州)汽车零部件有限公司	发电机、起动机	广东省梅州市
长沙广汽江森汽车内饰系统有限公司	仪表板、中控台、门板、座椅、顶饰件	湖南省长沙市
长沙卡斯马汽车系统有限公司	驱动桥总成、车身、底盘	湖南省长沙市
申雅密封件(广州)有限公司	汽车密封件	广州市番禺区
众诚汽车保险股份有限公司	机动车辆保险、意外伤害保险	广州市天河区
武汉斯坦雷电气有限公司	汽车灯具	湖北省武汉市
衡阳风顺车桥有限公司	车桥、悬架、传动轴	湖南省衡阳市
惠州市津惠汽车线束有限公司	汽车线束	广东省惠州市
河源丰田纺织汽车部件有限公司	汽车用的座椅皮套	广东省河源市
广州三叶(武汉)电机有限公司	汽车雨刮	湖北省武汉市

资料来源：《广州国际汽车零部件产业基地投资指南》。

二 2016年广州汽车产业发展面临的问题

得益于自主品牌汽车的高速增长，2016年汽车产业作为第一支柱产业的地位不断得到强化，在全市工业新兴主导产业尚未培育起来的情况下，为广州全市经济社会发展提供了强大支撑。但由于全球及国内汽车产业正处于技术转型及消费结构转型的关键时期，对于以传统燃油汽车为主的广州汽车产业而言，仍然有不少问题需要加以重视。

（一）单辆汽车产值呈下降趋势，产值规模与特大汽车城市仍存在差距

首先，单辆车的产值呈现下降趋势，导致广州汽车产业产值规模与特大汽车城市的差距仍然明显。一方面，自本田汽车入驻以来，广州的主要汽车产品一直以来以雅阁、凯美瑞等中高级轿车为主，单价较高，而随着国内市场竞争日益激烈，汽车价格不断下探，快速发展的自主品牌价格普遍比合资品牌低。另一方面，长期以来日系整车企业对零部件企业的辐射带动效应有限，没有培育出广州本土具有较强竞争力而且面向全国乃至全球的汽车零部件企业，导致整体零部件产业产值偏低，由此导致广州单辆车的产值呈现下降趋势（见图4），而上海则通过整车企业的带动，培育出了延锋汽车内饰这样的世界500强零部件企业。受此影响，尽管广州汽车产量规模已经在国内特大汽车城市中跃居第二位，但产值规模方面与特大汽车城市的差距仍然明显。2016年上海、重庆和长春规模以上汽车产业总产值均已突破5000亿元，分别为5781.58亿元、5391.29亿元和5372.20亿元，北京也接近5000亿元，达到4866.73亿元。

其次，广州的龙头企业产销规模与一流汽车集团还有较大差距。尽管近年来广汽集团借助自主品牌的快速发展，达到较快的发展速度，但产销规模与上汽、东风、长安等汽车集团还有不小差距，而且这种差距有增大趋势。2012年，广汽与上汽集团销量差距为374.92万辆，到2016年这种差距增大到482.24万辆。与东风集团的差距也由2012年的236.63万辆增大至

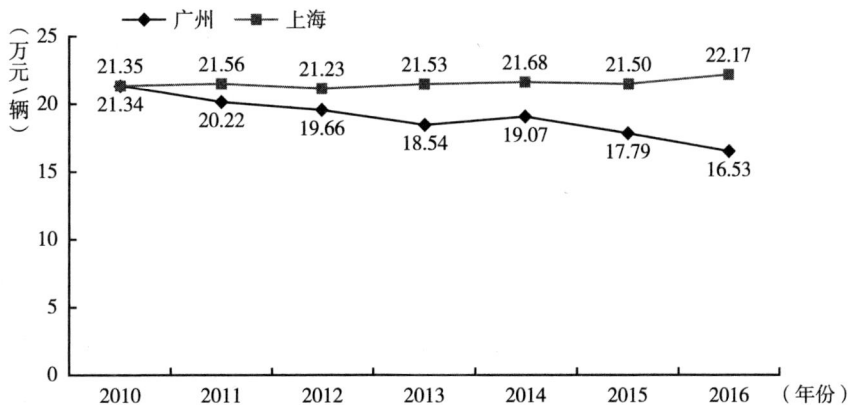

图4　2010～2016年广州与上海单辆车产值变化及对比

2016年的262.75万辆，而与一汽、长安、北汽等集团的差距均在100万辆以上（见表17）。

表17　2012～2016年广汽集团与国内主要汽车集团销量对比

单位：万辆

排名	2012年		2013年		2014年		2015年		2016年	
	企业	销量	企业	销量	企业	销量	企业	销量	企业	销量
1	上汽	446.14	上汽	507.33	上汽	558.37	上汽	586.35	上汽	647.16
2	东风	307.85	东风	353.49	东风	380.25	东风	387.25	东风	427.67
3	一汽	264.59	一汽	290.84	一汽	308.61	一汽	384.38	一汽	310.57
4	长安	195.64	长安	220.33	长安	254.78	长安	277.65	长安	306.34
5	北汽	169.11	北汽	211.11	北汽	240.09	北汽	248.65	北汽	284.67
6	广汽	71.22	广汽	100.42	广汽	117.23	广汽	129.91	广汽	164.92
7	华晨	63.80	华晨	79.78	华晨	80.17	华晨	85.60	长城	107.45
8	长城	62.46	长城	75.75	长城	73.08	长城	85.27	吉利	79.92
9	奇瑞	56.33	吉利	54.88	奇瑞	48.61	江淮	58.45	华晨	77.44
10	吉利	49.14	江淮	51.75	江淮	46.47	吉利	54.27	奇瑞	69.85

资料来源：搜狐汽车网。

从企业营业收入对比看，广汽集团与一流汽车集团的差距也较为明显。2016年的广汽集团以344.40亿美元跻身《财富》世界500强的303位，而同期的上汽集团以1066.84亿美元排第46位，东风集团、一汽集团、北汽集团等在世界500强中的排名均居前160名（见表18）。

表18 2016年国内世界500强汽车集团的营业收入对比

单位：亿美元，位

汽车企业	2016年营业收入	2016年利润	2016年排名	2015年排名
广汽集团	344.40	4.98	303	362
上汽集团	1066.84	47.41	46	60
北汽集团	549.33	10.98	160	207
东风集团	828.17	14.79	81	109
一汽集团	628.52	32.53	130	107
吉利汽车	249.86	2.87	410	477

资料来源：2016年世界500强企业榜单数据。

最后，广州主要整车企业的销量规模偏小。尽管东风日产的产销规模在2015年就已经突破了100万辆，但有一大部分汽车产品是在湖北襄阳、河南郑州及辽宁大连工厂生产，只是由于东风日产总部在广州而将产量归入广州统计，而且与国内其他整车企业相比仍有不小差距，近几年的销量排名也没有变化（见表19），广汽本田、广汽丰田和广汽乘用车的销量排名没进入排行榜前十。

表19 2014~2016年广州主要汽车企业与其他汽车企业销量对比

单位：万辆

排名	2014年		2015年		2016年	
	企业	销量	企业	销量	企业	销量
1	一汽大众	178.09	上海大众	180.56	上海大众	200.02
2	上海大众	172.50	上汽通用五菱	179.76	上汽通用	188.00
3	上海通用	172.39	上汽通用	172.50	一汽大众	187.24
4	上汽通用五菱	158.64	一汽大众	165.02	上汽通用五菱	142.79
5	北京现代	112.00	长安汽车	111.33	长安汽车	114.98
6	重庆长安	97.33	北京现代	106.28	北京现代	114.20
7	东风日产	95.42	东风日产	102.61	东风日产	111.79
8	长安福特	80.60	长安福特	86.87	长城汽车	96.89
9	神龙汽车	70.40	长城汽车	75.32	长安福特	94.39
10	东风悦达	64.60	神龙汽车	71.07	吉利汽车	79.92
—	广汽本田	48.01	广汽本田	58.01	广汽本田	63.88
—	广汽丰田	37.41	广汽丰田	40.31	广汽丰田	42.18
—	广汽乘用车	11.67	广汽乘用车	18.76	广汽乘用车	37.81

资料来源：搜狐汽车网。

（二）新兴领域发展相对滞后，自主核心技术研发有待加强

由于具备技术研发能力的广汽乘用车等自主品牌整车企业起步较晚，而且近几年的发展重心主要集中于传统燃油车领域，在广州本地基本无研发活动的日系合资整车企业对新兴领域的反应更为滞后，导致广州汽车产业在新兴领域发展相对滞后，此外自主整车企业在自动变速箱、四驱等传统核心零部件方面的技术还有待突破。新能源汽车是近几年国内汽车市场发展的热门阵地，但核心技术支撑不足、配套设施建设缓慢、合资企业还处于观望状态等因素导致广州的新能源汽车产量一直较低，而且各区发展新能源汽车的重点也有较为明显的区别，整体发展略显混乱。在核心部件"三电"（动力电池系统、驱动电机、电控系统）方面，比亚迪、北汽集团、上汽集团已完全掌握"三电"核心技术，实现在全产业链基础上的整合创新。2016 年比亚迪的新能源汽车营业收入达到 370 亿元，销量却不足 10 万辆，可见汽车产业的新兴领域具有非常巨大的发展空间。而东风日产新能源汽车核心技术和关键零部件依赖日产本部，自主开发能力较弱。广汽集团动力电池还处于开发实验阶段，未开始产业化。2017 年准备上市的传祺纯电动 SUV 车型——GS4 EV 也是万向集团锂离子动力电池，电机、电控则由上海大郡配套。在新兴的智能汽车领域，目前广州对智能汽车开发缺乏整体统筹规划、引导和政策扶持，而上海汽车城早在 2015 年就着手建设首个"智能网联汽车示范区"。2013 年以来，比亚迪推出云服务，百度推出 CarNet，腾讯发布路宝盒子，阿里巴巴与上汽达成"互联网汽车"战略合作协议，东风汽车与华为签署在汽车电子、智能汽车、IT/CT 信息化建设等领域协同创新的跨界战略合作协议，长安汽车与华为跨界合作，北汽集团与乐视围绕汽车智能化展开合作，广州智能汽车产业主要依靠少数企业自身投入，汽车企业、互联网企业、信息企业、科研院所及其他机构没有形成产业融合合作机制。

（三）自主品牌发展过于依赖单一车型，热销轿车产品缺乏

近几年广汽传祺、东风启辰、北汽乘用车等广州自主品牌的快速发

展主要依靠 SUV 产品，然而随着越来越多的 SUV 产品各大厂商被导入市场，该领域将迎来更加白热化的竞争，对 SUV 依赖过重不利于广州自主品牌健康发展。广汽乘用车最热销的传祺 GS4 自 2015 年 4 月上市以来，凭借高颜值外观及良好做工，2016 年累计完成销售 33.33 万辆，占广汽乘用车全年销量的比重进一步提高到 88.14%，较 2015 年提高了近 20 个百分点，而广汽乘用车轿车销量则非常平淡，GS8、GS7 等新推出车型仍然是 SUV 车型。东风启辰旗下的 T70 等 SUV 销量占比也高达 64%，北汽乘用车广州工厂生产的绅宝 X65、威旺 SUV 等产品也几乎以 SUV 产品为主。尽管国内轿车市场以合资车为主，但吉利的帝豪、远景、博瑞，奇瑞的艾瑞泽系列，比亚迪 F3，长安逸动等自主品牌轿车也具有一定市场份额。因此，面对未来竞争将更加激烈的 SUV 市场，广州自主品牌应该抓住市场新动态，打造自主热销的轿车产品，使广州自主品牌发展更加健康。

（四）产业体系有待进一步优化，汽车零部件龙头企业实力有待提升

日系整车企业与下级零部件企业之间采取封闭的产业组织体系，导致广州整车与零部件产业体系发展过于封闭，制约整车企业对零部件企业的辐射带动效应，尤其是自主品牌汽车零部件企业难以得到有效发展。尽管以广汽传祺、东风启辰、北汽乘用车等为主的自主整车品牌已经快速崛起，Jeep 这种欧美品牌也入驻广州发展，但以日系品牌为主导的汽车产业格局仍未改变，这种格局导致广州的零部件产业尤其是自主品牌零部件制造业没有随着整车产销规模的增长而发展强大起来，2016 年广州汽车零部件制造业工业产值首次突破千亿元规模，达到 1187 亿元，广州汽车制造业的整零比仅为 1:0.37，离国际成熟汽车产业市场的 1:1.2 还有很大差距。《2015 年汽车工业年鉴》显示，广州地区的日韩系零部件企业占总数的比例已超过50%，欧美零部件企业数量仅 10% 左右，而中国品牌零部件企业数量还不足 40%，而且大部分企业为附加值较低的企业。同期的上海、长春、北京

等城市的自主品牌零部件企业数据均达到50%，甚至更高。作为广州汽车零部件龙头企业的广汽部件缺乏技术研发实力，整体竞争力偏弱。目前，广汽部件的零部件产品大多技术含量较低，高技术含量、高附加值产品还不足，新能源汽车、智能及网联汽车等新兴领域的产品还较为缺乏。从广汽部件目前汽车零部件产品类型看，主要为技术含量不高的内外饰零部件，2015年营业额占比达到了46%；占比21%的电子电器类零部件大部分仍为传统汽车电子类产品，智能及网联汽车方面的电子产品还较少。技术含量高的动力系统类仅占3%，传统领域技术含量较高的AT自动变速箱、四驱系统等产品还没有，新能源汽车方面的零部件产品还非常少，这种产品结构布局不利于抢占未来新兴零部件市场。由于广汽部件旗下大部分为加工组装型的日系合资企业，研发活动均不在广东本土，导致专业人员及技术研发投入严重不足。此外，广汽部件的下游厂商较为单一，其零部件主要配套广汽集团旗下的整车企业，配套业务占比达到76.5%，而日系配套业务占比80.3%，这种业务结构也难以辐射带动本土自主汽车零部件发展，龙头效应和整体竞争力还有待提升。

（五）产业基地发展定位差异化不足，容易导致内部竞争

除了从化区汽车产业基地作为广州特色的商用车汽车产业板块，花都、番禺、黄埔、增城及南沙区的汽车产业基地发展定位差异化程度偏低，在招商引资过程中，非常容易导致各区之间的恶性竞争，使得广州汽车产业基地建设显得有些无序。广州汽车产业基地经过近20年的开发建设，基本形成了以花都、黄埔、番禺、经济技术开发区、增城和从化为主的六大汽车产业基地，除了从化的商用车基地，其他产业基地都有乘用车企业，除了番禺和增城有非日系整车企业，其他基地的发展主要由日系整车企业主导，在零部件产业招商引资过程中非常容易导致同质化竞争，造成有效资源难以更有效地集聚发展。此外，在发展新能源过程中各区的整车企业都想取得各区的公交和出租车市场，导致各区的新能源汽车配套设施建设标准不一，对广州在全市范围内推广新能源汽车非常不利。尽管2016年广州市政府已出台了汽

车零部件产业方面的专项规划——《广州市汽车零部件产业基地规划》，但要加强规划出台后的管理与指导，才真正能够科学地促进各产业基地健康有序发展。

三 2017年广州汽车产业发展形势展望

展望2017年，全球货币宽松和资产荒将会延续，市场潜在的风险依旧广泛存在，机遇与挑战并存，全球经济继续低位运行及不确定性增强将成为主要发展趋势。影响汽车产业发展的有利因素依然不少：国家大力推进《中国制造2025》战略，而汽车产业是实施这一战略的重要板块；智能联网汽车已经成为汽车产业创新的活跃领域，有望借助国家大力实施创新驱动战略的机遇实现快速发展；居民收入水平的稳步增长及汽车信贷消费的广泛普及将进一步推动汽车消费刚性需求；"90后"汽车消费群体正在加速形成，有利于刺激以个性化消费为特征的汽车后市场；1.6升及以下小排量乘用车购置税减25%及新能源汽车购置税减免政策仍将延续；汽车产品价格不断下探将有助于进一步激活三、四线城市的汽车消费市场；高速发展的电商刺激快递业务快速发展，对商用车刚性需求也快速增长等。从企业层面看，大部分合资品牌对2017年销量的增长预期与国家的GDP增幅接近，由于2016年自主品牌车企销量目标整体完成情况较好，因此借助SUV快速发展的自主品牌企业则对2017年销量的增幅普遍预期较高。但不利形势也同样存在，2017年宏观经济继续存在下行压力，进出口市场需求持续下降，加上限购城市数量呈现增加趋势、城市拥堵愈发严重、二手车限迁、新能源及小排量汽车购置税递减等因素，都将会对2017年的汽车市场产生一定影响，预计2017年国内汽车产销规模将有望达到2980万辆，产销增速有望维持在6%左右，而广汽乘用车、广汽丰田、北汽乘用车、广汽菲克、广汽比亚迪等整车企业的新生产线都将陆续建成投产，广州汽车产业的整体发展有望继续保持两位数增长，速度高于全国平均增长水平。

（一）有利形势

1. 全球汽车产业呈现回暖趋势，有利于我国汽车产业全球化进程

2016 年尽管全球经济形势增长仍然缓慢，但得益于中国、印度等汽车产销大国的高速增长，全球汽车产量呈现回暖趋势，汽车产量达到 9497.66 万辆，增长 4.7%，较 2015 年提高 3.7 个百分点（见表 20）。中国作为全球汽车产销规模最大的国家，已经连续 8 年创历史新高，2017 年及未来一段时间将会吸引更多整车及零部件企业进入中国市场，有利于我国加速集聚汽车产业方面的优质资源，更激烈的竞争将有助于促进兼并重组，做大做强龙头企业。而广州正在积极优化现有汽车零部件产业体系，全球汽车市场的回暖有利于开展面向全球的汽车零部件招商引资。

表 20　2011～2016 年全球汽车产量及增速情况

指标	2011 年	2012 年	2013 年	2014 年	2015 年	2016 年
汽车产量（万辆）	7988.09	8423.61	8759.6	8977.64	9068.31	9497.66
增速（%）	3.2	5.5	4.0	2.5	1.0	4.7
其中：乘用车（万辆）	5989.73	6308.1	6574.54	6778.2	6856.19	7210.54
商用车（万辆）	1998.36	2115.51	2185.06	2199.44	2212.12	2287.11

资料来源：国际汽车制造商协会，http://www.oica.net/。

尽管美国、日本、德国、墨西哥等传统的汽车产销大国汽车销量增长缓慢甚至还出现负增长，但印度、土耳其、捷克、印度尼西亚、伊朗等国家的汽车市场呈现较快增长趋势（见表 21），这些国家本土品牌汽车发展还相对较弱，有利于广州自主品牌企业实施"走出去"战略，提升广州汽车制造业的国际知名度和竞争力。

2. 国内经济形势继续平稳发展，为汽车市场进一步增长提供保障

在过去的 2016 年，面对国内外诸多矛盾叠加、风险隐患交汇的严峻挑战，我国通过各项改革措施实现经济发展缓中趋稳，实现国内生产总值 74.4 万亿元，同比增长 6.7%[①]，增速有所下滑，但总体呈现较为平稳的态势（见图 5），为我国汽车产业的持续稳定发展提供了强大支撑。

---

① 官方发布数据，考虑了通胀因素，并非简单计算得出。

表21　2016年主要国家和地区汽车产量及增幅情况

单位：万辆，%

国家	产量	增速	国家	产量	增速
中国	2811.88	14.46	斯洛伐克	104	0.14
美国	1219.81	0.76	波兰	68.18	3.20
日本	920.46	-0.79	南非	59.9	-2.71
德国	606.26	0.48	马来西亚	51.34	-16.47
印度	448.9	7.89	阿根廷	47.28	-10.23
韩国	422.85	-7.19	匈牙利	47.2	-4.72
墨西哥	359.75	0.90	比利时	39.94	-2.40
西班牙	288.59	5.59	罗马尼亚	35.93	-7.20
加拿大	237.03	3.81	中国台湾	30.95	-11.84
巴西	215.64	-11.24	瑞典	20.54	8.67
法国	208.2	5.58	澳大利亚	16.13	-6.77
泰国	194.44	1.83	葡萄牙	14.31	-8.64
英国	181.66	7.99	斯洛文尼亚	13.37	0.46
土耳其	148.59	9.36	奥地利	10.8	-10.89
捷克	134.99	8.29	乌兹别克斯坦	8.82	-52.45
俄罗斯	130.4	-5.39	塞尔维亚	8.03	-3.96
印度尼西亚	117.74	7.15	芬兰	5.53	-19.95
伊朗	116.47	18.57	荷兰	4.44	0.70
意大利	110.35	8.80	埃及	3.62	0.64

资料来源：国际汽车制造商协会，http：//www.oica.net/。

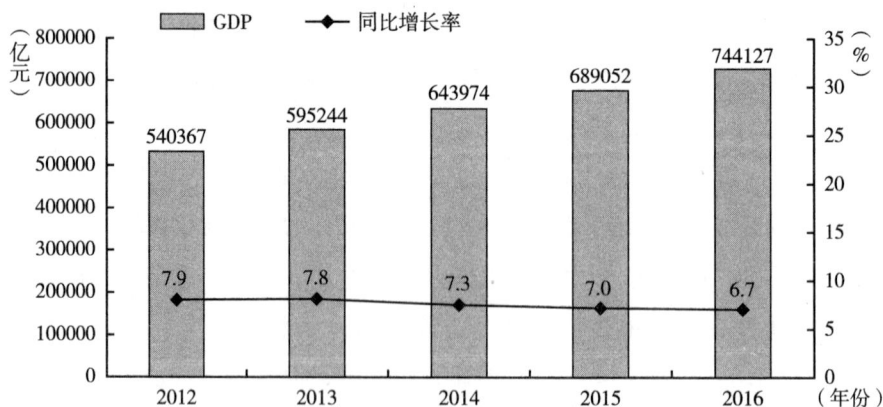

图5　2012～2016年我国GDP及增速情况

注：图中增速数据为官方发布数据，考虑了通胀因素，并非简单计算得出。

全部工业增加值达到 24.78 万亿元，年均增速为 6.0%。在规模以上工业中，汽车制造业增速进一步提高，达到 15.5%，较 2015 年提高 5.1 个百分点，增速在所有工业行业中位居前列。全社会固定资产投资达到 60.65 万亿元，增长 7.9%，其中制造业投资 18.78 万亿元，增长 4.2%。全年社会消费品零售总额 33.23 万亿元，增长 10.4%，其中在限额以上企业商品零售额中，汽车类增速再次达到两位数，为 10.1%，较 2015 年提高 2.4 个百分点；进口汽车达到 79 万辆，增长 9.4%，进口金额 709 亿元，微增 1.8%，汽车出口 107 万辆，下降 2.4%，出口金额达到 2942 亿元，增长 6.1%；城乡居民收入稳步增长，城镇居民人均可支配收入达到 33616 元，扣除价格因素，实际增长 5.6%，农村居民人均纯收入达到 12363 元，扣除价格因素，实际增长 6.2%。综合分析各方面情况，2017 年我国面临的发展环境更为复杂和严峻。世界经济增长低迷态势短期难以改善，"逆全球化"思潮和保护主义有抬头倾向，主要经济体政策走向变数较大，不稳定及不确定因素增加，对我国发展的影响需要加以重视。我国发展处在改革升级的关键阶段，经济运行存在的矛盾和问题仍有不少。但我国物质基础相对雄厚，市场规模庞大，人力资源充裕，科技进步加快，产业配套齐全，基础设施比较完善，经济稳定发展的基础支撑较好，宏观调控方面还有不少创新手段和政策储备。预计国内生产总值增长 6.5% 左右，居民消费价格涨幅仍然保持在 3% 左右，城镇新增就业 1100 万人以上，城镇登记失业率 4.5% 以内；进出口回稳向好，国际收支基本平衡；居民收入和经济增长基本同步。

国民经济的平稳增长是我国汽车产业发展的基本支撑，为 2017 年我国汽车产销规模的进一步增长提供了有力保障。从总体上看，高速发展的电商将有效刺激商用车的刚性消费，汽车价格不断下探、居民收入的稳定增长及汽车信贷消费的日益普及将直接刺激汽车消费，高端消费将进一步刺激豪华进口车的增长，城镇化进程的加速推进是我国近几年汽车市场增长的重要推动力，总体上 2017 年我国宏观经济形势将继续平稳增长，非常有利于进一步刺激汽车消费需求。但是随着汽车保有量快速增长，城市拥堵、尾气污染、停车难等汽车社会问题导致越来越多的城市将实施汽车限购政策，汽车消费成本将不断增加，这些因素都影响汽车产业发展。综合考虑，预计2017年全国汽车市场销量有望达到2980万辆，增速约为6%。

3. 汽车产业新兴领域加速发展，有利于广州汽车产业培育新的增长点

受我国传统燃油汽车整体竞争力落后影响，传统燃油汽车零部件领域同样由于核心技术掌握不足，难有大发展和超越外资企业的机会。随着新能源汽车、智能汽车及网联汽车等新兴领域的崛起，我国汽车产业将迎来难得的弯道超车发展机遇，有望进一步加速发展。在大量产业政策的激励下，通过近3年的发展，我国的新能源汽车产业整体规模已经跃居全球第一，涌现了一批以比亚迪、宁德时代、上汽乘用车等在新兴领域具有较强技术研发能力的企业，尤其值得一提的是，深圳比亚迪的新能源汽车销量已经连续两年位居全球第一，比亚迪基本掌握了所有新能源汽车关键零部件的技术并在某些领域实现了领先。在全球锂离子电池市场中，新能源汽车动力锂离子电池占比越来越大，全球锂电池市场预计到2018年达到320亿美元，其中纯电动、插电混动和油电混动汽车动力电池超过160亿美元，对此工业和信息化部、国家发展和改革委员会、科学技术部、财政部等主要部门及时发布了《促进汽车动力电池产业发展行动方案》。在2016年中国快递"最后一公里"峰会上发布的《中国快递领域新能源汽车发展现状及趋势报告》认为，未来五年中国新能源物流车市场规模将达2000亿元。此外，在汽车智能网联领域，从全球来看汽车电子产业发展整体上是一个由高端车型向低端车型渗透、由发达地区向发展中国家和地区逐步渗透的过程。在2017年度的国际消费电子展（CES）中，据蓝鲸TMT报道，2015年全球智能汽车市场需求规模已经达到1900亿元，其中自主驾驶和安全系统占据优势地位，预计到2020年，自主驾驶将翻5倍，安全系统将翻4倍，市场规模将达到7000亿元。国内上汽、北汽、长城、长安、吉利、比亚迪等汽车企业正在积极行动，而百度、腾讯、乐视等科技企业也在推动跨界研发。广州汽车零部件产业同样处于机遇窗口期，《广州市战略性新兴产业第十三个五年发展规划（2016～2020年）》《广州国际汽车零部件产业基地建设实施方案》等重要规划均对发展汽车产业新兴领域提出了发展目标和相应的扶持政策。广州本土的广汽乘用车则在增程式混合动力领域有了新突破，正在加快生产两款专用于新能源车型的1.5ATK和1.5TM发动机；总部位于开发区的小鹏汽车则是广州新能源汽车发展热潮中涌现的一颗新星，已经完成了车辆设计和测试，在积极准备量产上市。总体上看，广州有望借助汽车产业新兴领域的加速发展，培育自己汽车产业的新增长点。

4. SUV及MPV市场持续高速增长，有利于广州整车品牌加速发展

随着我国汽车市场的持续繁荣发展，汽车消费的热点已经逐步从传统的轿车转向SUV及MPV产品，近几年SUV及MPV的销量增速基本保持在40%以上（见表22），SUV车型的市场份额由2008年的6.6%提升到2016年的35.3%，尤其有利于以SUV及MPV为主打产品的广州自主品牌整车企业乘势加速发展。随着合资品牌轿车不断加快更新换代步伐，国内轿车市场的竞争已趋白热化，自主品牌轿车也只剩下吉利帝豪及远景、比亚迪F3等少数几款热销车型，此外SUV市场的快速崛起导致中高级轿车销量不断下跌，像凯美瑞、天籁等广州传统热销中高级轿车的年销量已经快跌至10万辆以下，因此广州整体汽车产销规模难以依靠轿车获得进一步提升，需要顺应国内汽车市场发展新趋势开拓新的市场。随着"二孩"家庭不断增多，国内SUV及MPV市场也连续多年实现高速增长，这为广州产销规模的进一步提升带来了有利机遇。目前，广州主要整车企业的战略重点逐步聚焦于SUV及MPV产品，纷纷推出了全新SUV产品或者对已有SUV产品进行更新。其中，广汽本田在2016年已推出全新中大型SUV车型——冠道；东风日产推出了换代奇骏、新楼兰及新逍客；广汽丰田在推出了装载2.0T发动机的全新汉兰达的同时，将推出搭载1.2T发动机的小型SUV；广汽乘用车在打造出爆款SUV车型——GS4的同时，顺势推出了7座的大中型SUV车型——GS8，同时计划推出MPV车型——GM8，并围绕这些产品不断更新动力总成；北汽乘用车也推出了绅宝X65、X55及北汽威旺SUV等多款SUV车型。随着SUV及MPV市场的进一步发展，广州汽车产销规模也有望进一步得到提升。

表 22　2012～2016 年我国 SUV 和 MPV 车型销量及增速

单位：万辆，%

指标	2012 年	2013 年	2014 年	2015 年	2016 年	年均增速
SUV 销量	200.04	276.5	413.53	622.03	915.3	46.3
增速	25.5	38.2	49.6	50.4	47.1	—
MPV 销量	49.34	130.4	191.43	201.9	249.7	49.9
增速	-0.87	164.3	46.8	5.5	23.7	—

资料来源：中国汽车工业协会信息网。

5. 各级政府更加重视汽车产业发展，为汽车产业稳定发展提供强大支持

由于汽车产业对经济发展具有重要辐射带动作用，历来受到国家及各级地方政府的高度重视，尤其是新能源汽车产业、智能网联汽车等快速兴起的领域更是得到了各级政府的高度重视，为汽车产业下一阶段的稳定发展提供了政策支持。汽车制造业具有较长的产业链，与其他行业均形成了较为紧密的联动关系，其上游涉及钢铁、橡胶、石化、电子等行业，下游涉及保险、金融、销售、服务维修等行业，我国政府历来对汽车产业发展极为重视，先后出台了一系列促进汽车产业发展的政策。如 2009～2010 年汽车购置税减半、汽车下乡、以旧换新等鼓励政策有力地拉动了国内汽车市场的繁荣，而为了抢占新能源汽车产业发展先机，国家及各级地方政府更是密集出台了产业激励和扶持政策，使得我国新能源汽车产业步入了快速发展阶段。在汽车回收再制造方面，2016 年 9 月国务院法制办公室发布了《国务院关于修改〈报废汽车回收管理办法〉的决定（征求意见稿）》，有利于促进和规范我国汽车回收及再制造产业发展。广东省为了抢占新能源汽车产业发展先机，先后出台多项新能源汽车产业方面的专项规划，而广州为了促进汽车整车及零部件产业发展，在 2016 年编制了面向未来的《广州市汽车产业 2025 战略规划》，出台了第一个汽车零部件方面的专项规划——《广州国际汽车零部件产业基地建设实施方案》，拟出资 25 亿元在现有产业基础上，选址花都、增城、番禺、南沙和从化建设新产业园区，力争 2020 年汽车零部件产业基地新增产值 2000 亿元，关键零部件本地化率达到 80%，相关的产业扶持政策也较为具体。广州拥有汽车产业的各区政府在"十三五"规划中均提出了不少汽车产业方面的大项目（见表23），非常有利于广州汽车产业的发展。此外，作为承载广州发展汽车产业新兴领域重任的广汽智联新能源汽车产业园也将在2017年正式动工建设，建成后新能源汽车产能将达到40万辆，整个产业园的总产值将会超过1700亿元，成为广州汽车产业的新引擎。

表23　广州部分区"十三五"规划中汽车产业相关项目情况

单位：万元

项目名称	所在区	建设规模及内容	建设起止年限	"十三五"期间总投资
广汽乘用车新能源汽车及发动机、变速箱工厂建设项目	番禺区	拟建设生产能力100万台/年的发动机车间、生产能力60万台/年的变速箱车间及生产能力20万辆/年的新能源汽车整车工厂，这三大项目总投资达140亿元，建成后预计年总产值达368亿元，年总税收达63亿元	2016~2020年	1400000
广汽菲亚特克莱斯勒汽车有限公司广州分厂	番禺区	新建焊装和总装生产线，导入新车型专用工装及生产检测设备，形成16万辆/年的整车生产能力	2014~2016年	342673
广汽传祺零部件工业园	番禺区	引入包括汽车车灯、钢材加工、车内饰品、配件模具、电子元器件、仓储物流等18个广汽关联零部件配套项目	2008~2020年	230148
北汽广州汽车零部件产业园区项目	增城区	项目一期规划工业用地316亩（含职工生活配套用地21亩），用于建设北汽（广州）汽车有限公司年产销15万辆整车配套的10个模块产品的组装基地	2015~2020年	138000
东风日产新车型及改款车技术改造项目	花都区	包括电动车车型在内，导入两款新车型以及对现有的部分车型进行改款	2017~2019年	121000
广汽比亚迪新能源客车项目二期	从化区	投资建设广汽比亚迪新能源客车总部、出口基地和研发中心项目，以大力发展新能源汽车及相关技术，开发及生产纯电动客车、混合动力客车及相关关键零部件产品，打造新能源汽车产业及应用基地	2017~2019年	100000

续表

项目名称	所在区	建设规模及内容	建设起止年限	"十三五"期间总投资
广汽集团汽车工程研究院化龙基地二期建设项目(第一阶段)	番禺区	计划建设高新技术与新能源实验室、系统及零部件开发实验室、轻量化实验室以及工程样车及常规车停车场楼、科研设计大楼	2016~2019年	81387
中新塑料150万台套汽车零部件生产基地项目	增城区	项目占地面积200亩,预计从土地取得后两年建成投产,建设生产大楼、厂房、办公楼及配套设施等	2015~2018年	80000
广州汽车集团自主品牌乘用车产能(20万辆/年)扩建调整项目	番禺区	新建冲压、焊装、涂装、总装、质量中心的厂房、综合站房等公用设施以及冲压和涂装生产线。项目建成后,2020年比2015年增加产值或收入250亿元	2013~2016年	65076
广州汽车集团股份有限公司自主品牌乘用车产能(新增15万辆/年)扩建项目	番禺区	新建整车生产车间,扩建发动机联合厂房(含变速箱车间)、污水处理站、危险固废中转站,新建制造管理中心、公用站房等	2015~2016年	55378
广州日立压缩机有限公司增资扩产项目	从化区	主要建设低温冷冻用压缩机、年产25万台R410a压缩机项目以及3~10HP涡旋冷冻机、30~300HP螺杆冷冻机等	2016~2018年	55000
阿尔特汽车技术股份有限公司项目	花都区	投资5亿元主营汽车设计开发与工程服务	2017~2019年	50000

资料来源:根据广州各区"十三五"规划资料整理。

(二)不利形势

1.日益严峻的汽车社会问题抑制汽车消费

汽车保有量快速大幅度增加,而且区域分布非常不均匀,由此引发的城市交通拥堵、汽车尾气污染、停车难等汽车社会问题日益严峻,汽车限牌城市呈现增多趋势,此外作为更加便捷的城市出勤方式——城市轨道交通快速发展,这些都成为抑制汽车消费的重要因素,对汽车产销规模的进一步增长产生不利影响。我国汽车产业经过多年的发展,汽车保有量快速大幅度增加,到 2016 年末我国民用汽车保有量 1.94 亿辆，千人汽车保有量达到了 140 辆，2010～2016 年汽车保有量年均增长速度达到 16%。根据高德地图联合交通运输部科学研究院、清华大学戴姆勒可持续交通研究中心等机构发布的《2016 年度中国主要城市交通分析报告》，2016 年全国有 1/3 的城市通勤拥堵，32 个城市上下班高峰期间拥堵延时指数超过 1.8，4 个城市高峰拥堵延时指数超过 2.0，交通拥堵造成的成本越来越高，北京因拥堵造成的成本已经超过万元（见表 24）。交通拥堵成本不断攀升及停车难等因素导致越来越多的人选择地铁、公共汽车、出租车等公共交通作为城市通勤首选。

表 24　2016 年我国城市拥堵情况

排名	城市	延时指数	平均速度（公里/小时）	自由流速度（公里/小时）	每小时工资（元）	年拥堵成本（元）	早高峰拥堵延时指数	晚高峰拥堵指数	全天拥堵指数
1	济　南	2.17	19.89	43.22	27.74	7906	2.05	2.29	1.76
2	哈尔滨	2.12	21.48	45.44	24.41	6797	2.1	2.13	1.75
3	北　京	2.06	23.14	47.71	40.26	10944	1.95	2.17	1.73
4	重　庆	2.02	23.44	47.4	29.4	7847	1.96	2.06	1.55
5	贵　阳	1.91	22.63	43.24	27.18	6842	1.69	2.11	1.63
6	深　圳	1.89	24.39	46.15	38.37	9551	1.66	2.12	1.64
7	昆　明	1.89	24.62	46.57	27.98	6960	1.66	2.09	1.64
8	杭　州	1.89	22.54	42.53	26.47	6570	1.87	1.91	1.56
9	大　连	1.88	22.59	42.48	32.86	8121	1.88	1.88	1.57
10	广　州	1.86	23.05	42.83	38.43	9376	1.57	2.15	1.65
11	上　海	1.86	25.16	46.74	33.74	8228	1.81	1.91	1.59
12	合　肥	1.85	24.02	44.54	30.13	7327	1.75	1.95	1.53
13	郑　州	1.85	25.68	47.46	24.8	6009	1.72	1.97	1.62
14	长　沙	1.84	23.54	43.38	25.52	6163	1.66	2.02	1.56
15	西　安	1.84	26.19	48.15	29.92	7207	1.68	1.98	1.62
16	沈　阳	1.82	22.45	40.96	28.18	6722	1.79	1.86	1.57
17	武　汉	1.82	24.72	44.92	31.12	7388	1.7	1.93	1.5
18	兰　州	1.81	22.06	39.98	28.57	6759	1.7	1.91	1.73
19	青　岛	1.81	23.99	43.37	25.43	6001	1.77	1.85	1.54
20	佛　山	1.81	24.95	45.05	29.15	6870	1.64	1.95	1.58

资料来源：《2016 年度中国主要城市交通分析报告》。

随着广州汽车保有量不断增加，汽车社会问题同样严峻，特别是广州地铁高速发展及限牌政策持续实施，导致不少潜在车主取消购车计划。汽车尾气污染、汽车噪声污染等问题也愈发严峻。有关资料显示，汽车尾气污染仍是城市大气污染的重要因素。试验数据显示，一辆2.4L排量车型，车速从30km/h降至20km/h，油耗提高41%，而且车速更低油耗还会进一步提高，更多的油耗意味着更多的汽车尾气排放。汽车保有量增多导致停车问题日益突出，受土地资源、资金等条件制约，停车位与汽车保有量之间的交通供需矛盾持续扩大，停车场建设严重满足不了汽车保有量增长的需要。广东省静态交通协会联合广东省现代社评院、现代社评咨询公司共同发布的《广州静态交通调查报告》显示，八成车主表示广州停车难，越秀、天河被车主认为是停车最难的两个区。有近五成广州车主认为自己居住的小区停车难，近七成车主认为小区停车费上涨了。在上涨幅度方面，临时停车费平均上涨了1.2元/小时，上涨比例达到23.5%；月租平均上涨了117元，上涨比例达到29.3%。

2. 竞争压力与日俱增

随着我国连续8年成为全球最大汽车市场，除了已有品牌产品更新换代，德国宝沃、意大利阿尔法·罗密欧等外资新品牌进入国内市场，而且国内还有很多非汽车企业进入汽车行业开始生产新能源汽车，我国已成为全球竞争最为激烈的汽车市场，对广州汽车产业、广汽集团等带来的竞争压力与日俱增。从城市层面看，广州周边的深圳、佛山等城市都在加速发展汽车产业。在传统汽车领域，佛山的一汽大众、福田汽车等整车工厂均已建成投产，深圳的比亚迪和长安标致雪铁龙产能不断提升，这些整车工厂的发展将会吸引更多的汽车零部件企业集聚发展，这对想进一步做大规模的广州汽车产业带来不利影响。在新能源汽车及汽车电子等新兴领域，深圳具有雄厚的发展基础，并有望抢占汽车产业未来发展高地，而且新能源汽车普及推广在全球也是首屈一指，这对广州推进汽车产业新兴领域带来巨大挑战。从企业层面看，作为广州汽车产业龙头的广汽集团在新能源汽车领域发展较为缓慢，目前新能源汽车产销规模还没突破万辆规模，而且新能源汽车的技术优势也不明显。而深圳在新能源汽车领域有比亚迪、五洲龙、沃特玛、比克、陆地方舟等大型知名企业，在汽车电子领域有航盛电子、联创汽车电子等大型企业。尤其值得一提的是比亚迪，其新能源汽车销量已经连续两年位居全球第一，比亚迪基本掌握了所有新能源汽车关键零部件的技术并在某些领域实现了领先。比如，搭载在比亚迪唐上面的混动四驱系统，通过创新绕开外资企业设置的四驱系统专利壁垒，这套系统可以实现机械全时四驱系统的所有功能并使得汽车拥有强劲的动力性能（比亚迪唐百公里加速仅为4.9秒），比亚迪在深圳和惠州的汽车动力电池产能达到16亿瓦时。放到全国层面，广州汽车产业面对的竞争压力将更大，尤其是广州汽车产业亟须通过发展自主品牌实现竞争力提升，但技术创新方面的不足将成为明显制约。在产品层面，广州汽车产业近几年主要通过SUV实现两位数增长，但随着越来越多企业挤入这个细分市场，面对的竞争压力将越来越大。据统计，2016年销量在1000台以上的SUV车型有130多款，2017年预计要上市的SUV车型将超过40款，而在新能源汽车产品方面，广州还没有一款年销量突破1万辆的车型。

3. 部分产业激励政策力度不断减弱

国家曾经出台了一系列政策刺激汽车消费，这些政策重点面向终端的汽车消费者，往往能够起到立竿见影的效果，但是随着新车产销规模的日益庞大，财政补贴金额不断上涨，国家也根据汽车市场不断调整产业激励政策，导致部分产业激励政策力度不断减弱，给汽车消费带来一定影响，对新能源汽车消费的影响尤为明显。我国政府早在2009～2010年便推出了小排量购置税减半的政策，对我国小排量汽车消费的快速增长有重要影响。2015年国家再次推出这项政策也同样为汽车市场注入了新的活力。据统计，2016年受购置税优惠政策影响，1.6L及以下乘用车销售1760.7万辆，增长21.4%，对国内乘用车销量的贡献度达到97.9%。而从2017年1月1日起，1.6L及以下排量乘用车的购置税率由5%变为7.5%，这对1.6L及以下排量车型的消费带来不利影响，特别是以中低端车型为主力的自主品牌。在新能源汽车补贴政策方面，实施年度坡退政策，而且对地方政府补贴进行了限制，对价格相对昂贵的新能源汽车消费带来不利影响。纯电动乘用车仅以续航里程作为补贴依据，2016 年的补贴金额为 2.5 万~5.5 万元，地方政府补贴也同样坡退（见表 25）。除燃料电池汽车外，各类车型 2019~2020 年中央及地方补贴标准和上限将在现行标准基础上坡退 20%，同时规定地方财政单车补贴不得超过中央财政单车补贴的 50%。

表 25　2013~2020 年我国新能源汽车补贴标准

单位：公里，万元/辆

车辆类型	纯电里程数	2013 年	2014 年	2015 年	2016 年	2017~2018 年	2019~2020 年
纯电动乘用车	80≤R<150	3.5	3.325	3.15	—	—	—
	100≤R<150	—	—	—	2.5	2	1.5
	150≤R<250	5	4.75	4.5	4.5	3.6	2.7
	R≥250	6	5.7	5.4	5.5	4.4	3.3
插电式混合动力乘用车（含增程式）	R≥50	3.5	3.325	3.15	3	2.4	1.8
燃料电池乘用车	—	—	20	19	18	20	20	20

注：R 为纯电续航里程。

4. 国家加强对汽车企业平均燃料消耗值管理

为进一步提升汽车研发技术实力及降低汽车废气排放，国家不断加强汽车企业平均燃料消耗值管理，将对不达标汽车企业实施严厉措施，这对于以生产传统燃油汽车为主的广州汽车产业带来巨大挑战。为了扎实推进新能源汽车产业发展、完善汽车节能管理，实施乘用车企业平均燃料消耗量管理，逐步降低我国乘用车产品平均燃料消耗量，工信部、科技部等五个部门早在 2013 年 3 月就发布了《乘用车企业平均燃料消耗量核算办法》，提出到 2015 年和 2020 年我国乘用车产品平均燃料消耗量分别降至 6.9 升/百公里及 5.0 升/百公里，平均燃料消耗量不达标的乘用车企业，将被处以通报、暂停新车型申报、暂停产能扩建等处罚。工信部发布的《2016 年度乘用车企业平均燃料消耗量情况》显示，虽然广州的乘用车企业只有广汽菲亚特克莱斯勒汽车有限公司不达标，其他企业基本达标，但按照现有模式发展下去，广州的整车企业很快会不达标，这对广州汽车产业的下一步发展带来不利影响。虽然生产新能源汽车对降低企业平均燃料消耗值非常有利，但广州的新能源汽车产量还非常低，2016年还不足5000辆，占全市汽车产量的比重不足0.2%，特别是对近几年高速发展的广汽乘用车影响特别大，如果2017年广汽乘用车燃油车的产量进一步增长而新能源汽车产量仍然太少，很有可能就不达标，目前广汽乘用车的主力车型还是SUV，百公里油耗普遍接近7L。合资企业除了东风日产生产少量的新能源汽车，广汽本田、广汽丰田、广汽菲克等企业还没有新能源汽车产品。而国内的比亚迪、北汽等企业大量生产新能源汽车，导致其企业平均燃料消耗值非常低（见表26）。

表26　2016年广州主要乘用车企业燃料消耗值情况及对比

企业	产量（辆）	达标值（升/百公里）	实际值（升/百公里）	相差值（升/百公里）	达标情况
比亚迪汽车工业有限公司	150397	7.68	2.3	5.38	达标
比亚迪汽车有限公司	272066	7.04	3.59	3.45	达标
北京汽车股份有限公司	345973	6.69	3.92	2.77	达标
浙江吉利汽车有限公司	365282	6.19	4.1	2.09	达标
上海汽车集团股份有限公司	312962	6.9	4.93	1.97	达标
广州汽车集团乘用车有限公司	380632	7.14	6.46	0.68	达标
广汽丰田汽车有限公司	423402	7.16	6.63	0.53	达标
广汽本田汽车有限公司	635430	6.66	6.29	0.37	达标
东风悦达起亚汽车有限公司	65011	6.69	6.69	0	达标
广汽菲亚特克莱斯勒汽车有限公司	150566	7.53	8.07	−0.54	不达标
北汽（广州）汽车有限公司	37166	7.12	6.99	0.13	达标

资料来源：工业和信息化部，http://www.miit.gov.cn/n1146285/n1146352/n3054355/n3057585/n3057592/c5560565/content.html。

（三）2017年汽车产业发展形势预测

展望2017年，在全球汽车产业逐步回暖及国内宏观经济形势保持平稳发展态势的预期下，国内汽车产销规模有望第9次刷新纪录。2017年，广州将围绕国家重要中心城市建设，大力实施创新驱动发展战略，高水平建设国际航运中心、物流中心、贸易中心、现代金融服务体系和国家创新中心城市，强化枢纽型网络城市功能，继续推进投资带动，重点建设项目258个、投资1226亿元，预计GDP增幅达到8%，汽车制造业作为广州第一支柱产业的地位仍然不可撼动。进一步做大自主品牌规模和切实推进新能源汽车产业发展将是2017年广州汽车产业的发展重点。随着各大整车企业的发展步伐不断加快，广州汽车产销规模有望达到295万辆，汽车工业总产值有望达到4800亿元。

1. 汽车产量

展望2017年，汽车产业仍是广州的第一支柱产业，是广州建设国家中心城市的重要支撑。随着国内汽车市场逐步回暖，除了广汽乘用车，广州其他各大合资整车企业仍然较为谨慎地提出了2017年的产销目标，其中广汽乘用车提出2017年的销量要突破50万辆，增幅高达35%，东风日产制定的产销目标为108万辆、广汽本田为69万辆、广汽丰田为43.5万辆、东风启辰为18万辆，北汽乘用车、广汽菲亚特和广汽比亚迪的产能也有望得到释放。综合以上分析，预计2017年广州汽车产销规模有望达到295万辆（见表27），增速约为12%。

表27　2017年广州汽车产量预测

单位：万辆，%

主要指标	2014年		2015年		2016年		2017年	
	总量	增速	总量	增速	总量	增速	总量	增速
汽车产量及增速	197.39	9.3	220.99	12	262.88	19.0	295	12

2. 汽车制造业产值

为了科学分析广州汽车制造业工业产值长期变化趋势，采用时间序列分析方法对2004~2016年的月度产值数据进行分析并预测2017年的汽车制造业产值。通过R语言采用STL分解处理2004~2016年广州汽车制造业月度产值数据，能够较为清晰地了解广州汽车制造业的实际变化（data）、季节模式（seasonal）、长期趋势（trend）和随机变化（remainder）（见图6）。

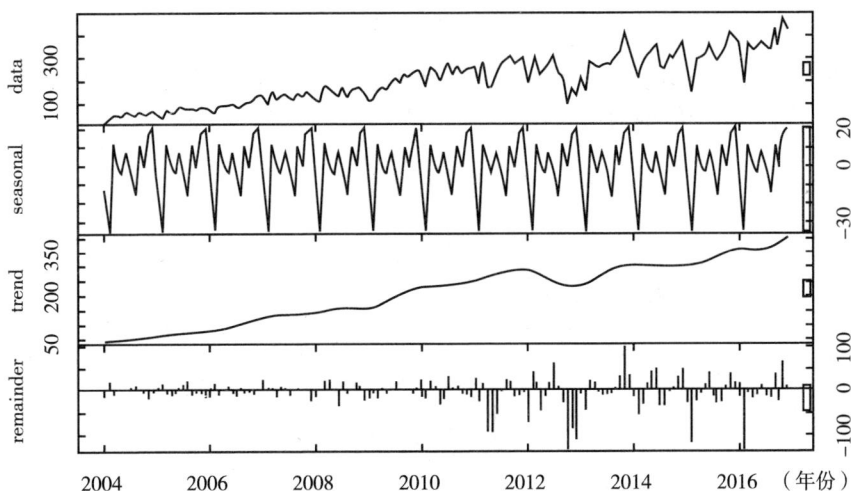

图6　2004～2016年广州汽车制造业月度产值数据分解

总体上，在过去的13年里广州汽车制造业工业总产值呈现明显的上升发展趋势，其季节变化也呈现明显的规律性，而局部事件对广州汽车产业的影响也能较为清晰地得到体现。在此基础上对2017年的汽车制造业月度产值数据进行预测（见图7）。

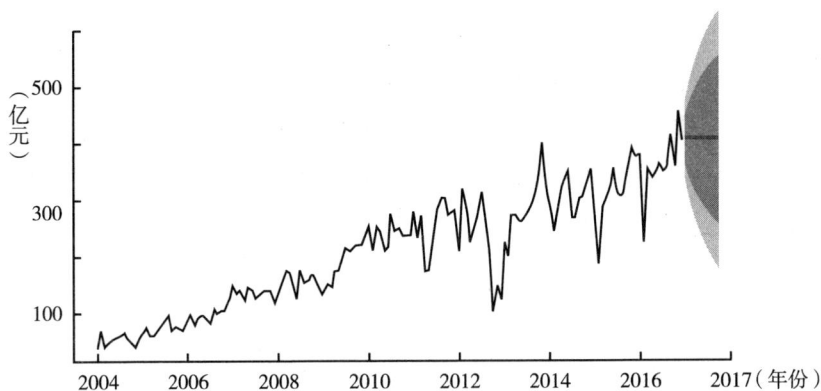

图7　STL方法预测2017年广州汽车制造业月度产值

表28显示了2017年各月广州汽车制造业工业产值在80%置信区间和90%置信区间的预测数据。对各月的预测数据进行累加，得到2017年广州

汽车制造业总产值有80%的可能落在［3446.36，6292.97］区间，有90%的可能落在［2692.91，7046.43］区间，结合定性分析能更合理地预测广州汽车制造业产值的数据。

表28　预测结果

年份	月份	均值预测点	80%置信区间		90%置信区间	
			下限	上限	下限	上限
2017	1	405.81	357.14	454.47	331.38	480.23
2017	2	405.81	336.99	474.62	300.56	511.05
2017	3	405.81	321.52	490.09	276.90	534.71
2017	4	405.81	308.48	503.13	256.96	554.65
2017	5	405.81	296.99	514.62	239.39	572.22
2017	6	405.81	286.61	525.00	223.51	588.10
2017	7	405.81	277.06	534.55	208.90	602.71
2017	8	405.81	268.17	543.44	195.31	616.30
2017	9	405.81	259.82	551.79	182.54	629.07
2017	10	405.81	251.92	559.69	170.46	641.15
2017	11	405.81	244.41	567.20	158.98	652.63
2017	12	405.81	237.24	574.37	148.00	663.61

通过分析广州近几年的年度汽车制造业工业总产值可以发现，广州汽车制造业工业总产值增速整体有回暖趋势，特别是随着广汽乘用车、北汽乘用车、东风启辰及广汽比亚迪等自主品牌整车企业的快速发展，汽车工业总产值有望提速发展，预计2017年有望达到4800亿元，实现两位数增长，增速达到10.5%，其中零部件制造业产值有望达到1400亿元，也保持两位数增长，同比增长12%，这些预测数据也与上面的定量分析结果一致（见表29）。

表29　2017年广州汽车制造业产值预测

单位：亿元，%

主要指标	2014年		2015年		2016年		2017年	
	总量	增长率	总量	增长率	总量	增长率	预计总量	预计增长率
汽车制造业产值	3642.44	10.3	3776.79	6	4346.27	12.6	4800	10.5
零部件产业	973.07	8.6	994.46	5.1	1187.05	11.5	1400	12

注：历史数据以官方公布为准，其增速考虑了通胀因素，预测数据一般没考虑通胀因素。

此外，随着广汽乘用车产销规模的持续提升，有望帮助广汽研究院进一步集聚国内外汽车产业方面的优质创新资源，而广汽智联新能源汽车产业园建设的推进将会吸引更多汽车产业新兴领域的创新人才及相关资源集聚广州发展，广州汽车产业技术研发创新有望在2017年及未来一段时间迎来加速发展期。

四 促进广州汽车产业发展的对策建议

随着国内汽车市场发展速度逐步回暖，广州汽车产业将面临新一轮更加激烈的竞争。为了主动适应国内汽车产业发展新趋势，广州需要加速新能源汽车产业发展，坚持自主创新发展战略，加快"十三五"规划中汽车大项目的实施推进，做大做强龙头企业，加快新能源汽车产业发展，大力发展汽车服务业以及加快实施汽车产业"走出去"战略，补齐广州汽车产业发展短板，为广州建设国家重要中心城市、"三中心一体系"以及枢纽型网络城市提供强大支撑。为确保2017年及未来一段时间广州汽车产业稳健发展，提出如下对策建议。

（一）实施新动力培育工程，加速新能源汽车产业发展

新能源汽车、智能网联汽车等领域是汽车产业发展的未来方向，具有广阔的发展空间，而且近几年已经取得快速发展，广州汽车产业必须把握行业发展新趋势，依托广汽智联新能源汽车生态产业园建设契机，近期以新能源汽车产业发展为重点，实施新动力培育工程，培育广州汽车产业发展新引擎。一是要加强新能源汽车领域的技术攻关，重点依托广汽乘用车、北汽乘用车、广汽比亚迪等自主品牌整车企业增加研发投入，依托广汽智能网联新能源汽车生态产业园建设，推进广州新能源汽车产业公共创新平台建设，吸引相关企业集聚发展创新。二是培育新能源汽车零部件产业体系。以广州五大汽车零部件产业园区建设为契机，围绕自主品牌整车企业，重点在汽车动力电池、电机、电控等领域积极开展招商引资，培育广州本土化的新能源汽

车零部件产业体系。三是完善配套设施，积极推广新能源汽车的示范应用。以公交车、出租车、公务执法车及机场摆渡车领域为重点，完善广州的新能源汽车补贴政策，加快新能源汽车充电设施及信息服务平台的建设，大力推进新能源汽车示范应用。

（二）实施创新驱动工程，做大广州自主品牌汽车产销规模

创新驱动是广州汽车产业竞争力提升的根本途径，广州自主品牌汽车的快速崛起已经成为广州汽车产业新时期的新引擎，因此必须大力实施创新驱动工程，进一步依托创新做大广州自主品牌汽车产销规模，为广州推进国家重要中心城市建设提供强大支持。一是积极推进汽车产业公共创新平台建设。新能源汽车、智能网联汽车的快速兴起表明汽车产业的创新方式发生了较大变化，必须改变过于依赖某一企业的模式，需要与汽车相关产业进行融合，实施集成性创新，要避免广汽智能网联新能源汽车生态产业园仅为广汽集团服务，应将其建设成为能够集聚优质创新要素的广州汽车产业公共创新平台。二是积极培育和引进高层次专业技术人员。通过建立政府批准的"广东省院士专家工作站"，引进高端智力资源，搭建更高层次的创新平台推进自主研发。积极开展汽车先进技术的研发、人才、信息交流，加快科技成果转化，为汽车产品研发提供强有力的智力支持。三是把握发展趋势，集聚资源在重点领域实现突破。在传统燃油汽车领域，48V 汽车电气系统、高效自动变速器、四驱系统、轻量化技术等还需重点公关；在新能源汽车领域，围绕"三大电"（电池、电控、电机）及"三小电"（电动空调、动力转向、空压机真空泵）进行重点攻克；在智能网联汽车领域，自动刹车、智能辅助驾驶及车联网系统需要重点突破，通过这些领域的创新能够更好地提升自主品牌汽车产品的竞争力，并进一步扩大产销规模。

（三）实施投资驱动战略，积极推进汽车产业大项目建设

投资驱动仍然是广州汽车制造业规模进一步扩大的重要方式，积极落实推进广州各种规划中与汽车产业相关的大项目，有利于增强投资驱动效应，

进一步做大广州汽车产业规模。在《广州市国民经济和社会发展第十三个五年规划纲要（2016～2020）》《广州制造2025战略规划》《广州市战略性新兴产业第十三个五年发展规划（2016～2020年）》《广州市先进制造业发展及布局第十三个五年规划（2016～2020年）》《广州国际汽车零部件产业基地建设实施方案》及花都、从化、增城、黄埔、番禺、南沙等区的"十三五"规划中均有与汽车产业相关的大项目，据不完全统计，在"十三五"期间与广州汽车产业相关的重点项目投资额超过500亿元，这些项目主要包括广汽乘用车新能源汽车项目、广汽乘用车新增发动机项目、广汽智能网联新能源汽车生态产业园、广汽菲亚特新工厂、广汽丰田第三工厂、花都新能源汽车电池厂、广汽比亚迪产能扩建、五大汽车零部件产业园区建设等。广州市委市政府应该充分认识到汽车制造业对广州经济发展的引擎作用，督促相关职能部门积极协调，保证这些重大项目按时推进并完工，特别是新能源汽车、智能网联汽车等新兴领域的项目，如能顺利推进实施，将使2017年广州汽车产业规模迈上新台阶。

（四）实施龙头提升工程，提升广汽集团世界500强排名

龙头企业对产业发展具有重要的辐射及引领作用，对整车及零部件领域的龙头企业实施龙头提升工程，将有利于进一步提升广汽集团在世界500强中的排名，有利于提升广州汽车产业的整体竞争力。一是继续推进广汽集团自身制定的大战略，通过实施核心战略目标，全方位提升核心竞争力，实现龙头企业的可持续发展。二是实施产业协同发展战略。进一步做强广汽集团旗下的广汽汇理汽车金融、众诚保险、广爱保险经纪、广汽资本、广汽丽新、广汽租赁等高端服务企业，完善集团的产业链，进一步壮大新的利润增长极。三是做强广汽部件，为广汽集团提供强大助力。积极改善广汽部件无研发实力的现状，围绕新能源汽车及汽车电子等零部件领域，通过资本运作实施兼并重组，培育广汽集团自身知名的零部件品牌，为广汽集团进一步发展提供强大支持。四是积极开展对外发展战略。重点依托广汽传祺品牌积极开拓海外市场，提高广汽自主品牌的国际知名度。五是进一步提升整车产销

规模。以广汽乘用车和广汽比亚迪为重点，扩大自主品牌板块产销规模；以广汽本田、广汽丰田、广汽三菱等整车企业为重点，加快车型更新及新车型的导入，进一步扩大日系品牌产销规模；以广汽菲克为重点，在扩大 Jeep 及菲亚特等品牌产销规模的基础上，继续寻求与其他欧美整车开展合资合作，扩大广汽集团欧美系品牌产销规模。

（五）实施零部件产业体系优化工程，推进汽车零部件产业做大做强

汽车零部件制造业规模偏小而且研发创新能力不足是制约广州汽车制造业真正做大做强的瓶颈，因此需要积极改善日系整车企业主导的过于封闭的汽车产业体系，推进汽车零部件产业做大做强，营造更加开放、多元的汽车零部件产业体系。一是大力推进汽车零部件产业专项规划的实施。2016 年出台的《广州国际汽车零部件产业基地建设实施方案》是广州汽车零部件产业未来发展的重要指引，有关职能部门需要加强监督指导，引导五大汽车零部件产业园区实施错位发展，力争按时完成规划目标，即"到 2020 年汽车零部件产业基地新增产值 2000 亿元，关键零部件本地化率 80%"，为广州汽车制造业提供强大支持。二是发挥自主品牌整车企业的辐射效应，带动自主品牌零部件企业做大做强。广汽乘用车、北汽乘用车、广汽比亚迪等整车企业经过近几年的快速发展，已经具备了辐射带动自主零部件产业发展的条件，重点以已有发展基础的轮胎、汽车玻璃、汽车电子等本土汽车零部件企业为主，鼓励其研发创新活动，并进一步扩大规模。三是依托广汽菲克整车企业，积极引进欧美系汽车零部件企业。除了培育本土自主品牌汽车零部件企业，还需借助广汽菲克这种欧美品牌整车企业，加强欧美系汽车零部件企业的招商引资，进一步丰富广州汽车零部件产品类型，为广州构建更加多元的汽车零部件产业体系提供支持。

（六）实施汽车产业链提升工程，加快汽车服务业发展步伐

随着国内汽车产业规模的进一步扩大，汽车服务业将成为广州汽车产业未来发展的重要增长点，因此需要实施推进汽车产业链提升工程，加强汽车服务业的规划引导，着力培育汽车＋产业、汽车＋文化、汽车＋金融、汽车＋生活、汽车＋城市等新业态，不断加快汽车服务业发展步伐。一是加快汽车服务业专项规划编制及落实。广州市政府早在2014年就发布了《关于加快发展广州市汽车服务业工作方案》，但需要针对汽车产业发展的新形势，加快规划的修编，重点针对汽车售后、汽车会展、汽车电商、汽车文化、汽车租赁、汽车回收等领域编制专项发展规划并落实。二是促进汽车金融发展。以广汽汇理汽车金融等汽车金融企业为重点，发挥汽车金融对整车及零部件制造、汽车销售等领域的支持作用，出台专项政策推动广州汽车金融业进一步繁荣发展。三是促进汽车服务业集聚发展。重点在花都汽车城、白云大道北、广园路、番禺大道等现有汽车服务业集聚区，大力实施升级改造，进一步推动汽车服务业集聚发展。四是培育广州汽车回收制造产业。引导广汽部件等企业通过合资、合作及技术引进等措施，消化吸收国外先进的报废拆解、旧零部件再制造和材料回收再生技术，成立专业回收再制造业企业，培育广州汽车回收再制造产业，进一步完善广州汽车产业链。

参考文献

广州市统计局：《2016 年广州市国民经济和社会发展统计公报》，http：//www. gzstats. gov. cn/tjgb/qstjgb/201703/P020170331374787225515. doc。

温国辉：《2017 年广州市政府工作报告》，http：//zwgk. gd. gov. cn/007482532/201701/t20170118_ 690427. html。

中华人民共和国国家统计局：《2016 年国民经济和社会发展统计公报》，http：//www. stats. gov. cn/tjsj/zxfb. /201702/t20170228_ 1467424. html。

李克强：《2017 年政府工作报告》，http：//www. gov. cn/zhuanti/2017lhzfgzbg/index. htm。

杨再高等：《中国广州汽车产业发展报告（2016）》，社会科学文献出版社，2016。

杨再高等：《中国广州汽车产业发展报告（2015）》，社会科学文献出版社，2015。

广州市统计信息网，http：//www. gzstats. gov. cn/。

中国汽车工业信息网，http：//www. caam. org. cn/。

广东省汽车流通协会网，http：//www. gada. org. cn/。

凤凰网，汽车版网站，http：//auto. ifeng. com/。

搜狐汽车网站，http：//auto. sohu. com/。

环境篇

Development Environment Reports

B.2
2016~2017年世界汽车市场发展回顾与展望

覃 剑*

摘　要： 回顾2016年，在世界经济发展低迷的背景下，全球主要汽车生产企业综合实力进一步增强，汽车生产和销售实现超预期的较快增长。新能源汽车持续高速增长，但是占全球汽车市场的份额仍未突破1%。展望2017年，世界经济发展仍有诸多不确定因素，主要汽车生产国将受到不同程度的影响，但全球汽车市场整体极有可能延续2016年的稳定增长态势。新能源汽车市场份额极有可能突破1%的关口，迎来具有标志性意义的一年。随着共享经济时代的到来，共享汽车服务将对全球汽车产生深刻影响，值得高度关注。

关键词： 世界汽车市场　汽车销售　汽车生产　共享汽车

---

* 覃剑，广州市社会科学院广州城市战略研究院副研究员，博士。

一 2016年世界汽车市场发展概况

（一）全球汽车产销超出预期，实现较快增长

根据联合国的预计，2016年全球经济增长率约为2.2%，相比2015年进一步下降，表明世界经济发展仍然处于低谷时期，经济调整仍未完成，新一轮经济增长周期尚未到来。在此背景下，全球汽车生产和销售却逆势增长，增长速度超出了许多研究机构的预期。根据世界汽车组织（OICA）的统计，2016年全年世界各国累计生产各类汽车9497.66万辆，同比增长4.5%，明显高于2015年1.2%的增长率；累计销售汽车9385.64万辆，同比增长约为4.7%，也明显高于2015年2.0%的增长速度（见表1）。

表1　2010~2016年全球汽车产销情况

单位：万辆

年份	2010	2011	2012	2013	2014	2015	2016
销量	7500.51	7819.76	8216.64	8564.16	8792.01	8967.80	9385.64
产量	7758.35	7988.09	8423.62	8735.4	8977.65	9068.31	9497.66

资料来源：OICA。

从车型来看，全球生产乘用车7210.54万辆，同比增长高达5.1%，远高于2015年1.2%的增长率，在全球经济和贸易低迷的背景下可谓表现惊艳；生产总量占全球汽车生产总量的75.9%，相比2015年的72.6%略有提升。生产轻型商用车1901.11万辆，同比增长2.7%，与2015年2.6%的增长率大致相当；生产总量占全球汽车生产总量的20.0%，相比2015年的20.6%略有下降。生产重型汽车352.25万辆，同比增长3.2%，一举扭转了2015年负增长9.3%的颓势；生产总量占全球汽车生产总量的3.7%，略低于2015年的3.8%。生产大客车33.75万辆，同比增长5.2%，远高于

2015 年 2.2% 的增长率。总体来看，2016 年，除了轻型商用车，其他各类车型产量相对 2015 年均实现了高增长，进而推动汽车产量整体的较快增长。在销售端，全球销售乘用车 6946.44 万辆，同比增长约为 4.8%，远高于 2015 年 1.4% 的增长率；销售总量占全球汽车生产总量的 74.0%，相比 2015 年的 73.9% 略有提升。销售商用车 2439.20 万辆，同比增长 4.4%，略高于 2015 年 3.8% 的增长率。

从国别来看，2016 年全球共有 18 个国家汽车销量突破百万辆，从高至低分别为中国、美国、日本、德国、印度、英国、法国、巴西、意大利、加拿大、韩国、墨西哥、伊朗、俄罗斯、西班牙、澳大利亚、印度尼西亚、土耳其。其中前十个国家的销售量为 6992.91 万辆，占全球汽车销售量的比重达到 74.5%，相比 2015 年的 73.4% 有所提升。中美两国汽车销售量均达到千万辆级别，远远大于其他国家。两国共计销售 4589.40 万辆汽车，占全球汽车销售总量的 48.9%，相比 2015 年的 46.9% 同样有所提升。可以看出，全球汽车销售市场在 2016 年进一步集中。相比 2015 年，意大利汽车销量挤进前十位，韩国则从第十位下降至第 11 位。巴西、日本和韩国在 2016 年汽车销售量均负增长，增长率分别为 -20.2%、-1.5% 和 -0.6%，巴西市场销售大幅度下降，值得业界高度关注。

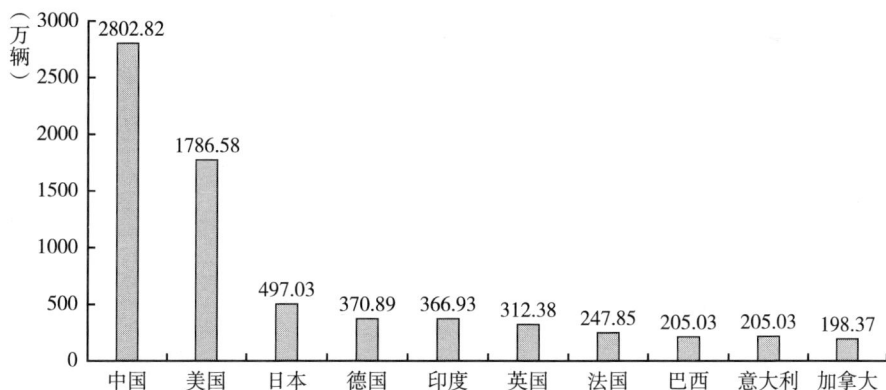

图 1　2016 年全球汽车销售量前十位的国家

资料来源：OICA。

在产量方面，2016 年，全球共有 20 个国家汽车产量达到百万辆级别，从高到低依次为中国、美国、日本、德国、印度、韩国、墨西哥、西班牙、加拿大、巴西、法国、泰国、英国、土耳其、捷克、俄罗斯、印度尼西亚、伊朗、意大利、斯洛伐克。其中前十个国家的产量为 7531.17 万辆，占全球汽车产量的比重达到 79.3%，大致与 2015 年的 79.0% 相当。中美两国汽车产量均达到千万辆级别，远远大于其他国家。两国共计生产 4031.69 万辆汽车，占全球汽车产量的 42.4%，相比 2015 年的 40.4% 有所提升。相比 2015 年，产量居于前十位的国家并未发生改变，只是印度产量超越了韩国居第五位，加拿大超越了巴西居第九位。在前十位国家中，中国继续保持高速增长态势，增长率达到 14.5%，汽车第一生产大国的地位越来越显著。相比之下，产量居于第二位的美国的增长率仅为 0.8%，而巴西的产量大幅下降了 11.2%，韩国也下降了 7.2%，日本则下降了 0.8%（见图 2）。

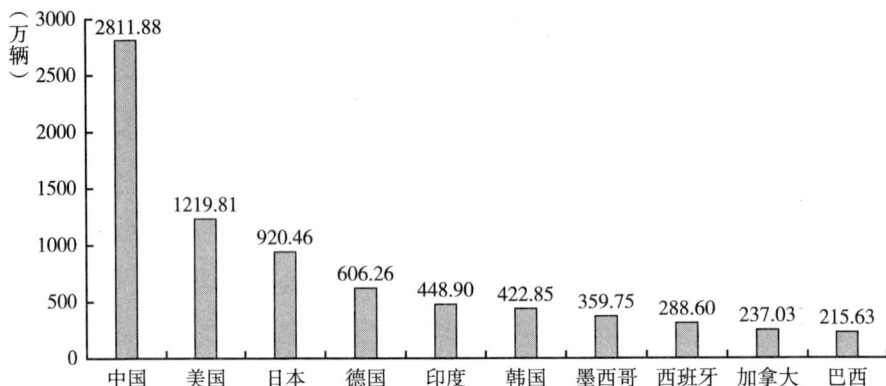

图 2　2016 年全球汽车产量前十位的国家

资料来源：OICA。

（二）新能源汽车销量继续大幅增长

2016 年，全球新能源汽车市场继续保持高速增长态势。根据第一电动研究院和第一电动网的统计数据，全年全球新能源乘用车（包括纯电动和插电式混合动力汽车）共计销量 77.4 万辆，较 2015 年增长了 40%。即便如此，新能源汽车市场份额仍然只占全球汽车市场总份额约 0.85%，尚未到达 1% 的水平。中国仍然是世界上新能源汽车销售量最大的国家，达到 35.1 万辆，同比增长 69.6%，新能源汽车占整体汽车市场份额达到 1.45%，占全球新能源汽车市场份额的 45.3%。在中国之后依次为美国、挪威、法国、德国和日本（见图3）。

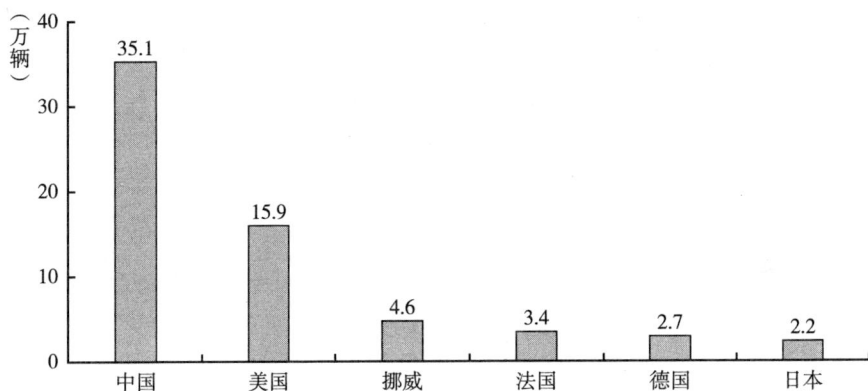

图3　2016年全球新能源汽车销量前六位的国家销量

资料来源：第一电动网。

从品牌来看，日产聆风、特斯拉 Models S、比亚迪唐、雪佛兰沃蓝达、三菱欧蓝德 PHEV、宝马 i3、特斯拉 Model X、雷诺 Zoe、比亚迪秦、比亚迪 e6 为全球前十大畅销新能源汽车。2016年，十大品牌新能源汽车合计销售 30.56 万辆，约占全球新能源汽车总销量的 40%。相比 2015 年，日产聆风取代特斯拉 Models S 成为最畅销新能源汽车品牌。特斯拉 Model X 则从 2015 年的 68 位跃升至第 7 位。来自中国的比亚迪股份有限公司有 3 个品牌的新能源汽车跻身全球前十位，其旗下所有品牌新能源汽车的销售则达到 10 万辆，成为全球新能源汽车市场份额最大的整车企业（见表2）。

（三）整车企业综合实力整体进一步增强

根据《财富》杂志 2016 年 7 月 20 日发布的世界 500 强企业榜单，共有 23 家整车企业入围。其中大众公司以 2366.0 亿美元的营业收入继续位列整

表2　2016年全球新能源汽车十大畅销品牌

排名	品牌	销量(辆)	占比(%)	2015年排名
1	日产聆风	51882	7	2
2	特斯拉 Models S	50944	7	1
3	比亚迪唐	31405	4	8
4	雪佛兰沃蓝达	28296	4	9
5	三菱欧蓝德 PHEV	27322	4	3
6	宝马 i3	25934	3	5
7	特斯拉 Model X	25299	3	68
8	雷诺 Zoe	22009	3	7
9	比亚迪秦	21868	3	4
10	比亚迪 e6	20610	3	22

资料来源：evsales。

车行业第一，在世界500强企业中位列第七，较2015年上升一位。相应的，位居整车行业第二位的丰田汽车公司以2365.92亿美元的营业收入在世界500强企业中位列第八，同样较2015年上升一位。即便如此，由于受到2015年"尾气门"事件的影响，大众公司进行了大量的赔偿，导致亏损15.2亿美元，是进入世界500强企业唯一负利润的整车企业。相比2015年，来自中国的汽车企业表现值得关注，虽然中国第一汽车集团公司的排名下降了23位，但是上海汽车集团、东风汽车集团、北京汽车集团、广州汽车工业集团和浙江吉利控股集团的排名均大幅上升。此外，日本的马自达汽车株式会社、富士重工、铃木汽车等汽车的排名也有较大幅度提升。需要说明的是，在2016年的榜单中，来自意大利菲亚特汽车的股东 EXOR 集团（EXOR GROUP）被归类到多元金融企业，移出整车企业排行榜（见表3）。

（四）德日企业引领汽车零配件行业发展

2016年，全球共有11家汽车零配件企业入围《财富》世界500强企业，依次为博世、大陆、江森自控、电装、麦格纳国际、现代摩比斯、采埃孚、普利司通、爱信精机、住友电工、米其林公司。行业龙头博士公司排在第87位，经营收入几乎居于行业次席的大陆公司两倍，在世界500强企业排行榜中则比后者高出126位，可见其优势之明显。就国别来看，德国有3家零配件企业进入世界企业500强，日本则有4家，可见两国在汽车零配件行业的引领作用十分明显（见表4）。

表3　2014~2016年世界汽车企业在世界500强的排名

企业	营业收入（百万美元）	利润（百万美元）	所在国	2014年排名	2015年排名	2016年排名
大众公司	236599.8	-1519.7	德国	8	8	7
丰田汽车公司	236591.6	19264.2	日本	9	9	8
戴姆勒股份公司	165800.2	9344.5	德国	20	17	16
通用汽车公司	152356	9687	美国	21	21	20
福特汽车公司	149558	7373	美国	26	27	21
本田汽车	121624.3	2869.9	日本	45	44	36
上海汽车集团	106684.4	4740.9	中国	85	60	46
宝马集团	102247.6	7065	德国	68	56	51
日产汽车	101536	—	日本	61	59	53
东风汽车集团	82816.7	1479.8	中国	113	109	81
现代汽车	81320.2	5674.9	韩国	100	99	84
中国第一汽车集团公司	62852.4	3252.6	中国	111	107	130
标致	60650.8	997.2	法国	119	128	140
北京汽车集团	54932.9	1097.5	中国	248	207	160
雷诺（RENAULT）	50280.2	3131.5	法国	190	191	178
起亚汽车	43792.4	2326.3	韩国	246	242	208
印度塔塔汽车公司	42091.9	1683.9	印度	287	254	226
沃尔沃集团	37061.4	1785.7	瑞典	258	268	272
广州汽车工业集团	34440.3	497.9	中国	366	362	303
马自达汽车株式会社	28376.2	1119.7	日本	449	429	373
富士重工	26924	—	日本	494	452	395
铃木汽车	27426.2	971.8	日本	414	436	405
浙江吉利控股集团	26303.8	286.6	中国	466	477	410

资料来源：根据各年份《财富》世界500强企业榜单整理。

表4　2016年全球汽车零部件企业在世界500强企业中的排名

排名	公司	总部地址	营业收入(百万美元)	2015年排名	2016年排名
1	博世	德　国	78322.7	150	87
2	大陆	德　国	43519.1	233	213
3	江森自控	美　国	40204	245	242
4	电装	日　本	37688.3	293	268
5	麦格纳国际	加拿大	33871	318	306
6	现代摩比斯	韩　国	33195.6	347	310
7	采埃孚	德　国	32339.8	488	320
8	普利司通	日　本	31318.1	340	333
9	爱信精机	日　本	27014.9	442	393
10	住友电工	日　本	24432	461	440
11	米其林公司	法　国	23515.6	458	451

资料来源:《财富》杂志中文网。

二　2017年世界汽车市场前景展望

1. 全球主要汽车产销国有喜有忧

2017年,美国的减税、加息、基建、贸易保护、限制移民等政策充满变数,英国公投脱欧以及荷兰、法国、德国等欧洲主要国家陆续举行大选将可能加剧欧洲内部政治冲突,全球金融市场波动风险进一步加大,劳动生产率增长放缓、国际贸易投资增长放缓和人口年龄结构老龄化在短期难以改变,因此世界经济可能面临比2016年更大、更复杂的挑战,增长动力难以得到明显加强,增长形势依然不容乐观。根据联合国经济和社会事务部2017年1月17日在纽约发布的《2017年世界经济形势与展望》,2017年全球经济预计增长2.7%左右,其中,美国预计将增长1.9%,欧洲预计增长1.8%,中国预计将增长6.5%,印度预计将增长7.7%,拉美预计将增长1.3%,俄罗斯预计将增长1%左右(见表5)。

表5 一些组织和机构对2017年全球经济增长预测

组织	联合国	IMF	世界银行	OECD	穆迪
预测	2.7%	3.4%	3.6%	3.3%	3.0%

资料来源：根据各个组织发布报告整理。

可以看出，在主要汽车生产和销售大国中，中美两国2017年经济增长预计将会延续2016年的基本态势，因此汽车市场表现有望相对稳定；在欧洲，预计德国和法国经济增长将温和加快，汽车市场有望进一步改善；但受到国内政治的影响，英国经济增长极有可能放缓，给汽车市场发展带来不利影响。在亚洲其他国家中，韩国和日本受到国内政治波动和投资消费乏力等的影响，预计经济增长将会放缓，国内汽车销售市场拓展难度可能加大；韩国因部署萨德反导系统导致与中国经贸合作面临困境，可能也不利于韩系汽车在中国市场的生产和销售。印度作为新兴经济体，凭借劳动力相对低廉等优势近年来经济增长仍然相对强劲，汽车产业得到较快发展，随着居民生活水平的提高，其国内的汽车市场有望进一步增加。此外，近两年来一直深陷经济衰退泥潭的俄罗斯和巴西两个重要汽车生产和销售国，有望在2017年实现恢复性增长，这将有利于全球汽车市场的增长。

2.宝马汽车市场前景最被看好

随着全球汽车市场日趋饱和，各大汽车企业之间的竞争只会越来越激烈。根据毕马威第18次全球汽车行业高管调查统计，有一半以上的受访者认为未来五年宝马集团、丰田集团、戴姆勒/梅赛德斯·奔驰和本田集团的市场份额将会增加。对于2016年市场销量最大的大众集团，49%的受访者认为其市场份额会增加，39%的受访者认为其市场份额会保持稳定，12%的受访者认为其市场份额会下降。值得关注的是，通用集团和福特集团作为当前全球第四大和第五大汽车企业，却分别有13%和12%的受访者认为其市场份额在未来将会下降（见表6）。

表6 全球汽车行业高管对未来5年主要汽车企业市场占有率的预测

单位：%

汽车企业	增加	稳定	减少
宝马集团	58	37	5
丰田集团	55	39	6
戴姆勒/梅赛德斯·奔驰	52	41	7
本田集团	51	40	9
现代集团	50	40	10
大众集团	49	39	12
福特集团	47	41	12
特斯拉	44	46	10
通用集团	42	45	13
日产集团	42	45	13
三菱集团	42	45	13
北京汽车	41	51	8
马自达集团	40	48	12
铃木集团	40	47	13
塔塔集团	37	48	15
菲亚特－克莱斯勒	36	48	16
吉利集团	36	52	12
马恒达集团	35	50	15
比亚迪集团	35	54	11
奇瑞集团	34	54	12

资料来源：KPMG. Global Automotive Executive Survey，2017。

3. 新能源汽车市场快速增长态势不变

在全球汽车市场上，近年来新能源汽车虽然持续保持高速增长，但是市场保有量仍然很小。因此，2017年，新能源汽车市场预计仍然有较高的增长空间。根据《彭博新能源财经》的预测，2017年全球电动车市场销售量将增长39%。整体而言，按照新能源汽车发展的迅猛势头，预计2017年全球新能源汽车市场份额极有可能首次突破1%的关口，新能源汽车发展将迎来一个新的阶段。

2017年，全球市场上将出现更多的新能源豪车和新能源SUV。目前，奥迪、宝马、之诺、宝沃、沃尔沃、保时捷、雷克萨斯等豪华品牌都已明确宣布2017年上市的新能源车型，这些车型包括大型SUV、紧凑型SUV、中大型轿车、大型轿跑车和跑车等，相应的性能也很高。如奥迪Q7 e-tron将搭载一套2.0T插电式混合动力系统，其综合最大功率达270kW，峰值扭矩为700Nm，拥有8速tiptronic变速器，在纯电动模式最大续航里程为53km，百公里油耗仅为2.3升。其他一般品牌新能源汽车的车型也将更加多样化，在动力系统上各个企业既有采用纯电动系统的也有采用混合动力系统的，这也在一定程度上表明新能源汽车电池技术还在不断发展过程中。

值得关注的中美两个国家新能源汽车政策将会在2017年有所改变。美国多个州从2017年起提高新能源车的税收和道路使用费。如密歇根州众议院通过的4736号法案，2017年后购买车重小于等于8000磅的混合动力车需要额外支付47.50美元，车重高于8000磅的需要额外支付117.50美元；购买8000磅以下的纯电动汽车需要多支付135美元，车重在8000磅以上的需要多支付235美元。而中国正在执行新能源汽车补贴标准退坡政策，即2017～2018年新能源汽车补贴标准较2016年下降20%，2019～2020年下降40%，2020年以后补贴政策将全面退出。这些政策可能会对新能源汽车销售产生一定影响。但是从生产端来看，许多中国汽车企业和中外合资汽车企业对新能源汽车市场仍然充满信心，北汽、长安、奇瑞、东风、广汽、上汽、比亚迪、一汽和郑州日产等汽车企业都已经宣布将推出新的新能源车型。

4. 共享经济深刻影响汽车消费模式

共享经济是指技术的发展使实体（个体或组织）能够共同分享某个实物商品或者资产的使用权，或者分享/提供某种服务。近年来共享经济已经在全球范围内十分流行，并正对汽车市场产生革命性影响。根据麦肯锡发布的《2030汽车革命的八大趋势》报告：受共享出行、互联服务和性能升级的推动，汽车行业的收入将因新的商业模式提高30%，即增加1.5万亿美元。预计到2030年，每销售10辆汽车中，就有一辆用于共享出行。

在生产端，越来越多的汽车厂商试图加快适应和应对共享经济时代的到来。宝马集团在2016年就做出了"下一个100年"规划，提出从一家工程类企业转变为提供高档个人交通出行和服务的科技公司。综观全球经验，未来将有越来越多的车企通过三种方式切入共享经济领域：一是建立自己的汽车共享平台并持续努力将其向全球推广，已有的案例如戴姆勒于2008年10月成立Car2Go汽车共享O2O平台，目前该平台已经拥有超过10000辆汽车，在全球多个城市为用户提供服务。沃尔沃也已经计划将其旗下共享租车服务平台Sunfleet推广到全球范围。二是投资入股汽车共享平台，如丰田投资入股Uber公司，大众汽车投资入股Gett公司，宝马投资智能手机拼车服务Scoop科技公司等。三是汽车和经销商与汽车共享平台达成合作，如"优步"（Uber）与上汽集团车享网旗下的新能源汽车分时共享品牌"e享天开"达成战略联盟。

在消费端，消费者不再一定要拥有汽车所有权，而是可以通过只支付租车成本的形式购买汽车的使用权或者拥有开车出行的机会，降低交通出行成本。在全球范围内，将有更多人采用拼车等形式代替私家车出行，而由此带来的结果是私家车的减少。美国华盛顿特区经济趋势基金会总裁杰里米·里夫金对11个领先的汽车共享服务公司调查显示，在接受调查的样本人群中，80%的人在加入汽车共享俱乐部之前拥有自己的汽车，但在加入俱乐部以后便将其卖掉。对于仍然拥有私家车的家庭来说，平均每户家庭拥有的汽车数量也从0.47辆下降到0.24辆。通用汽车公司的前执行副总裁赖瑞·伯恩斯对美国密歇根州的调查也显示，分享汽车服务的价格比自己拥有私家车的成本低70%以上，在共享汽车服务模式下，汽车的产量和销量可能减少80%。当然，从目前来看，共享汽车服务模式还尚未对全球汽车产量和销量产生很大的冲击，但是随着共享经济的进一步发展，毫无疑问未来汽车的生产、销售和消费模式将发生深刻变化，值得业界密切关注。

参考文献

第一电动研究院：《2016年全球新能源汽车行业发展报告》，2017。

张宇燕、姚仲枝：《2017年世界经济形势分析与预测》，社会科学文献出版社，2017。

克劳斯·施瓦布：《第四次工业革命》，中信出版社，2016。

周开平：《车企三条路径涌入汽车共享　以重资产思维碰撞补贴逻辑》，《21世纪经济报道》2016年6月21日。

杰里米·里夫金：《零边际成本社会》，中信出版社，2015。

B.3
税收政策与中国汽车产业
全要素生产率

——基于面板 Tobit 模型的实证研究

程风雨*

摘　要：　供给侧结构性改革的重点要义就是通过要素变革实现全要素生产率的提升。既有文献对全要素生产率的研究较多，而以汽车产业为研究对象进行全要素生产率测算的研究较少，研究税收对汽车产业全要素生成率的影响更少之又少。本文利用 DEA-Malmquist 方法对中国各地区汽车产业的全要素生产率进行了测算，通过构建 2004～2012 年全国 29 个省、市、自治区的面板 Tobit 模型，估算了税收对汽车产业全要素生产率的具体影响。结果表明，降低宏观税负对汽车产业全要素生产率的改善有较为显著的影响，资金投入、劳动力投入等经济增长的一般性投入要素以及汽车产业链环境、地区交通条件等产业发展的专属性要素对各地区的汽车产业全要素生产率存在不同程度的影响。

关键词：　供给侧结构性改革　全要素生产率　Malmquist 指数　面板 Tobit 模型

---

* 程风雨，广州市社会科学院区域经济研究所助理研究员，博士。

一 问题的提出

习近平总书记在 2015 年 11 月召开的中央财经领导小组第 11 次会议上提出了在适度扩大总需求的同时，着力加强供给侧结构性改革，着力提高供给体系质量和效率，供给侧与需求侧两者并重也成为随后中央经济工作会议中我国宏观调控思路的重点。供给侧结构性改革的思想来源于供给经济学、制度经济学和新增长理论，主要强调决定经济长期增长的因素在于供给，并得到新凯恩斯主义的认同，如曼昆认为在短期内经济是凯恩斯式的，在长期内是古典式的；卢卡斯指出利用财政政策获得长期的、供给面的福利改进还存在巨大潜力。当投资、消费、出口等需求侧增长乏力时，从供给侧入手有利于经济增长的回归。2010 年以来，我国经济发展进入新常态，寻求从供给端发力培育经济发展新动能的改革思想逐渐获得认同。2015 年 11 月 10 日召开的中央财经领导小组第十一次会议上，习近平总书记强调"在适度扩大总需求的同时，着力加强供给侧结构性改革，着力提高供给体系质量和效率，增强经济持续增长动力，推动我国社会生产力水平实现整体跃升"。目前，从中央到地方均把推进供给侧结构性改革列为当前重点任务。在理论界，贾康、周天勇、厉以宁、吴敬琏、张维迎、许小年、樊纲、周其仁、李稻葵、李佐军等诸多著名经济学者纷纷参与讨论并提出各自观点。

持续快速发展的汽车产业已成为我国重要的支柱产业，在国民经济发展中对促进经济发展、增加就业、拉动内需等发挥着越来越重要的作用，对税收和 GDP 增长都做出越来越重要的贡献。由此引出的结论是：在经济新常态下，汽车产业必然也是当下供给侧管理的重点发力产业之一。从现有实证研究文献看，程风雨指出，2004～2012 年，Malmquist 生产率指数年平均值仅为 0.856，都处于小于 1 的负增长阶段，表明我国地方汽车产业生产率总体上仍持续负增长，全国汽车产业总体上仍处于粗放型经济增长阶段，但并未实证研究影响汽车产业全要素生产率的各种因素。从政策效应的对比情况看，相对于货币政策而言，财税政策对供给侧结构性改革的作用更加明显有效，其政策取向与供给侧结构性改革的要求如何进行匹配，这是有必要开展深入研究的重要课题。

据此，本文在当前供给侧结构性改革的宏观政策大背景下，考察税收政策对我国汽车产业全要素生产率的影响作用及路径，进而为提高税收政策的精准性以及提高我国汽车产业经济增长质量提供政策启示。

二 数据及方法

（一）研究方法

作为本文核心的被解释变量全要素生产率（TFP）是指资本和劳动等要素投入之外的技术进步对经济增长贡献的因素。根据投入导向的规模收益可变 Malmquist-DEA 模型，得到 2004～2012 年我国汽车产业的 Malmquist 指数，进而得到该行业样本期内的全要素生产率（TFP）。由于该数据是介于 0～1 之间，如果按照普通的面板数据回归模型的方法，会产生一定程度的回归偏误。对于此类归并数据（censored data），本文将采用面板 Tobit 模型去考察汽车产业全要素生产率的影响因素及作用路径问题。

（二）相关数据及来源

考虑到数据的完整性和可用性，把西藏和宁夏历年汽车数据删除，最终选取 2004～2012 年 29 个省、市、自治区的面板数据，并经整理计算而得到。对其中部分数据采用对数化处理来降低异方差所带来的回归偏误程度。实证分析采用 stata 及相关软件包。

因变量全要素生产率（TFP）：根据汽车产业特点以及相关数据可获得性，采用多目标评价分析方法来构建汽车产业投入产出指标体系，在此基础上进一步得到汽车产业的 Malmquist 指数。本文以我国 29 个省、市、自治区（西藏、宁夏除外）为研究样本。其中，汽车产业产出指标设计为汽车工业产值和产品销售税金，数据来自《中国汽车工业年鉴》；汽车产业投入指标分为劳动投入和资本投入。资本投入采用《中国固定资产投资年鉴》中交通运输设备制造业固定资产投资额来估算。由于实际资本投入无法直接获取，利用永续盘存法①来估算（本文以2004年为基期）。

核心解释变量产品销售税金（tax，单位：万元）：数据来自《中国汽车工业年鉴》，其中2012年海南缺失的数据采用均值插补方法获取。

除此之外，考虑到其他相关因素的影响，参考有关文献的研究，本文选取以下10个变量作为控制变量。

产业集聚（lq）：汽车产业的集聚水平采用区域熵指标来衡量，区域熵的公式是：（每一年各省汽车产值/每一年各省全部产值）/（每一年全国汽车产值/每一年全国总产值），数据来自历年《中国汽车工业年鉴》。

地区交通条件（tr）：采用公路密度指标来衡量，公式是：各省公路总里程/各省总面积，数据来自历年《中国交通年鉴》。

城镇化率（u）：采用历年城镇人口除以年末总人口衡量，数据来自历年《中国统计年鉴》，部分地区某个年份缺失数据采用均值插值方法补齐。

市场发展条件（chain）：关于汽车专业市场配套条件，采用汽车（摩托车）零部件产值占全部汽车总产值的比重来衡量。数据来自历年《中国汽车工业年鉴》，其中海南省2008年和2012年两年缺失零配件产值，考虑到前后都有产值，所以采用插值法补全，海南省2012年缺少汽车全部产值，也采用插值法补全。

对外开放度（open）：采用各省份进出口总值占GDP的比重来衡量，其中将以美元计价的进出口总值通过年平均汇率换算成人民币计价的进出口总值，数据来自历年《中国统计年鉴》。

劳动力成本（lc）：以交通运输设备制造业平均劳动报酬为衡量标准，其中2012年没有该项统计数据，而是出现细分数据，即交通运输设备制造

---

① 计算公式为 $K_t = I_t + (1-\delta) K_{t-1}$。其中，$K_t$、$K_{t-1}$ 分别表示当期与前一期实际资本品投入，I_t 代表当期名义固定资产投资额，折旧率 δ 为6%。

业平均劳动报酬分为汽车制造业与铁路和其他运输设备制造业两大类，考虑到数据的可获得性，本文采用两项平均劳动报酬取均值的办法加以替换，数据来自历年《中国劳动统计年鉴》。

劳动力人数（l）：统计口径是历年各省交通运输设备制造业年末从业人数，由于2012年之后汽车制造业这个行业单独统计，造成前后统计口径有变化，本文采用这两个行业就业人数求和取值的办法进行替换，数据来自历年《中国劳动统计年鉴》。

外商直接投资（fdi）：此数据采用估算法获得。产业投资来源于产出大小，基于此假设外商直接投资分布将以行业产值占比为准，因此采用外商直接投资实际使用额数据进行估算，具体为：首先，全行业各省各年外商直接投资实际使用额数据单位是百万美元，先通过各年平均汇率换算成单位为万元人民币的数据，此来源于CEIC中国经济数据库。其中，吉林2010年数据缺失，采用插值法补全；然后，计算各省每年汽车行业产值占当地GDP的比例；最后，上面两个值相乘得出结果。

实际资本投入（k）：数据来自历年《中国固定资产投资年鉴》。其中2004~2011年的数据采用交通运输设备制造业数据，而2012年为汽车制造业数据。然后采用Kohli的做法具体计算。

创新要素（pa）：采用国内专利申请受理量这一指标来衡量，数据来自历年《中国统计年鉴》。变量的描述性统计如表1所示。

表1 变量描述性统计（N = 261）

单位：万元，%

变量名称	平均值	标准差	最小值	最大值
全要素生产率	0.545	0.353	0.028	2.402
税收	10.303	2.599	2.197	13.970
产业集聚	0.983	1.195	0.009	7.609
地区交通条件	75.825	46.681	3.897	216.224
劳动力成本	10.195	0.445	9.177	11.325
外商直接投资	10.690	2.570	2.125	14.678

变量名称	平均值	标准差	最小值	最大值
创新要素	9.286	1.485	4.820	13.066
对外开放度	35.716	43.744	3.572	172.148
城镇化率	49.169	14.676	21.940	89.300
市场发展条件	26.971	19.717	0.569	89.392
劳动力人数	11.019	1.338	5.687	12.707
实际资本投入	14.124	2.061	7.858	18.287

三　实证结果

由上文的数据特点可知，本文适宜构建税收政策与中国汽车产业全要素生产率的面板 Tobit 计量模型，具体形式如下：

$$TFP_{it} = \alpha + \beta_1 TAX_{it} + \beta_2 X_{it} + \varepsilon_{it}$$

其中，TFP_{it} 表示被解释变量，本文采用由 Malmquist 指数而得到的全要素生产率来表示，TAX_{it} 表示税收数据的核心解释变量，X_{it} 表示控制变量，主要包括资金投入、劳动力投入等经济增长的一般性投入要素以及汽车产业链环境、地区交通条件等产业发展的专属性要素两大类。由 Hausman 检验可知，P 值为 0.0035，表明在 1% 的统计水平下显著拒绝原假设，即随机效应模型被拒绝，应当采用固定效应面板 Tobit 模型，具体估计结果如表 2 所示。

表 2　汽车产业全要素生产率的面板 Tobit 模型估计结果

变量名称	固定效应模型	随机效应模型
税收	− 0.140 *** (− 4.06)	− 0.0944 *** (− 4.74)
产业集聚	− 0.110 *** (− 4.96)	− 0.0695 ** (− 2.13)
地区交通条件	− 0.00279 *** (− 3.64)	− 0.00301 *** (− 4.39)
劳动力成本	− 0.381 *** (− 3.07)	− 0.428 *** (− 5.03)
外商直接投资	− 0.134 *** (− 3.72)	− 0.113 *** (− 5.42)

续表

变量名称	固定效应模型	随机效应模型
创新要素	0.101 ** (2.00)	0.0999 ** (2.43)
市场发展条件	−0.00131 * (−1.94)	−0.00134 (−1.30)
对外开放度	−0.00174 (−0.90)	0.00101 (0.87)
城镇化率	−0.00181 (−0.29)	0.00182 (0.43)
劳动力人数	−0.00371 (−0.06)	0.166 *** (2.87)
实际资本投入	0.0163 (0.63)	−0.00196 (−0.10)
常数项	NA	4.555 *** (5.61)
sigma_u_cons	NA	0.423 *** (4.25)
sigma_e_cons	NA	0.154 *** (19.16)
N	261	261

注：*** 、** 和 * 分别代表1%、5%和10%的统计显著性水平。

由表2固定效应面板模型的回归结果可知，宏观税负的高低与汽车产业全要素生产率存在显著的关系，具体而言，对该行业征收税收总额越高，越妨碍汽车全要素生产率的提高；反之，降低税负则会促进汽车产业的良性发展。这与当下供给侧结构性改革的内在要求是保持一致的。从控制变量对汽车产业全要素生产率的影响而言，一般性投入要素以及汽车产业专属性要素对汽车产业发展起到不同的作用。劳动力投入与资本投入对汽车产业全要素生产率的影响并不显著，而劳动力成本显著阻碍汽车全要素生产率的提高。随着我国劳动力成本的不断提高，传统汽车行业劳动力低价优势不断被削弱，在竞争激烈的汽车行业内，高额的用工成本必然加重企业发展负担，影响企业全要素生产率的提高。汽车产业集聚的系数值为−0.110，并在1%水平上显著，说明汽车产业集聚对汽车产业全要素生产率的增长具有显著的抑制作用，这反映我国现阶段的汽车产业集聚水平比较低。地区交通条件的系数值为−0.00279，并在1%水平上显著，说明我国交通条件发展对汽车产业全要素生产率的增长具有显著的抑制作用，表明当前虽然我国交通发展水平不断提高，但仍然与汽车产业的快速发展要求存在一定程度的矛盾，阻碍汽车产业良性健康发展。汽车产业创新要素的系数值为0.101，并在5%水平上显著，说明汽车产业创新对汽车全要素生产率的提高起到显著的促进作用。

四 结论及建议

本文利用 DEA-Malmquist 方法对中国各地区汽车产业的全要素生产率进行了测算,通过构建 2004～2012 年全国 29 个省、市、自治区的面板 Tobit 模型,估算了税收对汽车产业全要素生产率的具体影响,并得出以下两点结论及建议:①降低宏观税负是中国汽车产业供给侧结构性改革的重要因素之一。实证研究发现,减税的确对中国汽车产业全要素生产率存在较为显著的促进作用。在中央新一轮税制改革中,汽车产业中消费税是其改革的一个重要关注点,本文以汽车消费税作为核心解释变量展开探讨,也在一定程度上拟合未来汽车产业税制改革的优化结果,为坚持汽车产业"减轻税负"举措提供了有益的政策依据。②在提高汽车产业全要素生产率的过程中,要将减税与其他降低企业成本的措施形成政策合力。本文的研究发现,资金投入、劳动力投入等经济增长的一般性投入要素以及汽车产业链环境、地区交通条件等产业发展的专属性要素对各地区的汽车产业全要素生产率存在不同程度的影响。这说明,各省汽车产业在持续积极地实施减税措施外,还应酌情考虑到财政能力对减税空间的限制问题,采取降低一般性投入要素成本、优化产业发展综合环境、发挥科技创新对产业驱动作用等多项举措。

参考文献

Kohli U. Growth accounting in the open economy: international comparisons. International Review of Economics & Finance, 2003, 12 (4).

Kohli U. Real GDP, real domestic income, and terms-of-trade changes. Journal of International Economics, 2004, 62 (1).

Färe R, Grosskopf S, Norris M, et al. Productivity growth, technical progress, and efficiency change in industrialized countries. The American economic review, 1994.

丁芸、张天华:《促进新能源汽车产业发展的财税政策效应研究》,《税务研究》

2014 年第 9 期。

侯沁江、陈凯华、蔺洁等：《中国新能源汽车产业创新系统功能演化研究——兼论政府措施的作用》，《工业技术经济》2015 年第 3 期。

刘建丽：《工业 4.0 与中国汽车产业转型升级》，《经济体制改革》2015 年第 6 期。

张大蒙、李美桂：《政策工具视角：中国汽车产业政策的主要问题与对策研究》，《工业技术经济》2015 年第 1 期。

马涛：《全球价值链下的产业升级：基于汽车产业的国际比较》，《国际经济评论》2015 年第 1 期。

唐葆君、刘江鹏：《中国新能源汽车产业发展展望》，《北京理工大学学报》（社会科学版）2015 年第 2 期。

庄惠明、郑剑山、熊丹：《中国汽车产业国际竞争力增强策略选择——基于价值链提升模式的研究》，《宏观经济研究》2013 年第 11 期。

黄乃文、杨永聪：《"市场换技术"成功了吗？——基于中国汽车产业的经验研究》，《科技管理研究》2012 年第 14 期。

康凯、王军雷、杨凯：《中国汽车产业分区域现状及未来发展》，《汽车工业研究》2014 年第 2 期。

程风雨：《我国地方汽车产业生产效率的动态实证分析——基于 DEA 模型的 Malmquist 指数方法》，《技术经济与管理研究》2016 年第 9 期。

B.4
自主品牌汽车产业供给侧结构性改革探讨

葛志专[*]

摘　要：　供给侧结构性改革是党中央在新形势下的战略部署，为自主品牌汽车的发展指明了方向。我国自主品牌汽车产业中高端供给能力、创新驱动能力、全球化竞争能力还有待提升。面对智能时代、信息时代，自主品牌汽车的挑战增大，跨越式创新的难度增大，更加需要大力推动供给侧结构性改革，必须要抓住"一带一路"、"中国制造2025"、新型城镇化和深化改革的重大战略机遇，利用好国际国内两个市场，大力践行创新驱动，深化体制机制和经营机制改革，实现从汽车大国迈向汽车强国。

关键词：　自主品牌　汽车产业　供给侧结构性改革

一　汽车产业供给侧结构性改革的主要内涵

中央经济工作会议提出供给侧结构性改革，中国面临创新转型的需求，对于我国部分大型工业行业具有极其重要的指导意义，是从制造业大国向制造业强国转型的必由路径，自主品牌汽车产业发展至今的重点也就是要在规

＊　葛志专，广州市社会科学院区域经济研究所助理研究员。

模积累的基础上努力推动供给侧结构性改革，从而建设汽车强国。供给侧结构性改革的重点是解放和发展社会生产力，用改革的办法推进结构调整，减少无效和低端供给，扩大有效供给和中高端供给，增强供给结构对需求变化的适应性和灵活性，提高全要素生产力。通过一系列政策举措，特别是推动科技创新、发展实体经济、保障和改善人民生活的政策措施，来解决我国经济供给侧存在的问题。近年来，我国汽车产业快速发展，需求端迅猛扩大，连续 8 年成为全球第一大销售市场。自主品牌汽车的产需市场不断扩大，供给规模和供给体系都有飞跃式提升，但是供给结构还有待提升，中高端供给的国际竞争力依然薄弱，全要素的生产力相对落后，仍然需要抓住全球技术变革的大趋势，抓住依然蓬勃的需求市场，努力促进自主品牌供给侧结构性改革。汽车产业的供给侧主要是指生产者市场，涉及汽车及零部件的生产及工业体系、研发创新、配套服务等环节，需求侧主要是指消费市场。

二 自主品牌汽车的供需侧的主要问题

汽车产业的产业链反映了围绕汽车产品和服务的供给和需求双方的业链位置和环节特征，在产业链供给方主要包括原材料供应、汽车零部件供应、汽车整车制造、汽车销售和服务，其中每个环节还包括相应产品的研发创新和生产流程体系的技术化水平、创新程度，特别是零部件核心技术的研发生产以及整车制造平台的智能化水平是供给者的核心竞争力，需求侧的结构则相对简单，消费者依靠收入水平实现有效需求。因而，汽车产业供给侧结构性改革，主要是指产业链供给环节的生产方式、价值配置、环节联动、技术创新等多层次的结构性改革或者产业链条的重塑。自主品牌汽车与国际品牌汽车相比，起步较晚，属于雁阵模型中的跟随者，在核心技术、关键部件研发生产乃至工业流程的设计等方面还依赖汽车强国，供给侧改革创新的潜力依然巨大。

（一）产销规模第一，但自主品牌竞争力弱

进入 21 世纪以来，在城镇化水平和居民收入水平不断提高的背景下，我国汽车市场供需两端持续走高，需求端的强劲刺激带动了汽车产业供给侧的迅猛发展，增速遥遥领先于西方传统市场，汽车从高价值的奢侈品快速普及成为必需品，加速我国进入汽车社会，汽车产业的环节众多、业链交叉面广、技术含量高等特点，使其已经成为我国国民经济的重要支柱，我国也成为全球第一的汽车大国。与美国、日本、德国等传统汽车大国相比，2016 年中国的汽车销量已经逼近 3000 万辆，且市场领先的规模持续扩大（见表 1）。

表 1　中国与全球主要国家汽车产销对比

单位：万辆

国家	中国	美国	日本	印度	德国
2016 年	2802.8	1753.91	497.03	366.92	335.1
2013 年	2190	1558	537	180	295

资料来源：根据汽车工业协会、搜狐汽车网站数据整理。

从需求端看，我国汽车产业没有过度依赖外需，也没有依赖大规模的投资，主要是依靠内需拉动。2013 年，中国市场汽车产量、销量首次突破 2000 万辆，迄今已经连续 8 年成为全球第一汽车大国。世界上绝大部分的汽车品牌都已经登陆中国，并成为国际第一梯队汽车厂商的全球最大市场。然而在总体市场蓬勃发展的形势下，自主品牌汽车并未占据优势，在附加值较高的乘用车领域，甚至遭遇占比连续下降的局面，虽然 2016 年自主品牌销量突破 1000 万辆，但主要是中低端产品，汽车单价及零部件价格较低，呈现规模大但营利弱的特点（见表 2）。

表 2　2009～2015 年乘用车分国别市场占有率

单位：%

类别	2009 年	2010 年	2011 年	2012 年	2013 年	2014 年	2015 年	2016 年
自主品牌	44.3	45.60	42.33	41.85	40.58	38.44	41.32	43.19
外资品牌	55.7	54.4	57.67	58.15	59.42	61.56	58.68	56.81

资料来源：根据汽车工业协会数据整理。

（二）自主品牌车企中高端供给不足

随着全球汽车市场结构的快速变革以及国内收入水平的快速提升，我国大多数的自主品牌车型已经无法满足当前消费者的潜在需求，和食品、医疗、家用品等其他领域类似，中高端产品供给不足，同时，外资品牌车型价格不断下降，质好价低格局已经形成，对自主品牌的挑战不断加大。虽然在2016年的《财富》世界500强中已经有7家中国车企，但其增长点和盈利点主要是合资品牌，核心产品、技术、品牌属于外方，与几百万辆的总体销量相比，其自主品牌产品竞争力不足，销量往往仅几十万辆，占比不超过6%，甚至一些自主品牌面临长期亏损局面，无法占领产业价值链的高端，市场上也难以看到成功推出较多新产品、新概念的自主品牌车型，即使是近年来增长势头强劲的长城推出了中高端产品，也难以占据较好的市场份额，且其关键零部件主要依赖进口。以整车单价计算，30万元以上的自主品牌中高端乘用车还很少，几乎均为合资品牌或进口车型，在高端SUV、MPV、跑车、F1等领域，中国自主品牌还处于空白阶段。全球畅销的前十名车型，主要为日系、德系，质次价低的自主品牌车型五菱宏光的销量还不及全球前十的最后一名凯美瑞。以国内轿车市场为例，在2016年轿车销量前十名中，自主品牌车型仅有吉利帝豪一款车型列第十位，销量达到24.1万辆，是第一位的大众朗逸销量的仅约一半（见表3）。

（三）创新驱动能力、国际竞争力仍然较弱

汽车产业是高技术、高资本、高复杂工业体系的产业，创新能力弱一直是自主品牌汽车产业供给侧的关键短板。与国际领先车企相比，自主品牌汽车起步较晚，原始创新技术不足，关键核心技术缺失。研发投入、创新人才、关键零部件主要被国际厂家占据第一梯队，全球知名的主要车企中很少有中资企业成为关键环节的主导者，国内车企往往是初级产品、原材料、低附加值配套产品、低价整车的供给者，而且其替代性也在随着国内人工成本的上升而减弱。在研发环节，自主品牌车企研发投入强度远低于大众、丰田

表3　全球汽车销量前十名与自主品牌车型对比

单位：辆，%

品牌	车型	2016 年销量	2015 年销量	增幅变化
合资品牌	丰田卡罗拉	1316383	1365394	- 3.59
	福特 F 系列	993779	923753	7.58
	大众高尔夫	991414	1056453	- 6.16
	现代伊兰特	788081	758311	3.93
	本田 CRV	752463	711571	5.75
	福特福克斯	734935	832108	- 11.68
	丰田 RAV - 4	724198	662145	9.37
	大众 POLO	704062	697887	0.88
	本田思域	668707	563456	18.68
	丰田凯美瑞	660868	746349	- 11.45
自主品牌	五菱宏光	650018	655531	- 0.8
	哈弗 H6	580683	373229	55.6
	宝骏 730	370169	321069	15.3
	传祺 GS4	326906	131016	149.5
	宝骏 560	321555	145007	121.8

资料来源：根据盖世汽车网站数据整理。

等国际知名车企；在生产环节，自主品牌生产线主要依赖国际自动化生产线巨头，虽然有部分自主品牌车企已经在全球范围内设立不同功能的研发中心，但在车型规模化生产过程中，核心部件主要依靠外资品牌车企和零部件供应商提供（见表4）。

关键零部件供应环节，在《美国汽车新闻》（Automotive News）发布的2016 年全球汽车零部件配套供应商百强榜中，仅有延锋汽车内饰系统（18名，内饰）、中信戴卡（77 名，铝合金车轮）两家中国企业，且都为非核心环节，在发动机等关键设备的加工生产方面，即使能够生产，也没有达到国际一流水准的精度产品和量产型精品；在高端材料、锻压技术、热处理技术等方面，即使能够生产产品或达到较高的精度，也无法实现国际同级别强度，如自动变速器被外资企业占据了中国超过90%的市场份额，部分工艺水准甚至落后国际30 年以上（见表5）。

表4　2016年部分自主品牌与国际品牌车企研发投入对比

	自主品牌				国际品牌		
排名	企业名称	研发投入（亿元人民币）	占营业收入比(%)	研发人员（人）	企业名称	总部所在地	研发投入（亿欧元）
1	上汽集团	94.09	1.24	22563	大众	德国	136.12
2	比亚迪汽车	45.22	4.37	23814	丰田	日本	80.47
3	长城汽车	31.08	3.22	10236	通用汽车	美国	68.89
4	北京汽车	28.0	9.07	—	戴姆勒	德国	65.29
5	广汽集团	23.89	4.83	3398	福特汽车	美国	61.54
6	江淮汽车	21.58	4.11	4947	本田汽车	日本	54.87
7	江铃汽车	19.37	7.27	2225	博世	德国	52.02
8	一汽轿车	5.62	2.47	629	宝马	德国	51.69
9	海马汽车	7.2	5.18	1657	菲亚特克莱斯勒	意大利	41.08
10	吉利汽车	2.12	0.39	—	日产	日本	40.54

资料来源：上市公司2016年年报；欧盟委员会，引自：mt.sohu.com/20170101/n477538582.shtml。

表5　全球汽车产业关键零部件供应商前100强国别分布

国别	企业数量	国别	企业数量
德国	18	意大利	1
日本	30	英国	1
美国	25	卢森堡	1
韩国	5	墨西哥	1
法国	4	瑞士	1
西班牙	3	新加坡	1
加拿大	3	荷兰	1
中国	2	印度	1
瑞典	2		

资料来源：盖世汽车网，http://auto.gasgoo.com/News/2016/12/12091259125970002786625.shtml。

在市场销售环节，我国汽车出口产品主要为相对低端车型，中高端车型竞争力不足，而且出口规模小，主要在国内市场销售，进一步反映出中国汽车产业供给质量和效率的不足，其国际化程度、品牌价值都还很低（见表6）。

表6　2006～2015年汽车整车出口量及占汽车产量的比例

单位：辆，%

年份	产量	出口量	出口量比上年增长	出口量/产量
2006	7279726	343379	98.15	4.72
2007	8882456	614412	78.93	6.92
2008	9345101	681008	10.84	7.29
2009	13790994	370030	-45.66	2.68
2010	18264667	566653	53.14	3.10
2011	18418876	849808	49.97	4.61
2012	19271808	1015729	19.52	5.27
2013	22116825	948549	-6.61	4.29
2014	23722890	947909	-0.07	4.00
2015	24503326	755467	-20.30	3.08

资料来源：《中国汽车工业年鉴》。

（四）供给结构不适应加快到来的智能网联时代需求

随着新技术革命的加速到来，新一代信息技术、大数据、物联网、云计算正深刻改变传统工业化时代的生产方式，汽车研发、汽车制造行业率先突变，跨产业融合正加快改变汽车品牌格局，国际主流车企、互联网公司、航空航天公司正在联合改变汽车运行模式。欧美日传统国际品牌厂商已经纷纷转型，在新能源汽车、智能汽车、无人驾驶等领域已经走在前列，跨代际式创新已经展现出强大挑战力。与此对照，我国自主品牌车企还在内燃机时代寻求增长空间，且仍在追逐"剩余红利"，寻求在关键环节的突破和自主创新，而往往这些环节已经是国际品牌的成熟技术和专利，在新技术革命的趋势下，面临着尚未崛起就可能被淘汰的威胁，自主品牌车企在智能汽车领域更是起步晚、实力弱，工业体系不完善，不具有超前的创新能力，还没有基于智能技术、网联技术的试验产品或成熟产品，新能源汽车领域仅有极少数企业掌握部分环节的核心技术，尚无一家品牌企业能够在未来汽车领域展露出有引领能力的企业。更多的非汽车类企业进军智能汽车行业，但智能汽车是传统汽车和电子信息两大产业深度融合的产物，传统车企不具备先进的传统零部件制造技术和智能技术，而信息技术企业不具备制造技术，也不具有规模和创新力兼备的研发团队和整车研发能力，势必要在自主品牌汽车行业和新一代信息技术行业进行颠覆性创新并形成融合发展的新格局，新型运作模式的车企需要在产品研发设计、技术集成和应用模式创新等方面尽早谋划，从而主动积极适应和抓住新技术变革的趋势（见表7）。

表7　全球代表性车企主要动向

车企	主要动向
特斯拉	联合韩国三星研发自动驾驶芯片
谷歌	与菲亚特克莱斯勒共同开发自动驾驶技术
通用	发布新款电动车型 Bolt
英伟达	已经开始自动驾驶汽车路测
本田	氢燃料电池汽车已经开始销售
现代	自动驾驶汽车已经路测
波音	无人驾驶汽车已经路测
奔驰	纯电动无人驾驶汽车已经路测
福特	纯电动、无人驾驶汽车，计划 2021 年批量生产
比亚迪	新能源汽车产量排名第一，掌握电动车核心技术；正研发无人驾驶汽车

资料来源：根据盖世汽车网站、搜狐汽车网报道整理。

（五）自主品牌汽车产业的制度供给仍需改革

自主品牌大而不强、创新力弱、发展滞后等问题，既有市场主体本身的原因，也有政府管理方面的原因。一汽、东风、长安、上汽、奇瑞等自主品牌大型企业主要为国有企业，对国有资产保值增值的考核要求、现行财税制度，在很大程度上抑制了国有企业在创新方面的投入，企业难以完全按照市场规律决策，管理人员和研发人员都普遍缺乏创新动力和激励动力，企业决策层也难以完全像职业企业家一样去制定壮大自主品牌的战略、规划并实践，科技成果也难以完全转化利用。而且，在汽车产业政策和监管服务中，政府部门多头管理，存在管理环节多、层次多，重前置审批、轻事中事后监管，在生产、流通、使用和市场推出等环节上，对汽车产业进行管理的部门就有10多个，多个部门具有管理权限，也导致了一个结果，那就是国有不如民营、民营不如外资的现象，主要汽车企业的重心并不在自主品牌，依靠政策、依靠市场、依靠合资成为主要盈利方式，自主品牌更像是形象工程，少有竞争力强的产品，经营惨淡甚至是长期亏损，反而是民营企业经营的自主品牌更加具有竞争力，研发投入率也远高于国企，无论与民营车企相比，还是与国际品牌车企相比，国有企业的自主品牌都不具备较强的中高端供给能力，有效需求较为不足，市场认可度低。

表8 2015 年上半年我国汽车制造行业规模

单位：家，亿元

类　　型	该类企业数量	资产总额
国有企业	129	6368.40
集体企业	77	56.21
股份合作企业	52	491.62
股份制企业	329	9071.02
私营企业	6680	7163.34
外商和港澳台投资企业	2841	22046.11
合　计	10108	45196.7

资料来源：全国乘用车市场信息联席会网站。

三　自主品牌汽车供给侧改革的主要路径

可以预见，随着中国经济的发展与消费能力的不断提高，中国将成为全球汽车最大的市场，届时国内自主品牌将占据地利优势，与国内外汽车市场共同发展，并更加稳健地走向全球市场，必须要坚持创新驱动，打造富有活力的增长模式，坚持协同联动，打造开放共赢的合作模式，把握"一带一路"、"中国制造2025"、新型城镇化和全面深化改革的战略机遇，深入推进自主品牌供给侧结构性改革，加快中国迈向汽车强国。

（一）抓住"一带一路"战略发展机遇，加快推动自主品牌汽车产能国际化

充分利用和挖掘好国内国际两大市场，推动中国自主品牌汽车产业

"走出去",是实现汽车强国的必经之路,"一带一路"战略为加快我国汽车产业产能国际化拓展提供了历史性的战略机遇。"一带一路"沿线覆盖了新亚欧大陆桥、中伊土走廊、中巴走廊、孟中印缅走廊、中新走廊、中蒙俄大走廊等六条走廊,会聚了44亿多人口、60多个国家地区、21万亿美元的经济规模,存在巨大的商品、贸易、投资需求。"一带一路"倡议的提出,将直接为沿线国家互联互通和基础设施建设提供新的机会和可能,有利于促进沿线资源整合和经济一体化,大幅提升沿线国家和地区的产业结构和发展绩效,未来沿线以中低收入国家为主的汽车产品需求空间将十分可观,将为占据主动的中国车企提供新的市场需求,为进一步释放汽车产能提供新的空间,我国车企要发挥已有市场深耕优势,发挥汽车产品链齐全、质优价廉的优势,对接沿线基础设施建设和产业发展对汽车市场的需求,加快汽车丰富产能和产业走出去,鼓励大型自主品牌车企加快谋划和布局海外市场,联合金融、法律、政策机构共同研究与探索适合中国车企联合"走出去"的有效路径和沿线国别政策,培育当地的合作伙伴,开展汽车资源产能合作,推动从汽车贸易到分环节经营再到产业链整体布局的分步走措施,提升属地化销售经营的能力,从而提升配置全球汽车市场资源的能力。同时,也需要加强政府引导,营造良好的国际协作营商环境,搭建信息共享平台,及时提供沿线地区政策,发来市场需求信息和风险预警,完善保险、融资担保、信贷等方面的政策支持,支持中国汽车产能国际化布局。

(二)抓住"中国制造2025"创新驱动战略机遇,加快推动自主品牌汽车升级"补短板"

制造业是国民经济的主体,是科技创新和实践的主要领域,是立国之本、兴国之器、强国之基,汽车产业更是制造业的重要支柱,是最新科技、创新人才、创新资本的集聚区。"中国制造2025"为中国制造业发展和转型升级指明了战略路径和方向,也为自主品牌汽车大国迈向汽车强国提供了战略性机遇。当前,汽车制造业正在经历以自动化、数字化、智能化为核心的新一轮产业升级，在基础端，要加强原始创新和协同创新，扩大在汽车能源领域的先发优势，加快在智能操控系统、汽车材料、传感器、大数据等跨界高新技术领域的研发创新和试验产品的推出。在生产端，要抓住新一代信息技术、新能源、新材料、人工智能等战略性新兴技术变革的趋势，把汽车产业的结构调整作为建设汽车强国的关键环节，大力发展新能源汽车、智能汽车，改造提升传统汽车制造工艺，以大型龙头车企为率先主导，瞄准汽车智能化、网联化、节能化趋势，以关键制造环节智能化为核心、以大数据流为基础、以网络互联为支撑建设汽车制造智能工厂，普及汽车行业实施工业机器人自动化生产线，建设智能制造车间、数字化工厂、智能工厂等重要基础装备，逐步推进生产装备的智能化升级、工艺流程改造和基础数据共享。在服务端，要优化经营模式，以全球市场的本土化推进产销的国际化，深入推动"互联网＋"在服务网络的运用，致力于把价低质次差服务的形象向高质量、国际一流服务转变。

（三）抓住新型城镇化巨大内需潜力释放的必然趋势，着力提高自主品牌汽车供给质量和效率

城镇化是现代化的必由之路，是我国最大的内需潜力和发展动能所在，是促进经济中高速增长、迈向中高端水平的强劲动力。当前城镇化进入转型阶段，将更加注重城镇化质量，人们的获得感、幸福感将大幅增加，支撑中国巨大的汽车需求和汽车消费升级，构成中国汽车产业特别是自主品牌汽车销量保持较高速增长的后续发展动力，要抓住城镇化巨大需求，带动产业供给侧的创新和升级，以巨大的市场空间平衡提升质量和效率的时间和经济成本，主动作为，深耕国内市场，优化经营管理，让中国经济中高速增长的乘数效应带动自主品牌产能更多地释放出来。当前，北京、广州、深圳等特大城市和部分大城市已经达到每百户居民拥有汽车数量20辆或以上的标准，大中城市限牌限购限行，导致消费市场的扭曲且市场多为合资品牌和进口品牌占据，自主品牌车企应努力布局研发创新和服务环节，从一个传统的汽车制造商转型为个人出行方案的提供商和高档汽车的生产和服务商。而众多中

等城市、小城市人均消费能力还相对较低，自主品牌汽车保有量和新增销量一直在迅猛增长，将是中国庞大汽车消费市场的主战场，也是自主品牌最具有比较优势的市场，未来将有更多的中小型城市进入汽车社会。自主品牌企业要下沉营销渠道和服务网络，把主要的增长点放在中西部城市群、东部沿海中等城市、小城市中心城镇，重点促进自主品牌汽车的制造业和服务业的融合发展，大力加快完善销售服务网络，营造便利化、标准化、现代化的服务环境。同时，政府也应该以创新、协调、绿色、开放、共享的发展理念为引领，科学规划建设城市群一体化发展和中小城市的综合交通网络体系，以适应汽车社会的需求，避免再次形成特大城市交通瓶颈的"无解"现象，为汽车社会的持续良性运转提供有效保障。

（四）抓住全面深化改革战略部署，优化自主品牌汽车经营机制和管理体制

供给侧结构性改革的本质属性是深化改革。自主品牌汽车产业无论是释放潜在产能、提高行业集中度，还是降低企业成本、补齐发展短板，都必须要通过改革调整优化结构。首先，要大力推动国有车企改革，解决市场机制扭曲、不完全竞争和效率不高等问题，按照"市场在资源配置中起决定性作用"的改革方向，改革国有车企经营决策理念和考核评价标准，激发企业家精神，推动车企充分融入市场，激发企业创新活力，优化股权结构，审慎引入战略投资者，以管资本为主加强对国有车企的资产监管，转向混合所有制。完善公司治理结构，在人才任用方面，努力实现去行政化，打造职业经理人队伍，并实现薪酬绩效考核市场化，对骨干人才、团队尝试采用股权激励等方式激发创新能力。其次，要大力推动汽车领域的行政审批和监管制度改革，既符合国家体制机制深化改革的总体方向和要求，也符合汽车产业发展的一般规律以及适应新的发展趋势，要通过新的制度供给、建立行政法规与行业标准并重的方式加强有效监管，建立审批的权责清单和负面清单，实现汽车产业管理的法制化，减少和集约行政监管环节，加强事中和事后监管，简化投资审批管理。完善市场监管制度，消除地方保护主义，构建统

一、有序、公平竞争的市场经营环境，重视发挥社会组织的服务功能和辅助监督作用。

参考文献

国务院发展研究中心产业经济研究部等：《汽车产业突破式创新的影响及智能网联汽车前瞻战略》，《中国汽车产业发展报告（2016）》，社会科学文献出版社，2016。

王晓明：《新形势下对中国汽车产业管理体制改革的思考》，《中国汽车产业发展报告（2015）》，社会科学文献出版社，2015。

王晓明：《中国汽车产业国际竞争力分析》，《中国汽车产业发展报告（2015）》，社会科学文献出版社，2015。

葛志专：《新型城镇化背景下广州汽车集团发展策略研究》，《广州汽车产业发展报告（2013）》，社会科学文献出版社，2013。

B.5
2016年我国新能源汽车发展形势及对策研究

江彩霞*

摘　要：　2016年我国新能源汽车产销规模均突破50万辆，整体呈现较快发展趋势，产销增速均超过50%。受产业政策影响，面向公共交通领域的纯电动汽车成为主要的增长点，主要面向私人市场的插电式混合动力新能源汽车发展则相对缓慢。本文简要分析2016年我国新能源汽车产业发展形势、存在问题及面临形势，并对我国新能源汽车产业发展提出几点建议。

关键词：　新能源汽车　骗补　插电式混合动力

一　2016年新能源汽车产业发展概况

（一）整体呈现较快发展趋势

得益于我国各级政府密集的新能源汽车产业扶持政策，我国新能源汽车产业整体呈现较快发展趋势，产销规模跃居全球第一。2016年我国新能源汽车月度销量整体呈现上升趋势，各月销量均明显高于2015年，其中12月的销量达到历史新高，单月销量突破10万辆（见图1）。

---

* 江彩霞，广州市社会科学院经济研究所副研究员。

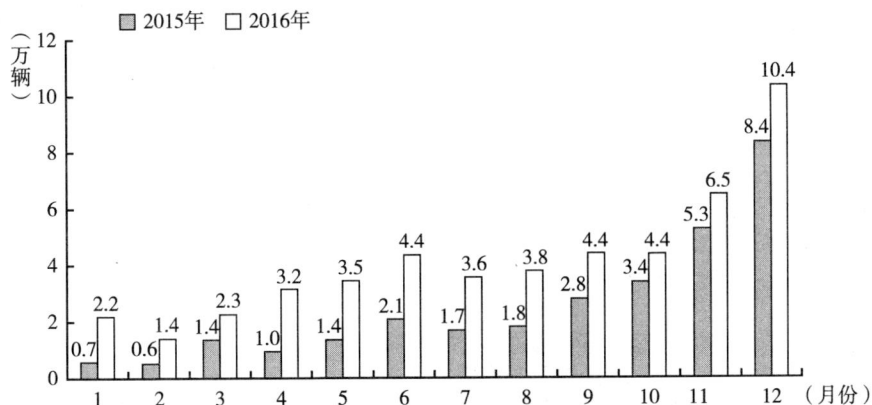

图1　2015~2016年新能源汽车月度销量

2016年，我国新能源汽车产量突破50万辆，达到51.7万辆，同比增长51.7%，销量达到50.7万辆，同比增长53%。其中，纯电动汽车成为我国新能源汽车的主要产品，产销量分别达到41.7万辆和40.9万辆，增速分别为63.9%和65.1%，销量占全部新能源汽车的比重达到80.7%；插电式混合动力汽车销量还未突破10万辆规模，产销量分别为9.9万辆和9.8万辆，增速分别达到15.7%和17.1%。

从新能源汽车细分产品来看，2016年纯电动乘用车销量达到25.7万辆，增长75.1%，占全部新能源汽车销量的比重为51%；插电式混合动力乘用车销量为7.9万辆，较2015年增长30.9%，占全部新能源汽车销量的比重为16%。在新能源商用车方面，纯电动商用车销量达到15.2万辆，同比增长50.7%，占全部新能源汽车销量的比重为30%；插电式混合动力商用车销量较低，仅为1.9万辆，较2015年有所下降，同比下降19.3%（见图2）。

（二）重点企业发展较快

在国家新能源汽车产业政策的大力扶持下，我国部分具备研发创新能力的新能源汽车企业抓住机遇，根据市场情况不断推出新能源汽车产品，取得了显著进步，呈现较快发展势头。其中，比亚迪作为我国新能源汽车领域的

插电式混合动力商用车
3%

纯电动商用车
30%

纯电动乘用车
51%

插电式混合动力乘用车
16%

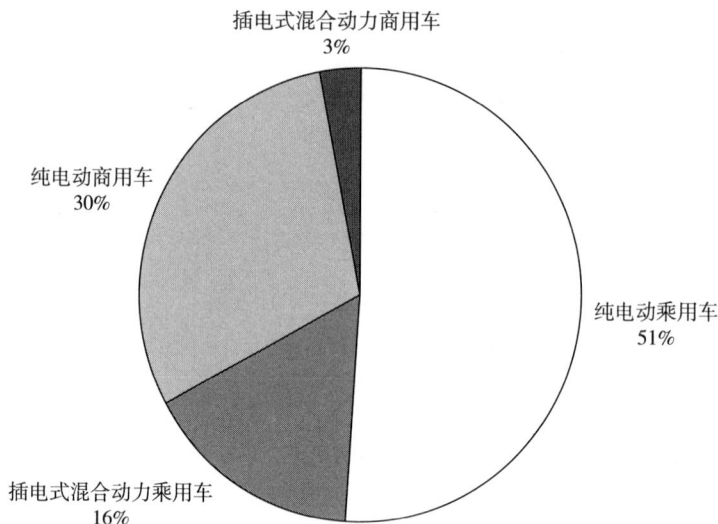

图2 2016年各类新能源车销量占比情况

领头羊,在纯电动、混动方面的技术优势及在各类细分市场均布局产品,在主要的热销产品中,混动车型有比亚迪秦和比亚迪唐,纯电动车型有 E5、E6、秦 EV 等,2016年完成销量 10.02 万辆,同比增长 70%,已经连续两年成为全球产销规模最大的新能源汽车企业。而吉利汽车、北汽新能源、众泰汽车、奇瑞汽车及上汽乘用车等企业的新能源汽车销量均已突破 2 万辆规模,整体增速都较快(见表 1),这 6 家企业的新能源汽车销量累计达到 27.38 万辆,占国内全部新能源汽车销量的 54%,整体行业集中度较高,有利于实现规模效应。

表1 2012~2016年我国主要新能源汽车企业销量情况

单位:辆,%

企业	2012 年	2013 年	2014 年	2015 年	2016 年	2016 年增速
比亚迪	2709	2549	18471	58869	100178	70
吉利汽车	—	2619	8564	26554	49218	85
北汽新能源	186	1335	5549	17060	46420	172
众泰汽车	1126	529	9696	24408	36999	52
奇瑞汽车	3055	6039	9847	14147	20963	48
上汽乘用车	238	406	2896	11123	20017	80

资料来源:搜狐汽车网。

（三）新能源汽车技术取得突破

得益于我国新能源汽车产销规模的快速提升及国家产业政策的支持，我国新能源汽车技术取得了长足进步，电池、电机、电控等核心技术均已掌握，在部分领域还实现了领先。在汽车动力电池方面，比亚迪、宁德时代、力神等厂家的磷酸铁锂电池的单体能量密度达到140Wh/kg，逐步接近国际水平。镍钴锰三元锂电池单体能量密度在130～220Wh/kg，而全球最好的松下镍钴铝三元锂电池单体能量密度为300Wh/kg，在三元锂电池方面与国际先进水平还存在一些差距。而动力电池相关的正负极材料、电解液和隔膜已经实现国产化。在驱动电机领域，比亚迪、上海电驱动、精进电动、大洋电机、天津松正等企业自主研发的电机已经实现和整车的产业化配套，其中电机峰值功率达到2.8～3.0kw/kg，规格化驱动电机和控制系统已经具备量产能力。在燃料电池动力系统方面，我国基本建立自主知识产权的车用燃料电池技术平台。质子交换膜、膜电极、双极板、炭纸和催化剂的关键技术指标接近国际先进水平，已经形成了百辆级氢燃料电池汽车动力平台和整车生产能力。在新能源汽车集成部件方面，比亚迪开发的可插电式并联式混合动力（有1.5T和2.0T混动系统）、四驱混动系统均已实现大规模量产，不但拥有良好的节油效果还具备强劲的动力性能，成为这一领域的佼佼者。上汽集团开发了一套包含两档换挡结构实现串联并联混动模式的插电式混动系统，也已经实现量产；广汽集团则重点推出了增程式混动系统，还未大规模量产。

（四）产业发展政策不断调整完善

我国新能源汽车产业的快速发展离不开各级政府出台的大量产业激励政策，这些政策覆盖面广，技术研发、产业发展、示范推广、配套设施建设斜等方面均有涉及。我国的新能源汽车产业扶持政策是全球范围内最完善、力度最大的，这无疑是我国新能源汽车产业快速发展的强有力支撑。但在政策实施过程中也出现了不少问题，因此很多政策都在不断调整和完善中，如

《新能源汽车生产企业及产品准入管理规定》《新能源汽车生产企业及产品准入管理规则》《关于"十三五"新能源汽车充电基础设施奖励政策及加强新能源汽车推广应用的通知》《电动汽车动力蓄电池回收利用技术政策》等。

（五）推广应用加速推进

为了推动新能源汽车产业发展，国家发改委对经济发达地区提出了明确的新能源汽车推广任务，各地方政府尤其是拥有新能源汽车生产企业的地方积极制定本地的新能源汽车推广应用方案，加速了我国新能源汽车的推广应用。我国新能源汽车产业发展自 2009 年起步以来，到 2016 年已经累计推广超过 100 万辆，占全球市场保有量的 50% 以上。其中，上海成为全球新能源汽车拥有量最大的城市，2016 年上牌新能源汽车 45060 辆，保有量已经达到 10.27 万辆，在全国率先成为新能源汽车推广应用总量超 10 万辆的城市；北京截至 2016 年 11 月底，新能源汽车推广总量达到了 9.1 万辆，已经建成 6 万个充电桩；深圳到 2016 年底，新能源汽车推广达到 8.08 万辆，推广进度较快；天津在 2016 年新能源汽车新增上牌 24639 辆，累计推广已经达到 3.85 万辆，占天津市机动车保有量的 1.4%；杭州截至 2016 年 12 月，累计推广应用新能源汽车已超过了 3 万辆；广州截至 2016 年 9 月，新能源汽车保有量近 2 万辆，总体进度相对缓慢；武汉截至 2016 年 10 月，累计推广新能源汽车 1.46 万辆，建成充电桩 3353 个。其他城市新能源汽车推广量还相对偏少，不足 1 万辆。

二 我国新能源汽车产业发展存在的问题

（一）核心技术创新还有待提升

尽管我国新能源汽车产销规模已经位居全球第一，但接近 80% 都是以微型车为主的纯电动汽车产品，像 2016 年销量较高的吉利、众泰、奇瑞等企业生产的新能源汽车基本以微型电动车为主，这类新能源汽车产品的技术水平偏低，形成大而不强的发展局面。而技术含量更高的混合动力新能源汽车产品还相对较少，除了比亚迪的秦和唐、上汽集团的荣威 eR50、广汽集团的混动版 GA5，真正热销的混合动力新能源汽车产品还很少。目前，尽管越来越多的企业进入新能源汽车行业，但真正掌握核心技术的企业还太少，如果不能提高技术水平，难以真正做强我国的新能源汽车产业。因此，我国迫切需要在动力电池的研发上加强基础创新。另外，在能耗水平、动力性能、加速时间、车辆操控的品质及舒适性等方面，国内的技术水平与国外相比也存在不小差距。

（二）存在骗取补贴资金行为

由于新能源汽车补贴政策存在一些漏洞，不少企业利用非法手段大量骗取国家补贴资金，这不但违背了国家推出新能源汽车产业政策的初衷，而且严重扰乱了新能源汽车正常的发展秩序。2016 年财政部等四部委对国内 93 家主要新能源汽车企业进行了专项检查，公布了 5 家车企的骗补情况，已正式公布的骗补企业包括苏州吉姆西、苏州金龙、深圳五洲龙、奇瑞万达贵州客车和河南少林客车，涉及新能源汽车补贴金额超 10 亿元（见表 2）。这些企业的骗补方式主要有几种：第一种是使用低标准电池、虚报续航里程进行骗补；第二种是由于动力电池没有唯一编码，电池拆装后重复利用进行骗补；第三种是车辆未达到推广标准甚至未生产，违规取得牌照骗取补贴；第四种是自产自销进行骗补，这种方式虽然如实生产新能源汽车，而且车辆也符合规定，但车辆卖给了关联企业而非终端用户，导致未达到补贴条件提前谋取补贴；要么就是车辆卖给终端用户，但在获取补贴后大量闲置。

表 2　2016 年新能源汽车骗补企业情况

单位：辆，万元

企业	涉及骗补车辆数	金额
苏州金龙联合汽车工业(苏州)有限公司	1712	52154.58
苏州吉姆西客车制造有限公司	1350	32019.56
河南少林客车股份有限公司	641	19230
奇瑞万达贵州客车股份有限公司	493	14790
深圳市五洲龙汽车有限公司	154	5574
总　计	4350	123768.14

资料来源：财政部官方网站。

（三）动力电池产能过剩风险显现

发展新能源汽车产业作为国家战略，具有广阔的发展空间，很多企业趋之若鹜，而且为了财政补贴资金，很多新能源汽车产业项目大幅度扩张。据不完全统计，2016 年，国内各地有意建设或在建的新能源汽车项目，数量多达 30 个，投资总额已超过 1000 亿元，呈现遍地开花之势。尽管新能源汽车行业的进入门槛远低于传统燃油汽车行业，但仍然需要相关的技术研发实力，不然大部分都是没有竞争力而且是为获取财政补贴生产的新能源汽车。此外，2016 年国内成规模的动力电池企业总产能约有 61GWh，考虑到产能并没有全部释放，2016 年动力电池市场的实际产能也接近 37GWh，而按照预测的市场需求 30GWh 计算，则还有近 7GWh 的产能过剩，此种估计方法未考虑数量更多的中小型汽车动力电池企业以及从跨界企业的投资及增加的产能，新能源汽车动力电池市场局部过剩的隐患已经存在。

（四）充电配套设施还有待完善

尽管国家对新能源汽车充电设施建设有专门的配套补贴资金，但由于城市用地紧张、技术更新换代较快、各地相关政策不健全等因素，各地的充电配套设施难以大规模开展，导致配套设施建设整体状况还有待完善。一是部分专项补贴资金落实过程中还存在不少困难。受政府担保、银行对资产抵押等影响，部分民营企业在配套设施建设过程中难以得到银行放款，导致专项建设基金落实困难。二是充电设施政策不健全，充电配套设施还处于初期阶段，相关的关键技术更新较快而且标准还未定型，导致充电配套设施建设及管理方面的难度增加。

三　促进我国新能源汽车产业发展的对策建议

发展新能源汽车产业是我国推进《智能制造 2025》战略的主题，也是我国汽车产业转型升级和实现汽车产业真正做强的关键。目前，我国新能源汽车产业正处于加速发展的重要时期，未来来自合资的竞争压力会越来越大，自主品牌是否抓住机遇实现弯道超车，政府的政策导向尤为重要。因此，国家职能部门应该加强行业监管和指导，采取更有力有效的措施推动其健康快速发展，特提出几点对策建议。

（一）进一步强化技术创新驱动

加强新能源汽车领域的技术创新是我国新能源汽车产业下一步发展的根本支撑。和传统汽车领域的创新有所不同，新能源汽车领域的创新除了本身电池、电机和电控方面的，更多是与电子信息、大数据等新兴行业进行跨界融合创新。一是要加强对科研机构基础研究成果的产业化，引导基础研究机构与企业加强联系沟通。二是要发挥新能源汽车公共检测机构的服务功能，使其能够为更多的新能源汽车零部件企业服务，促进万众创新。三是推进新能源汽车公共创新平台建设，部分整车企业有能力建设自己的研究机构，但对数量更多的零部件企业而言，公共服务平台对其创新具有重要意义。四是促进与新能源汽车产业相关产业的融合发展。

（二）进一步完善相关政策措施

加强对已有扶持新能源汽车产业相关政策的梳理，对政策不完善的地方要及时修改完善，对各种不利于新能源汽车产业发展的政策要及时修正，根据新能源汽车产业发展新动态及时出台新政策，尽量多方位去完善新能源汽车产业相关的政策措施。我国新能源汽车产业早期发展离不开国家大量扶持政策的支持，职能部门应加强对新能源汽车行业的监督和把握，及时发现政策实施过程中出现的问题，对骗补、非法生产、生产不合格产品等行为要严厉处置，营造良好的发展环境。对技术研发能力强、产销规模大的企业要加强扶持宣传，争取打造具有国际竞争力的中国品牌新能源汽车。国家职能部门要加强对地方政策的监督，防止出现地方保护主义。

（三）进一步加强对龙头企业的扶持

龙头企业是行业发展的标杆，对辐射带动新能源汽车产业发展具有重要意义，应该加强对新能源整车及零部件龙头企业的培育和扶持，进一步提升我国自主品牌新能源汽车竞争力，这样才能够代表国家参与国际竞争。经过多年的扶持发展，我国涌现了以比亚迪、北汽新能源、上汽乘用车等为代表的新能源汽车龙头企业，尤其值得一提的是比亚迪新能源汽车产销规模已经跃居全球第一，而且在技术创新方面也具有较强的实力，国家应该鼓励政府部门优先购买和使用这些企业的产品，在品牌宣传、技术研发资金、人才队伍建设等方面适当倾斜。发挥自主品牌新能源整车企业的辐射带动作用，促进自主品牌新能源整车与零部件企业的合资合作，扶持有潜力的零部件企业进一步做大做强，争取利用发展新能源汽车产业契机，培育更多的世界500强零部件企业。

（四）进一步创新推广应用模式

顺应互联网发展新趋势，促进相关行业的融合发展，进一步创新新能源汽车推广应用模式。大力支持和加强在新能源汽车推广应用工作中的商业模式创新，在充电基础设施的建设和运营、动力电池的租赁和回收、新能源汽车的租赁和服务等领域，要积极创造条件引导和鼓励各类社会资本进入。为缓解公交公司、出租车公司等单位一次性购买新能源汽车的经费压力，可制定出台租赁、特许经营等配套支持政策，灵活采用公私合营（PPP）、合同能源管理（EPC）、经营性租赁、分时租赁、融资租赁、买方信贷、换电模式等多样化商业模式，同时发挥政府示范带头作用，在公务车租赁、采购等方面优先考虑纯电动汽车。加强对地方政府的指导，各地政府根据本地实际情况，形成各具特色的新能源汽车的全面推广与应用模式。

（五）进一步完善配套设施

配套设施是保障新能源汽车产业健康稳定发展的重要保障。包括充电桩、充电站、换电站等在内的新能源汽车配套设施对现有城市来说是相对新型基础设施，因此需要对新能源汽车配套建设进行顶层设计，出台相应的专项规划，而且要与现有的城市建设规划、城市产业规划、城市园区规划、城市交通规划等重要规划进行衔接，这样配套设施建设才能够可持续发展。及时出台相关扶持政策和配套设施建设标准，鼓励第三方运营机构进入配套设施建设，确保各运营方的配套设施数据库及移动客户端能够互联互通。对于私人用户申请配套设施安装，电网等相关企业和部门应开辟特色服务通道，提高办事效率。

参考文献

巫细波：《加快广州新能源汽车产业发展的对策建议》，《汽车工业研究》2015年第1期。

杨凤英、曹国栋：《我国新能源汽车"叫好不叫座"现象的主要原因及其对策》，《科技展望》2017年第12期。

李振宇、任文坡、黄格省、金羽豪、师晓玉：《我国新能源汽车产业发展现状及思考》，《化工进展》2017年第4期。

张剑雯：《新能源汽车推动龙头企业实现规模化生产》，《山西经济日报》2017年4月17日，第2版。

B.6

2016年广州汽车产业
外经贸发展概况及展望

刘　旭[*]

摘　要： 汽车产业作为广州的第一支柱产业，是吸引外商投资的重要领域，尤其是中国进入 WTO 以来，随着广州汽车产业规模的越来越大，对广州发展外开放经济发展的作用愈发重要。本文简要分析了 2016 年广州汽车外经贸发展概况、面临问题及发展形势，提出未来促进广州汽车产业发展的几点建议。

关键词： 广州　汽车产业基地　外经贸汽车出口

---

* 刘旭，广州市商务委产业处处长。

一 广州汽车产业外经贸发展概况

（一）产业规模不断发展壮大

广州市是国家汽车及零部件出口基地、国家节能与新能源汽车示范推广试点城市，也是全国三大乘用车生产基地之一。汽车产业是广州首要支柱产业，2016年，全市规模以上汽车制造业总产值超4300亿元，在全国主要汽车生产城市中居第二位，增长12.6%，增速较2015年加快4.7个百分点。汽车产量262.88万辆、销量262.59万辆，分别增长19.0%和17.2%，分别高于全国汽车产、销增速4.5个和3.5个百分点。

（二）进出口规模进一步提升

近年来，广州汽车整车及零部件方面的进口额受国际形势影响起伏较大，整体还是呈现回暖趋势。据海关统计，2016年，广州汽车及零部件出口191.16亿元，同比增长9.15%（见表1）；其中汽车整车出口13591辆，较2015年有所下降，同比下跌10.03%，合计金额22.04亿元，同比增长4.56%；汽车零部件出口169.12亿元，同比增长9.78%。2016年汽车及零部件进口185.75亿元，同比增长24.62%；汽车整车进口5220辆，金额12.41亿元，同比增长141.91%；汽车零部件进口173.34亿元，同比增长20.44%。

表1 2011~2016年广州市汽车及零部件进出口情况

单位：亿元，%

年份	出口额	同比	进口额	同比
2011	110.13	46.35	196.91	-12.13
2012	156.45	42.06	165.32	-16.04
2013	144.22	-7.82	136.93	-17.17
2014	197.66	37.05	137.21	0.20
2015	175.14	-11.39	149.05	8.63
2016	191.16	9.15	185.75	24.62

资料来源：广州市商务委。

随着南沙自贸区的深入发展，平行进口汽车业务也呈现一定增长趋势。据广州港集团数据统计，2016 年广州口岸到港汽车 27.9128 万辆，同比增长 3.63%，净增 9777 辆。其中南沙口岸到港 8559 辆，同比增长较高（391.90%），净增 6819 辆；新沙口岸到港 27 万辆，列全国各口岸汽车进口第 2 位。

（三）龙头企业集聚效应明显

目前，广州拥有广汽丰田、广汽乘用车、广汽菲亚特克莱斯勒、广汽比亚迪、广汽日野、东风日产和北汽等 8 个汽车项目，以及 500 多家汽车零部件企业。拥有广汽传祺和东风日产启辰 2 个新能源轿车自主品牌，新能源汽车设计产能 3 万辆左右；拥有 9 个汽车技术相关的省级企业技术中心，还有 2 个省级工程中心；汽车品牌建设方面，广州拥有 2 个驰名商标、4 个著名商标、3 个广东名牌。经过 10 多年的开发建设，广州已形成东部、北部和南部 3 大千亿元级集聚区，龙头整车企业的辐射集聚效应愈发显著。其中，东部汽车产业基地（黄埔、增城）聚集了广汽本田（产能为 60 万辆）、北汽乘用车（产能为 10 万辆）、本田（中国）汽车（产能为 6 万辆），有 200 多家汽车零部件企业。南部汽车产业基地以南沙区的广汽丰田（产能为 38 万辆）和番禺广汽乘用车（产能为 20 万辆）为重点，有 130 多家汽车零部件企业集聚发展。北部汽车产业基地（花都、从化）则聚集了东风日产（产能为 60 万辆）、广汽日野（产能 2 万辆）、广汽比亚迪新能源客车有限公司（产能 4 万辆），吸引进驻的汽车零部件企业有 180 多家。

（四）公共服务平台支撑体系建设成效显著

广州建成了以广汽研究院、中国（广州）机械科学研究院和中国（广州）电器科学研究院等为代表的一批具有国际水平的公共技术研发中心。通过汽车及零部件产品设计、试验检测、技术研发、认证及注册服务、国际营销服务、国际孵化器、展示、交易、信息检测、培训和物流等公共服务的建设，引导有条件的科研院所开展公共服务平台建设，不断扩充服务项目和更新设备设施，在协助自主品牌车企的诊断研究、拓展开发新能源汽车、技术参数检测、实验室软硬件建设及电子商务平台升级等方面进行拓展，形成了立足广州、服务全省、辐射全国的汽车及零部件公共服务平台。

（五）广州国际汽车展影响力日益增强

2016 年 11 月，作为中国三大国际汽车展之一的第 14 届中国（广州）国际汽车展成功举办，展区面积达 22 万平方米，有 1130 台车辆参与展出，19 台概念车，56 台为全球首发车，其中 7 台为跨国公司首发车。海内外媒体多达 2412 家，共有 9549 名记者参与报道了展会盛况。广州国际车展首次设立平行进口汽车展区，共有 10 家平行进口试点企业参展，展区面积达 3500 平方米；并专门设立 100 平方米展示区，展示广州市和南沙汽车进口良好的经营环境和发展成果；编印《汽车平行进口政策汇编》在车展上派发宣传，有效提升了南沙汽车平行进口贸易的影响力及知名度。

二 广州汽车产业外经贸发展面临的问题及挑战

（一）汽车及零部件进出口总体规模偏小

广州作为国内知名的"千年商都"，汽车消费力强，尽管南沙平行进口汽车业务已经逐步发展，但随着合资整车企业本地配套率逐步提高，汽车及零部件进口规模增长缓慢，总体还偏小。目前，在广州地区开展进口整车的汽车品牌经销商大部分注册地不在广州，广州企业汽车进口量占全国的比例还很低。2016 年，广州汽车整车出口 13591 辆，较往年下降明显，进口仅为 5220 辆。由于国内汽车市场连续多年为全球最大汽车市场，广州地区除了位于开发区的本田（中国）汽车这一整车企业为出口型企业，其他整车企业的市场主要还是集中于国内市场，海外扩张热情还偏低；此外，由于广州本地多为日系整车企业，经过多年的发展，本地化配套已经逐步完善，导致汽车零部件进口量呈现萎缩趋势。

（二）汽车及零部件的国际竞争力较弱

广州尽管为我国规模最大的汽车生产基地之一，但多为日系合资品牌，近几年快速发展广汽传祺品牌还未大范围进军海外市场，导致广州汽车在海外的影响力偏弱。主要表现在：广汽传祺、北汽乘用车、东风启辰等自主品牌的市场主要集中于国内，海外战略还未深入推进。汽车企业出口研发投入热情偏低，出口的汽车及零部件产品大部分为中低档产品，整体规模效益及市场竞争力还多有不足。自动变速箱、四驱系统、发动机涡轮增压系统等关键零部件及关键技术还有较高的对外依存度，汽车零部件配套企业的自主创新能力还亟待提升。

（三）汽车产业利用外资还需向高端化、多元化发展

目前，广州广汽本田、广汽丰田及东风日三大日系整车车企产销量占广州全市产销量的比重仍然较高，汽车品牌过于单一现象仍然明显存在，产业体系的潜在风险仍然较大。需要依托广汽菲克等欧美系整车企业，加强对欧美系汽车零部件企业的招商引资，积极推进广州汽车产业利用外资高端化、多元化发展。此外，在汽车金融、汽车保险、融资租赁等汽车服务业领域加强外资利用水平。

（四）汽车及零部件企业海外拓展规模较小

目前，尽管以广汽传祺、北汽乘用车、广汽比亚迪等为主的自主品牌取得了明显进步，传祺品牌汽车的出口有力地促进了广州汽车产业在"走出去"方面有了一定进展，但面临的困难与挑战仍然明显。总体上看，广州汽车企业走出去的总体规模还偏小，2016年广州汽车及零部件出口额还不足200亿元，出口型汽车及零部件企业占全市汽车及零部件企业总数的比重还明显偏低。汽车企业出口和"走出去"的区域分布也相对集中，市场及客户有一定重叠，品牌效应还有待进一步培育，此外，有经验的海外经营人才还较为缺乏，导致海外拓展规模难以得到快速提升。

三　国际国内汽车产业发展态势

（一）汽车产业发展趋势

1. 全球汽车产业总体上呈现回暖趋势

2016 年，全球累计生产汽车 9497.66 万辆，增速达到 4.5%，较 2015年提高 3.5 个百分点，其中乘用车产量达到 7210.54 万辆，增速为 5.2%，占全球汽车产量的比重为 75.9%；商用车产量为 2287.11 万辆，同比增长3.4%，各细分市场汽车产量均有不同程度的增长。

2. 我国汽车行业竞争日益白热化

到 2016 年，我国汽车产销量连续八年蝉联全球第一，已经超过了 2800 万辆。从国内市场看，中国品牌快速发展，中国品牌汽车市场占有率已经达到43%，而且在高速发展的 SUV 领域更是占据了主流地位，SUV 销量排名前十的车型有 8 款为中国品牌车型。随着国内汽车市场的爆发，越来越多的国际品牌选择进入中国市场，德国宝沃、意大利阿尔法罗密欧等品牌陆续进入中国市场，表明国内汽车市场的国际化程度进一步提高，但也导致汽车市场的竞争激烈程度加剧。通过发展新能源汽车及开拓 SUV 细分市场，中国品牌在与外资品牌的竞争中处于劣势地位的局面已经得到了较为明显的改善。

3. 汽车出口低迷态势没有得到明显改观

在整车出口方面，2016 年我国整车出口量略有增长，但出口金额仍呈一定程度的下滑。整车出口总量为 80.98 万辆，同比增长 7.19%；出口金额为 114.23 亿美元，同比下降 8.15%。出口单价为 1.41 万美元，较 2015年下降 0.24 万美元。零部件出口方面，2016 年零部件累计出口金额为 602.50亿美元，同比下降 2.69%，占汽车商品出口总额的 78.60%，市场占有率较上年提升了 1.25 个百分点。出口顺差为 256.54 亿美元，比上年减少 41.98 亿美元。我国汽车出口下降主要受技术支撑力不足、品牌营销实力不强、国际主要货币对美元贬值削弱了我国汽车产品出口竞争力等影响，总体上看汽车出口低迷态势没有得到明显改善。

（二）国际汽车贸易环境仍然是压力与挑战并存

首先，2017 年，美国的减税、加息、基建、贸易保护、限制移民等政策充满变数，英国公投脱欧以及荷兰、法国、德国等欧洲主要国家陆续举行大选将可能加剧欧洲内部政治冲突，全球金融市场波动风险进一步加大，劳动生产率增长放缓、国际贸易投资增长放缓和人口老龄化在短期难以改变，因此世界经济可能面临比 2016 年更大更复杂的挑战，增长动力难以得到明显加强，增长形势依然不容乐观。根据联合国经济和社会事务部 2017 年 1 月 17 日在纽约发布的《2017 年世界经济形势与展望》，2017 年全球经济预计增长 2.7% 左右，其中，美国经济预计增长 1.9%，欧洲经济预计增长 1.8%，中国经济预计增长 6.5%，印度经济预计增长 7.7%，拉美经济预计增长 1.3%，俄罗斯经济预计增长 1% 左右。

其次，对我国外贸发展的有利因素和条件仍然存在。一方面是国家经济总体保持平稳态势，产业结构调整稳步推进，新兴产业加速有效发展。随着各地自贸区建设的深入推进，贸易便利化水平不断得到提升，财政和金融服务的改善将有利于帮助企业开拓国际市场并整体上促进外经贸发展。

最后，"一带一路"倡议的大力推进将给汽车企业带来更多的海外拓展新机遇。广州作为"一带一路"上的重要枢纽城市，在汽车产业"走出去"的政策、资金、文化和贸易环境等方面有望获得更大支持，也为进一步扩大与南亚、中亚、西亚等国家和地区的汽车经贸合作提供了更为广阔的市场空间。

四　广州汽车产业外经贸下一步的发展思路

广州市国家汽车及零部件出口基地将按照国务院《汽车产业调整和振兴规划》和《珠江三角洲地区改革发展规划纲要（2008～2020 年）》的总

体要求，认真贯彻落实商务部和国家发改委《关于促进我国汽车产品出口持续健康发展的意见》（商产发〔2009〕523号）和《国家汽车及零部件出口基地管理办法（试行）》（商产发〔2008〕330号）的精神，力争到2020年，广州全市汽车及零部件产值达到6000亿元，汽车及零部件出口230亿元。

（一）抓好基地创新管理，加快培育本土产业

根据《国家汽车及零部件出口基地管理办法（试行）》的要求，按照国务院《汽车产业调整和振兴规划》和《珠江三角洲地区改革发展规划纲要》的部署，加快培育本地汽车零部件产业，扩大汽车及零部件出口，形成更加完整的产业链。打造2~3家产值超千亿元的特大型汽车制造企业，4家年营业收入超100亿元的汽车零部件企业，50家营业收入超10亿元的汽车零部件企业。

（二）推动发展外贸新业态，促进产业协同发展

充分发挥南沙自贸区政策优势，做大做强汽车整车进口业务，加大对招商引资、公共平台和促进活动等支持力度，重点引进汽车品牌经销商，鼓励更多国际知名的汽车品牌经销商在南沙开展业务，把南沙建设成为立足华南、辐射泛珠三角和影响全球的国际汽车贸易枢纽港。争取国家部委批准，在南沙自贸区先行先试开展进口二手车保税维修、拆解和再制造业务，通过体制机制创新，构建保税监管、专业拆解、再制造处理、拍卖定价、产品追溯系统和环保保障等完整的管理和服务体系，推动汽车零部件进口再利用与复出口协同发展，力争将南沙自贸区打造成国际重要的汽车零部件进出口商品交易中心。

（三）抓好公共平台建设，助推企业自主创新能力

依托第三方企业大力发展汽车及零部件领域的公共服务平台，发挥自主品牌整车企业的辐射带动能力，加快提升汽车及零部件企业技术创新能力，重点扶持汽车及零部件公共检测平台、扩大自主品牌产品出口等项目，努力

提升广州市汽车产业的国际化水平。加快推进自主品牌整车和发动机系列产品的技术研发，重点扶持汽车整车集成开发、关键零部件的技术突破和产业化项目。

（四）抓好国际市场支持体系建设，增强企业国际竞争力

组织企业参加国际汽车零部件展览会，进一步开拓新兴国际市场。积极发挥当地行业商协会的桥梁和纽带作用，推荐熟悉当地法规和运作方式的企业与广州"走出去"企业开展多种形式的合作，使"走出去"企业尽快适应当地的贸易和投资环境，更好地扎根和发展。

（五）抓好综合服务效能，促进产业发展便利化

发挥广州市汽车出口基地建设工作领导小组的作用，在园区规划、土地利用、项目审批、扩大出口和通关便利等方面创造条件，进一步加强对各分基地的协调和服务，为产业集聚发展创造更好的环境，进一步提升汽车出口基地的国际化水平。

参考文献

广州市商务委：《广州市外经贸白皮书（2016）》，http：//www. gzboftec. gov. cn/web/column/column. jsp？ columnId＝2c90aa9c53cc0f3c0154841e4ecb56a0。

温国辉：《2017 年广州市政府工作报告》，http：//zwgk. gd. gov. cn/007482532/201701/t20170118_ 690427. html。

杨再高等：《广州汽车产业发展报告（2016）》，社会科学文献出版社，2016。

B.7
供给侧改革背景下促进
广州网约车健康发展研究

张小英*

摘　要：　网约车的快速发展重塑了传统出租车行业的供给格局，倒逼出租车行业推进体制机制创新和供给侧结构性改革。在此背景下，中央政府肯定了网约车的合法性，全国各大城市纷纷出台了网约车经营服务管理实施细则，加强对网约车经营服务管理，网约车以及巡游车的市场竞争格局也将发生动态调整。本文以广州为例，采用问卷调查分析方法，把握市民对网约车服务消费需求，以提升出租车服务供给水平为导向，提出广州网约车及出租车融合发展的对策建议，以供参考。

关键词：　供给侧结构性改革　网约车　巡游出租车

一　国内城市网约车发展现状评价

（一）网约车的发展及对巡游出租车的影响

2014 年网约车进入中国市场，重塑了出租车行业的供给格局。网约车因其自身优势受到消费者的认可，也对巡游出租车造成较大冲击，表现为巡

---

* 张小英，广州市社会科学院现代市场研究所副研究员。

游出租车的实载率下降、空载率提高、司机收入明显下降、司机服务质量有所下滑、大量司机流失、出租车闲置率提升等问题。在网约车的冲击下，传统出租车行业的深层次矛盾也更加凸显。长期以来，城市出租车行业采取政府特许经营制度，出租车准入门槛设置过高，出租车牌照采用永久经营权，造成了出租车市场的垄断和封闭格局，出租车行业也缺少创新动力和发展活力。随着城市人口规模及市民收入水平的提升，出租车服务需求也不断增加，而出租车数量管控严格，出租车价格弹性不足，造成出租车服务供给难以满足消费者日益多样化的出行需求，"打车难"、司机绕路、议价以及服务质量难以提升等问题难以解决。网约车作为新业态出现，打破了出租车原有的市场格局，倒逼出租车行业推进体制机制创新和供给侧结构性改革。与此同时，网约车采用低价策略进行市场扩张，政府监管的缺位也造成了不公平竞争以及安全隐患等问题。

（二）中央对网约车经营的服务管理

在此背景下，2016 年 7 月 28 日，交通运输部正式发布了《关于深化改革进一步推进出租汽车行业健康发展的指导意见》（以下简称《指导意见》）和《网络预约出租汽车经营服务管理暂行办法》（以下简称《暂行办法》）两份重要文件，为全国上下出租汽车行业体制机制改革和网约车规范管理提供了指导性依据，有利于网约车和巡游出租车的公平竞争，有利于提升城市出租车行业的整体供给水平。《暂行办法》确定了网约车的合法地位，对网约车平台公司、车辆和驾驶员应具备的条件等内容做了明确规定，为下一步城市规范网约车经营服务行为和促进传统巡游车与网约车公平竞争提供了指导。这充分展示了我国对网约车这一新兴业态的开放态度以及对网约车监管的积极探索，也充分体现了我国支持"互联网＋"战略、发展分享经济、推动交通供给侧结构性改革的思路和决心。《暂行办法》虽然对网约车平台公司、车辆及驾驶员做了具体条件规定，但是还有较大空间放权给地方政府结合地方实际制定实施细则。

（三）部分城市对网约车管理实施细则

2016 年 10 月以来，北京、上海、广州、深圳等大城市已陆续发布网约车细则征求意见稿，二三线城市也相继发布网约车细则征求意见稿，细则均对网约车平台公司、车辆和驾驶员、经营服务规范、监督检查等方面进行了细化规定。以下主要选取北京、上海、广州、深圳、天津、杭州等一二线城市进行比较分析。在驾驶员要求方面，几个城市对驾驶员安全驾驶方面均有严格要求，北京、上海、天津还要求驾驶员拥有本市户籍，而广州、深圳、杭州等则对驾驶员要求拥有本市户籍或者持有居住证，条件相对宽松；在车辆要求方面，六个城市要求车辆均为本地车牌，对车辆排量、车型等要求在国家规定基础上门槛有所提高，六个城市均要求车辆轴距在 2700 毫米以上，新能源车辆轴距达到 2650 毫米，北京、天津、杭州要求排气量达到 2.0L 或 1.8T 以上，广州、深圳则要求达到 1.95L 或 1.75T 以上，上海对车辆排气量未做要求，对车辆的价格规定高于 18 万元。从六个城市的实施细则规定来看，这些城市均对网约车司机的安全驾驶提出明确规定，部分城市还对驾驶员户籍、年龄等提出要求，对网约车车辆排量、车型、属地等方面也做了不同程度的限定。随着各个城市实施细则的落地，将有部分网约车司机或车辆因户籍、车牌、车型等不符合相关条件，退出网约车市场，对网约车供给数量可能造成较大影响，继而可能影响网约车定价以及网约车与巡游出租车的市场份额和市场竞争格局。相对于其他一线城市，广州对网约车司机的要求相对宽松，对车辆及车型要求也与巡游出租车较为一致，这为下一步网约车与巡游出租车的公平竞争奠定了基础（见表 1）。

二 城市市民对网约车服务的总体评价

在网约车进入出租车市场格局下，从需求端视角，进一步了解网约车消费群体的属性特征以及消费影响因素等，有利于更好地掌握网约车的优劣势

表 1　国内部分城市对网约车管理实施细则比较分析

内容	北京	上海	广州	深圳	天津	杭州
司机户籍要求	本市户籍	本市户籍	本市户籍或本地居住证	本市户籍或本地居住证	本市户籍	本市户籍或本市取得《浙江居住证》12个月以上
司机其他要求	男60岁、女55岁以下，取得本市驾驶证，申请之日前1年内无驾驶机动车发生5次以上道路交通安全违法行为等	申请之日前1年内无驾驶机动车发生5次以上道路交通安全违法行为等	具备初中以上学历，最近连续3个记分周期内没有记满12分记录等	有3年以上驾龄，自申请之日前三年内无被吊销出租汽车驾驶员从业资格证件的记录等	男60周岁以下，女55周岁以上；具有初中以上学历；最近5年内没有被吊销出租汽车驾驶员客运资格证记录等	男60周岁以下，女55周岁以下；具有初中以上文化程度等
车牌要求	本地车牌	本地车牌	本地车牌	本地车牌	本地车牌	本地车牌
车型要求	燃油车轴距2700毫米，新能源车轴距2650毫米	燃油车轴距2700毫米，新能源车轴距2650毫米；车身长度大于1.7米，4.6米宽大于1.42米	燃油车轴距2700毫米，新能源车轴距2650毫米；车身长、宽、高分别大于4.6米,1.7米,1.42米	燃油车轴距2700毫米，新能源车轴距2650毫米	燃油车轴距2700毫米，新能源车轴距2650毫米，续航里程250千米以上	燃油车轴距达到2700毫米以上或者车辆购置计税价格12万元以上，新能源车轴距达到2600毫米以上或综合工况续航路程达到250千米以上
排量要求	燃油车排气量不小于2.0L或1.8T	无要求	燃油车排气量不小于1.95L或1.75T	燃油车排气量不小于1.95L或1.75T	燃油车排气量不小于2.0L或1.8T	燃油车排气量不小于2.0L或1.8T
车辆其他要求	满足本市公布实施的最新机动车排放标准	价格18万元以上,2年内购买的新车，购买运营性保险	满足本市实施的最新机动车排放标准	达到本市机动车污染物排放标准，且车辆初次注册日期至申请网约车经营时未满2年	符合本市实施的新机动车排放标准，且车辆初次注册日期至申请时车经营时未满2年	网约车车龄不得超过2年

以及巡游出租车优劣势，有利于整体提升出租车服务供给水平。本文针对城市市民对网约车及传统出租车服务评价进行问卷调查。2016 年 8 月上旬，调研组选取一般工作日、周末，在广州市辖区内选取机场、商务办公区、商业中心区、住宅社区、旅游观光区等不同城市功能区的乘车点进行问卷调查。问卷采取随机拦截形式，以调查者口头询问被调查者，调查者填写，或者被调查者自行填写为主，共发放市民问卷 410 份，回收 401 份，问卷有效率达到 97.8%。市民问卷结果分析如下。

（一）网约车乘客偏向年轻化、中高学历

调查数据显示，受访市民中有 88.6% 选择网约车平台打车，其中选择"偶尔"的占比为 43.8%，选择"经常"的占比为 44.8%（见图 1）。通过进一步分析经常选择网约车的乘客个人属性信息有利于掌握网约车的客户特征。从性别特征来看，男性乘客经常选择网约车的比例略高于女性乘客，男性乘客对新事物的接受度更高，并且更追求方便快捷，而女性乘客更注重安全性。从年龄特征来看，经常选择网约车乘客偏向年轻化，以 18～35 岁人群为主，占比达到 85.9%，35 岁以上乘客选择网约车比例较低，年龄较大乘客由于受制于软件运用不方便以及对新事物的接受度相对较低等因素（见图 2）；从学历特征来看，相对于普通乘客，大专及本科学历乘客选择网约车比例高于普通乘客，高中及以下学历乘客选择网约车比例相对较少，这与网约车需要进行在线操作等因素相关性较大（见图 3）。从收入水平来看，相对于普通乘客，3000～5000 元/月收入水平的乘客依然为主流，但比重有所下降，而 5000～20000 元/月收入的乘客比例有所提升（见图 4）。从职业特征来看，商业和服务业一般员工和一般办事人员的比例较高，但跟普通乘客相比，这两个群体选择网约车占比有所减少，而专业技术人员和企业管理人员两类群体选择网约车占比有明显增加，这与不同人群接受或者使用打车软件有差异。总体而言，网约车的消费群体与巡游出租车存在较高一致性，但消费群体年轻化、中高学历以及中高收入等属性特征较为明显。

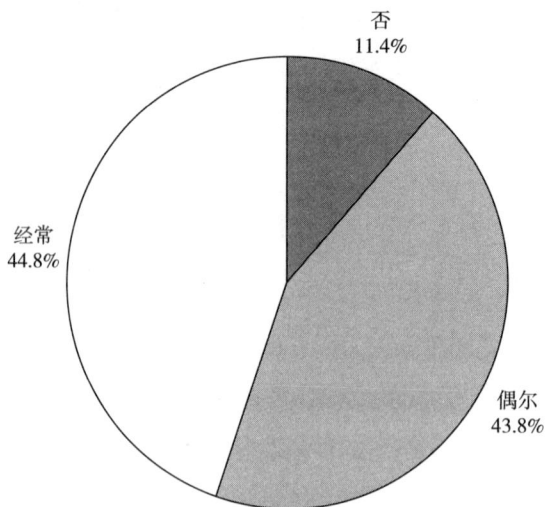

图1　市民选择UBER（优步）、滴滴打车等网约车平台打车情况

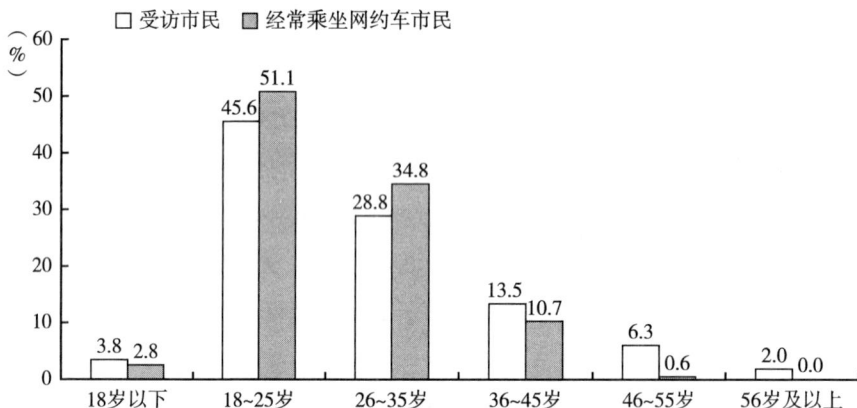

图2　经常选择网约车平台打车群体年龄特征分析

（二）叫车方便、价格优惠是市民选择网约车主要影响因素

调查数据显示，市民选择网约车平台打车的最重要原因是"叫车方便"，该选项占比达到31.1%，网约车平台实现了司机与乘客之间供需信息的高效对接，帮助乘客快速打到车，减少乘客的等候时间，降低了车辆的空

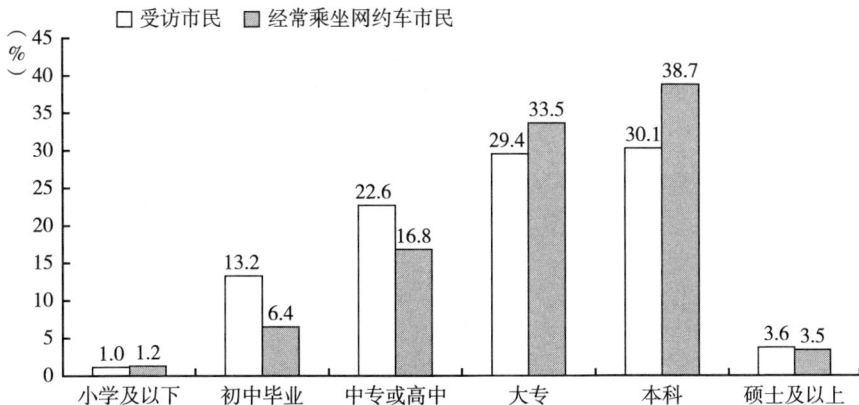

图3 经常选择网约车平台打车群体学历特征分析

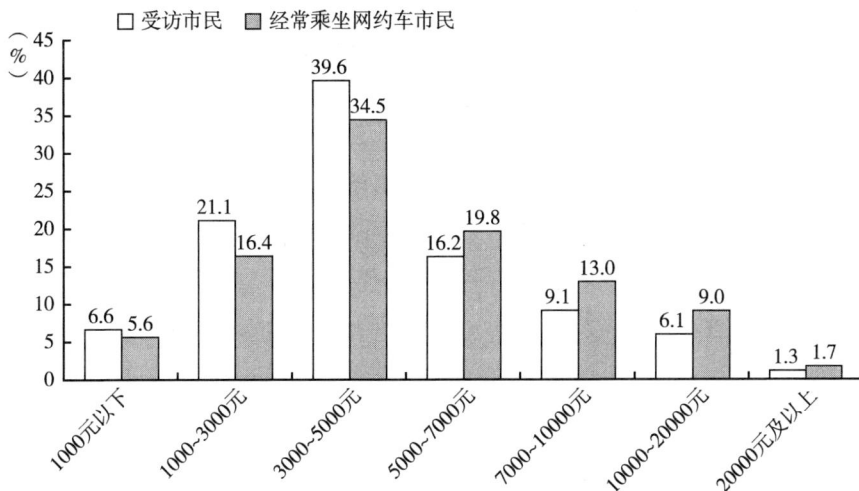

图4 经常选择网约车平台打车群体收入水平分析

载率，这也成为网约车相较于传统出租车最突出的优势，相对而言，巡游出租车以巡游载客的方式，存在乘客与司机信息不对称问题，也导致部分偏远地段，出租车司机不愿意去，乘客打不到车的现状，加剧了"打车难"问题。

"价格优惠"也成为网约车吸引乘客的重要因素，其占比也达到22.6%

（见图5），网约车公司会不定时推出打折、优惠券等促销活动，以低价策略鼓励乘客乘坐网约车，培育网约车顾客群体，但是，随着《暂行办法》明确网约车价格不得低于市场成本价的规定，网约车优惠幅度也有所减少，会分流部分乘客选择巡游出租车，实现出租车市场的动态调节。网约车价格机制更加灵活多样，通过大数据可以实现动态调整价格，在高峰期或者高峰路段提高价格，在平时给予一定优惠鼓励乘客选择，实现了价格的灵活动态调整，也提高了司机的积极性，灵活的价格制定机制成为网约车又一竞争优势。相对而言，巡游出租车一直实行政府定价，价格没有弹性，司机会理性选择载客时间及地段，比如在高峰期或者高峰时段由于道路拥堵、耗时长等因素，出现"绕路、拒载、议价"等情况，这也是乘客反映巡游出租车服务主要的问题。根据问卷数据统计，"高峰时段打车难"、"拥堵路段打车难"及"远距离拒载、议价"是乘客认为巡游车最需要改进服务的地方（见图6）。

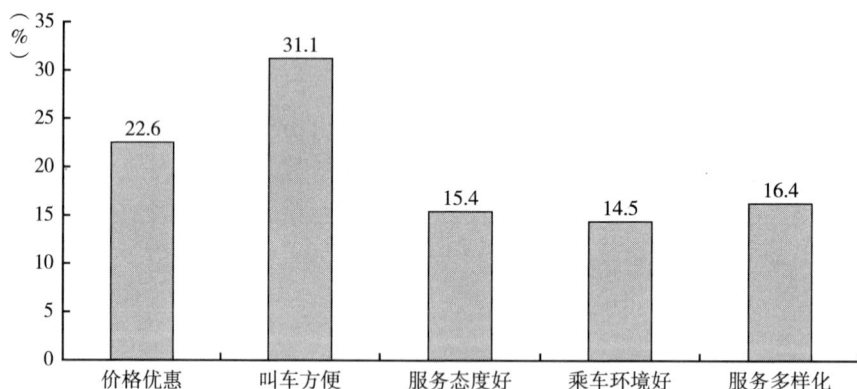

图5　乘客选择网约车平台打车的重要因素

　　网约车"服务多样化"（拼车、懒人叫车、预约）"乘车环境好""服务态度好"的占比分别为16.4%、14.5%和15.4%（见图5）。网约车推出了拼车、懒人叫车、预约等服务内容，以及针对不同消费群体提供低中高档次的车辆及服务等，满足了不同乘客不同的出行需求，相对于巡游出租车服务方式单一，网约车对消费者需求的满足更加精准到位。网约车建立了乘客实时评价机制有利于及时掌握司机服务质量，促进司机服务质量的提升，而传统出租车没有建立实时的乘客评价机制，只能通过投诉电话等建立评价机制，也无法及时获取乘客的评价，对司机服务质量的监督与约束有限，导致司机服务质量参差不齐，也影响了乘客乘坐出租车的体验。总而言之，广州市民目前选择网约车的主要影响因素仍为叫车方便、价格优惠。网约车作为互联网背景下催生的新出租车服务供给方，具备了一些传统巡游出租车服务不具备的优势，缓解了城市市民"打车难"问题，受到城市市民的接受，这也是网约车快速成长的重要因素。

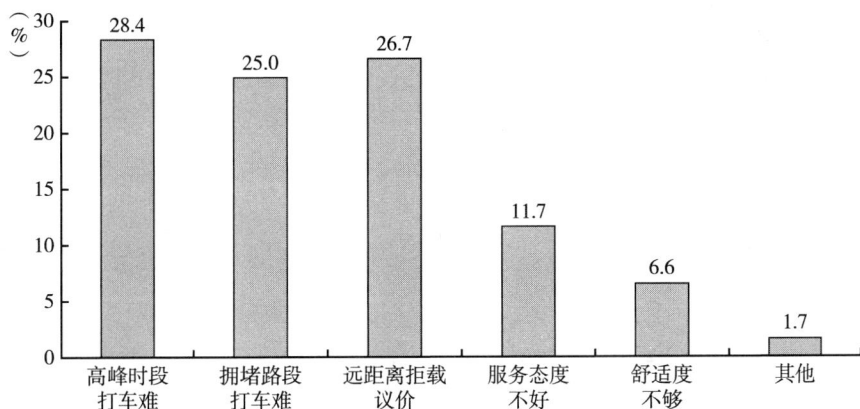

图6　乘客认为巡游出租车存在的主要问题

（三）存在安全隐患及司机对路况不熟是市民不选择网约车重要影响因素

在肯定网约车服务优势的同时，也应认识到网约车服务存在的问题及隐患，为加强网约车监管及提升网约车服务提供思考。根据问卷调查数据，目前网约车服务存在的问题主要表现为以下几个方面：首先乘客认为网约车最大的问题是"对司机监管不足，存在安全隐患"，该选项占比达到27.0%，由于问卷期间，中央及地方对网约车的具体监管办法没有明确，各地也出现了一些网约车司机犯罪、骚扰乘客等恶性事件，安全隐患成为乘客最为关注的问题，这也是网约车监管部门要进一步规范管理网约车平台公司、司机及车辆，提升乘客乘坐安全最核心职责。乘客选择"司机对路况不熟"占比达26.6%，这也是网约车司机不如专职巡游出租车司机业务水平的重要体现，很多网约车司机属于兼职司机，对城市路况不太熟悉。"发票获取麻烦"占比也达到17.0%，乘客乘坐网约车无法像巡游出租车一样当即索取发票，还要向平台公司申请发票，"支付方式存在安全隐患""可以随意加价"等因素也成为乘客乘坐网约车的不利因素，网约车服务只有不断改善这些方面才能进一步获得市民认可（见图7）。

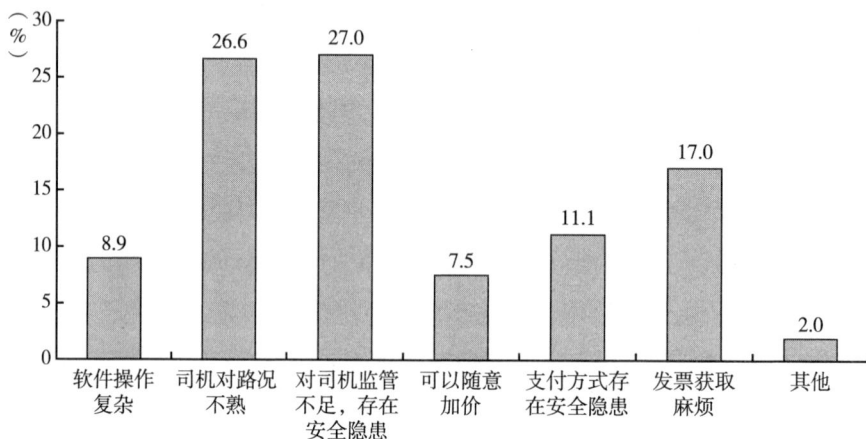

图7　UBER（优步）、滴滴打车等打车方式与出租车相比不利因素

三　促进网约车与巡游车融合发展的建议

结合上述消费者对网约车服务的评价分析发现，网约车相对于巡游出租车表现出自身的优势，也存在一些问题有待解决，对政府的规范监管提出了更高要求。以下将结合消费者需求，探讨如何进一步规范网约车监管以及促进网约车与出租车融合发展。

（一）规范网约车行业监管，促进市场良性竞争

《暂行办法》的出台以及各城市实施细则的陆续落地将有利于进一步规范网约车行业发展，提高乘客安全性，避免网约车与巡游出租车的不公平竞争，有利于出租车行业长远健康发展，这与国际城市将网约车纳入出租车行业范畴、加强准入及日常监管的思路相吻合。目前，部分城市政府对网约车司机户籍、车型、排量等设置了较高的准入门槛，可能引导网约车向高端、优质化服务方向发展，这与现阶段消费者对网约车服务的需求是否匹配仍有待市场检验。同时，过高的准入门槛还可能影响网约车数量的供给，加上现行巡游出租车数量管控还未放开，是否导致出租车市场供不应求格局，重现"打车难"等问题值得城市政府持续关注。因此，建议地方城市在网约车准入门槛及日常监管中更多地结合网约车乘客群体特征及乘客出行需求特征，设置有利于提升乘坐安全性、优化服务质量、促进良性竞争为导向的条件，完善网约车进入退出机制以及制定合理的拼车制度等，营造良好的市场环境，促进公平竞争，而将网约车的市场定位交给市场决定，通过市场动态调整满足市民多样化的出行需求，促进网约车及巡游出租车健康发展。

（二）规范出租车行业监管，促进巡游车管理机制改革

网约车作为出租车新业态的出现对传统出租车行业造成巨大冲击，打破了出租车长期垄断经营，增加了市场供给，缓解市民"打车难"问题，也倒逼监管部门加快传统出租车管理制度改革步伐，探索新的出租车管理制度。如城市政府逐步实施出租车经营权有限期无偿使用，免除经营权使用费，出租车租赁承办费由企业与驾驶员协商确定，清除不合理的管理规定，完善出租车进入退出机制，甚至放开出租车规模和价格管控等出租车管理制度规定，让巡游出租车更好地适应市场需求，参与市场竞争。

（三）实行差别化定价策略，加强对出租车行业的价格监管

《暂行办法》中提及"网约车运价实行市场调节价，城市人民政府认为有必要实行政府指导价的除外"，可见地方城市对网约车价格的管制可以根据城市具体情况进行规定。与传统出租车相比，网约车灵活的定价机制，可以通过价格杠杆调节网约车运力和网约车市场需求的动态平衡，在一定程度上提升了出租车资源的有效配置。在肯定网约车灵活定价机制的同时，城市价格监管部门也应加强对网约车运价的监管，通过制定最低价或者运价区间、日常监控等手段，约束网约车平台随意定价或者价格垄断，使得网约车既有价格弹性又有价格约束，保护消费者权益。与此同时，也可以积极探索传统巡游出租车的价格改革，通过优化运价调整流程或探索执行政府指导价等举措，优化巡游出租车运价机制，适应出租车市场竞争需求。

（四）鼓励新技术普及运用，提升出租车服务供给水平

在互联网蓬勃发展的背景下，网约车通过整合全球定位、通信、互联网大数据等新技术，打破了传统出租车与乘客信息不对称引起打车成功率低、候车时间长、空驶多、服务质量无法监管等问题，为乘客提供更加高效、方便、快捷的出行运送服务，受到消费者的认可。地方政府在加强网约车安全监管的同时，应改变以往单纯依靠事前审批模式的监管路径依赖，顺应行业新形势，运用互联网思维创新网约车监管路径，如在将网约车企业数据接入交通部门监管平台基础上，促进监管方式从传统人管人向管企业、管数据、管信用等方向转变。与此同时，鼓励巡游出租车企业积极探索采用互联网新技术促进出租车服务转型升级，采取搭建互联网交易平台或者与网约车平台公司、互联网公司合作提供网络叫车服务、移动支付服务等，不断提升出租车服务供给水平，实现出租车行业与互联网行业的融合发展。政府还应秉承包容开放的态度，鼓励交通领域新业态发展，鼓励新技术应用及新模式推广，探索智慧交通解决方案，通过共享经济理念以及大数据分析应用等手

段，优化城市交通组织，提高城市道路资源配置效率，解决大城市交通拥堵问题，满足市民多元化的出行需求。

参考文献

中国交通运输部：《网络预约出租汽车经营服务管理暂行办法》，新华网：http://news. xinhuanet. com/finance/2016 – 07/28/c_ 129186187. htm。

米梓嘉：《互联网约租车对出租车管制制度影响的制度分析——一个新制度经济学的视角》，《中共福建省委党校学报》2016 年第 11 期。

杨星星、陈幽燕、王勤原、王贵芳：《新规视野下政府对网约车的监管研究——以北京市为例》，《法制与社会》2016 年第 8 期。

薛志远：《网约车数量管制问题研究》，《理论与改革》2016 年第 6 期。

北京市交通委员会：《关于印发〈北京市网络预约出租汽车经营服务管理实施细则〉的通知》（京交文〔2016〕216 号），http：//zhengce. beijing. gov. cn/library/192/33/50/44/438655/107721/index. html。

广州市人民政府办公厅：《广州市网络预约出租汽车经营服务管理暂行办法》（广州市人民政府令第 144 号），http://www. gz. gov. cn/gzjtjg/zcfg/201612/fa472c896b5c46f48a16f8887158e6f6. shtml。

B.8
基于国际比较的广州城市
交通状况分析与对策研究

姚　阳*

摘　要： 广州提出建设国际性综合交通枢纽的战略目标，城市交通建设是国际性综合交通枢纽总目标实现的重要部分。以全球城市的建设标准审视广州城市交通状况将具有重要的意义。本文选取了国际权威咨询机构理特公司的城市交通评价体系，通过国内外城市交通重要指标的比较，对广州城市交通予以综合分析，对标全球"标杆"找差距、补短板，找出广州城市交通存在的问题，提出相应的对策建议。

关键词： 广州　城市交通　国际评价

国际性综合交通枢纽是一个城市是否为全球城市的重要标志。在广州和国家"十三五"规划中，分别提出了"构建大交通综合枢纽"和"国际性综合交通枢纽"的战略构想。贯彻落实这一战略构想，将进一步强化广州枢纽型网络城市功能，既是对国家赋予广州重大使命的积极响应，也是广州推动国家重要中心城市建设全面上水平的重大抓手。广州提出建设国际性综合交通枢纽的战略目标，以世界城市的建设标准，审视广州城市交通状况。应对标全球城市体系中交通领先的标杆城市，找出自身的差距，明确大都市区交通体系建设方向，系统整合全市域的交通枢纽与节点、网络与连接，提

---

* 姚阳，广州市社会科学院广州汽车产业研究中心副研究员。

升广州国家重要中心城市的能级，促进互联互通的世界城市交通发展。广州建设国际性综合交通枢纽，不仅要注重航空、航运等对外交通枢纽的国际化发展战略，也应关注城市内部以及大都市区范围的交通问题，主动从全球城市体系中找标杆，学习世界城市的交通发展理念，以具有国际视野的交通治理手段，来构建具有国际范的城市交通体系。

一　基于国际权威评价的广州城市交通状况分析

本文基于国际权威城市交通评价：全球著名管理咨询公司理特（Arthur D. Little）的《全球城市交通状况评估报告》来评价广州城市交通状况。理特交通评价体系综合考虑了影响交通的多方面要素的评价标准，包括交通质量、交通安全性、通行可达性、环境可承受性、交通可持续性、治理创新性、出行便利性，同时兼顾交通需求方、交通供给方以及交通政策制定方、政策实施方和政策受用方等各方的权衡，对全球 88 个城市的交通现状进行评估。88 个城市分为三大类（见表 1）：第一类是超大型城市（C40 城市集团成员），如伦敦、芝加哥、纽约、洛杉矶等；第二类是全球 GDP 大城市，如中国的北京、上海、广州、深圳等；第三类是具有城市交通成功案例的小城市，如维也纳、哥本哈根、法兰克福等。《报告》从交通发展成熟度和交通表现情况两个大类的 19 个小类进行评估（见图 1）。广州城市交通综合评价总体情况较好，在全球 88 个城市中排第 29 位，亚太 32 个城市中排第 7 位，中国 11 个城市中排第 4 位，总分 46.5 分。

（一）表现良好的领域

在评价体系的各项分值中，广州最为突出的是公共机构对城市交通的主导程度、公交价格吸引力、智能交通卡使用范围等指标，说明政府在发展公共交通、城市交通治理等方面的成功作为。广州在中国城市中公交服务最为频密，每天高达 320 次，仅次于伦敦和中国香港，排在世界前列。但是，公交服务频次虽高，其公交供给的平均工作时间却低于其他城市的总体平均水平。

表1 理特城市交通指标基准样本城市

类型	美洲（22个）		欧洲、中东和非洲（34个）		亚太（32个）	
	北美	拉丁美洲	欧洲	非洲	亚洲	太平洋
超大型城市：C40城市集团（致力于应对气候变化的国际城市联合组织）40个	芝加哥、休斯敦、洛杉矶、纽约、费城、多伦多、华盛顿D.C.	波哥大、布宜诺斯艾利斯、加拉加斯、利马、墨西哥城、里约热内卢、圣保罗	雅典、柏林、伊斯坦布尔、伦敦、马德里、莫斯科、巴黎、罗马、华沙	亚的斯亚贝巴、开罗、约翰内斯堡、拉各斯	曼谷、德里、达卡、河内、胡志明、香港、雅加达、卡奇、孟买、首尔、东京	墨尔本、悉尼（太平洋）
全球GDP大城市28个	亚特兰大、波士顿、达拉斯、迈阿密		安卡拉、巴塞罗那、里斯本、圣彼得堡（欧洲）	巴格达、德黑兰（中东）	班加罗尔、北京、成都、金奈、重庆、广州、海得拉巴、加尔各答、拉合尔、马尼拉、大阪、上海、沈阳、深圳、天津、武汉、西安	
具有城市交通成功案例的小城市20个	波特兰、蒙特利尔、库里提巴、智利圣地亚哥		慕尼黑、斯德哥尔摩、维也纳、苏黎世、南特人、汉诺威、阿姆斯特丹、哥本哈根、法兰克福、布拉格、斯图加特、布鲁塞尔、赫尔辛基、迪拜	金沙萨（非洲）	吉隆坡、新加坡	

资料来源：Arthur D, Little Strategic Directions and Ecosystems to Address China's Urban Mobility Challenges。

分类	指标	低值	高值
交通体系成熟度	公交价格吸引力（5km公共交通成本/5km汽油成本）	6.7	0.2
	公交在交通中的占比（%）	1	64
	零排放交通方式占比（%）	5	75
	道路密度（km/km²）	12.6	0.1
	自行车专用道密度（km/thskm²）	0	4678
	中心城区密集度（居民/km²）	0.7	17.8
	智能交通卡的使用范围（卡/人）	0	3.3
	自行车共享（共享自行车/百万居民）	0	9552
	私人机动车辆的共享	0	1312
	机动车保有量（辆/人）	0.69	0.03
	最繁忙公交线路的频度（次/天）	32	515
	公共机构主导程度（0~10分）	3	10
交通体系表现	交通相关二氧化碳排放量（kg/人）	7390	55
	年二氧化氮平均浓度（mcg/m³）	86	12
	年PM10平均浓度（mcg/m³）	200	11
	每百万人交通事故死亡率（人）	193	4
	公共交通所占比率增长率（%）	−53	+186
	低排放交通所占比率的增长率（%）	−61	+148
	通勤出行的平均时间（分钟）	62.1	18.4

■ 低于平均区域　□ 高于平均区域

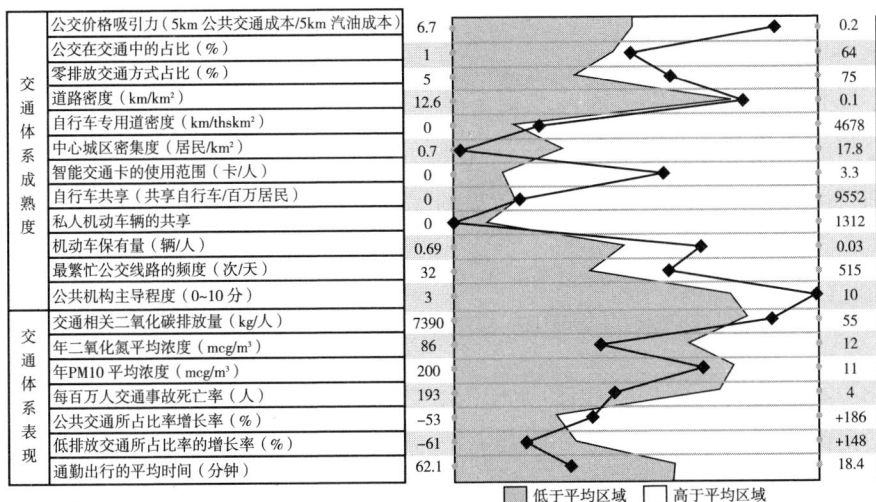

图1　理特报告对广州城市交通体系的评价

资料来源：Arthur D，Little Strategic Directions and Ecosystems to Address China's Urban Mobility Challenge。

广州公共交通的普及程度较高，还反映在其多功能交通智能卡"羊城通"的人均普及率上，高达1.78张/人。从深层次原因也可以看出，广州未纳入城市常住人口统计的流动人口总量也是非常大的，给广州公共交通的供给带来很大的挑战。

（二）表现较差的领域

广州在城市交通评价中得分较低的几个领域分别是私人机动车辆的共享、中心城市密集度、每百万人口交通事故死亡率、年二氧化碳平均浓度等几个指标。根据报告显示，广州的交通运输相关死亡人数在纳入样本的中国城市中是最高的，交通运输相关死亡每百万人口达到109人，是香港的六倍之多。

（三）案例分析

理特报告认为，广州较为引入注目的两大城市交通案例分别为限购政策和城市绿道建设。近年来，广州制定的汽车限购政策旨在遏制汽车保有量增加的趋势，2008年每千人汽车保有量是136辆，到2013年每千人汽车保有量达到238辆。限购政策实施以来，广州汽车保有量增长率下降。广州的自行车道"绿道"建设，被视为中国可持续交通基础设施的示范。到目前为止，已经建成了2500公里的绿道，到2020年计划再增加5500公里。

（四）城市交通战略建议

理特报告中在建议部分提出城市交通体系没有统一模式，发展模式无须照搬排名领先的那些城市。各个城市应根据自身的城市特征、空间结构、面临的环境和亟待解决的交通问题制定适合的城市交通战略。总体看，未来城市交通战略的基本理念应该构建包括绿色环保、创新发展、科技引领、安全便捷等元素的多元立体城市交通体系网络。针对广州未来交通战略要点，理特报告的建议有几个方面：一是建议侧重于扩大自行车共享计划；二是积极引入汽车共享服务；三是大力推广新能源汽车使用。

二 广州与世界城市交通指标比较的差距和不足

（一）城市内部交通路网建设不足

总体上看，广州城市交通体系仍处于一个发展中阶段，由于城市建成区面积不到整个城市面积的20%，未来将有大量交通基础设施建设任务。城市内部交通路网基础设施主要包括市内快速路、主干道、次干道、支路等公路等。整体上，广州城市内部交通路网设施建设不足，影响交通体系整体效率提升。从交通供给方面看，近年来广州虽然加快了交通基础设施建设步伐，但与其他发达的国际性综合交通枢纽城市比较（见表2），广州还存在很大差距。广州城市的道路交通网在平均道路宽度、总长度、密度以及面积率、快速路里程和结构上都存在很大不足。广州的路网密度仅为伦敦的近1/10，纽约和东京的近1/20。广州城市的快速路利用率接近饱和，而次干路等低等级道路利用率很低，覆盖率低、联通性差、横向干扰严重、断头路多、瓶颈路多、缺乏精细化设计等原因是毛细路网利用率低的主要原因。

表2 世界交通枢纽城市内部交通基础设施建设

指标	伦敦	纽约	东京	北京	上海	广州
城市面积(平方公里)	1572.15	783.84	622.99	16410.54	6340	7434
道路长度(公里)	14676	13352	11845	6426	17804	7176
路网密度(公里/平方公里)	9.29	17.01	18.74	0.39	2.8	0.965
道路面积率(%)	16.4	23.0	15.9	0.6	1.66	1.4
平均道路宽度(米)	17.6	13.5	8.5	15.56	5.926	14.51

注：表中北京的道路长度数据为城市道路，上海的为公路长度。

资料来源：各城市统计数据。

（二）公共交通总量供给不足

公共交通的供给应该是以人口规模和出行需求为导向的。影响公共交通需求的因子包括经济发展水平、城市化水平、城市产业特征、城市空间特征、收入水平和经济开放度等。与世界交通枢纽城市相比（见表3），广州地铁的通车里程处于平均水平，但是考虑行政区面积和人口因素，地铁的通车里程和网络还有待继续发展。在站点设置上，与纽约的469个站点、巴黎的383个站点、上海的364个站点相比，广州目前开通的171个站点是远远不够的。从广州目前开通的地铁通车里程所服务的日均客流量可以看出，广州地铁的压力已经非常大。上海的通车里程是广州的2.23倍，日均客流量仅为广州的1.25倍；与广州通车里程接近的中国香港和新加坡，日均客流量仅为广州的八成和四成。与国内北京、上海等城市公交车供给比较（见表4），广州在公共汽车、出租车营运车辆数上都有一定的差距。特别是出租车总数上，广州只有21320辆，仅为上海的42%，北京的31.56%。

表3　世界交通枢纽城市地铁供给情况对比

城　市	行政区面积 （平方公里）	行政区常住 人口（万人）	大都市区人口 （万人）	地铁通车里程 （公里）	站点 （个）	站点平均 距离（米）	日均客流量 （百万人）
中国香港	1104.43	724.8	724.8	178.0	97	2046	3.96
新 加 坡	719.1	562.4	562.4	167.4	118	1481	2.18
纽　约	783.84	783.84	2066.1	370.4	469	838	4.53
伦　敦	1572.15	1572.15	1023.6	402.0	270	1552	3.21
东　京	622.99	622.99	3755.5	304.5	290	1099	8.5
巴　黎	105.4	248.33	1085.8	219.9	383	599	4.18
上　海	6340	2415.27	2341.6	588.0	364	1680	6.24
北　京	16410.54	2425.68	2100.9	334	1753		6.74
首　尔	605.21	605.21	2286.8	326.5	302	1114	6.9
广　州	7249	1308.05	1831.6	263.5	171	1627	5

资料来源：World Metro Database，http：//mic－ro.com/metro/table.html，List of urban areas by population，https：//en.wikipedia.org/wiki/List_ of_ urban_ areas_ by_ population。

表4　国内交通枢纽城市公共交通供给情况对比

城市	常住人口 （万人）	公共汽车营运 车辆数（辆）	公共汽车客运 总量（万人次）	出租车总数 （辆）	每万人拥有 公共汽车（辆）
北京	2425.68	23667	477180	67546	18.76
上海	2415.27	16155	266530	50738	11.78
广州	1308.05	13610	261655	21320	19.58
成都	1442.8	11447	180853	18506	19.68
重庆	3106.55	8641	196328	14691	4.45
武汉	1060.77	7767	148300	16597	15.08

资料来源：各城市统计年鉴2016。

（三）公交出行比例有待进一步提升

根据理特公司的城市交通体系评分（见表5），广州的公交普及程度在评比的城市中总体处于中等水平。广州和国内其他城市类似，其公交价格吸引力相对新加坡、巴黎和伦敦等较高，公共交通的使用价格较便宜。但公共交通出行比重这一指标仍较低，公共交通出行比重仅占32%。中国香港作为公共交通比重最高的城市达到55%，新加坡达到48%，公交优先和公交出行的理念落实到了实践中。与国内特大城市比，广州也有一定差距，北京为39%，深圳为38%。

表5　公交成熟度主要指标对比

城　　市	公交价格吸引力(5km公交价格/5km汽车价格)	公共交通所占比重(%)	智能交通卡的使用范围(卡/人)	最繁忙公交线路的频度(次/天)
中国香港	1.7	55	3.3	324
新加坡	2.6	48	2.9	233
巴　黎	2.9	34	0.6	267
伦　敦	3.9	34	3.1	468
赫尔辛基	3.6	27	0.9	246
武　汉	0.68	24	1.1	193
上　海	1.03	33	2.4	237
深　圳	0.94	38	1.4	188
北　京	0.68	39	1.9	283
广　州	0.94	32	1.8	320

资料来源：Arthur D Little，The Future of Urban Mobility - 2.0。

（四）交通环保性有待提高

交通环保性是交通带来的最大挑战，也是各个城市致力于解决的城市问题。从二氧化氮和PM10浓度两个指标看，广州交通对环境的污染远高于国外先进城市。广州二氧化氮平均浓度为56mcg/m³，与国内北京、上海、中国香港相当，但发达的欧洲城市如斯德哥尔摩仅为12.5mcg/m³、巴黎为39.2mcg/m³，伦敦为37mcg/m³，新加坡为22mcg/m³，广州的PM10浓度也为世界先进城市的2~3倍。随着交通出行中采用更多的新技术、新交通工具和出行模式，交通环保性将会得到有效改善（见表6）。

表6　交通环保性指标比较

城市	零(低)排放交通模式所占比重(%)	交通相关二氧化碳排放量(kg/人)	年二氧化氮平均浓度(mcg/m³)	年PM10平均浓度(mcg/m³)	低排放交通所占比率的增长率(%)
中国香港	38	776	50	50	0
斯德哥尔摩	34	1348	12.5	16.7	89
阿姆斯特丹	50	844	30	24.7	13
哥本哈根	33	812	56	28	-15
威尼斯	34	1111	21.7	21.5	13
新加坡	23	1381	22	29	64
巴黎	50	1163	39.2	38	0
苏黎世	31	1200	30.1	19.1	3
伦敦	26	1050	37	22.9	4
赫尔辛基	40	1228	28	20.2	8
武汉	58	733	54	105	-12
上海	47	950	53	81	-19
深圳	38	1042	73	46	-32
北京	34	1147	53	121	-24
广州	47	952	56	70	-19

资料来源：Arthur D Little, The Future of Urban Mobility - 2.0。

（五）城市空间和交通缺乏良性互动

从国外城市发展的经验来看（见表7），城市功能的郊迁主要是由于轨道交通的四通八达，城市功能整体以及城市通勤圈都已经深入周围的新城，使中心城区和新城之间能够保证足够的绿色开敞空间，保持了良好的生活居住环境。轨道交通的发展使城市各种功能能够在空间上实现分隔，与自然环境融合。现阶段广州城市空间结构正处于由单中心向多中心转变时期，集聚与扩散并存，大城市中心城过分集中给城市交通及生态环境等带来诸多问题，未来可加快以捷运交通系统构建城市空间结构，城市功能和人口得到了有效的疏解，促进新的中心城市有序扩散。

表 7　城市功能布局模式与公共交通模式成功互动发展

类别	分类	典型城市	特征
第一类	以公共交通系统为骨架展开	斯德哥尔摩、哥本哈根、东京、新加坡	以有轨交通为干线通道,在沿线的主要站点建立相对密集和具有混合功能的社区或新城镇
第二类	顺应城市扩展面跟进发展公交系统	阿德莱德、卡尔斯鲁厄、大墨西哥城都市区	城市在已经低密度扩散后才不得不发展公共交通,公共交通依靠先进灵活的技术设备和富有创意的服务吸引客源
第三类	强核心式	苏黎世、墨尔本	使用包括有轨电车、轻轨、常规公交和步行等多种公共交通和非机动交通方式,通过建立轨道线路网、单车道、步行区与城市公共空间有机结合,达到重建中心区及保持或重振其商业活力的目的
第四类	公共交通系统和城市扩展相互迁就	慕尼黑、渥太华、库里蒂巴	一方面努力建立以公共交通干线通道为主的较高密度的集中性活动中心或生活中心,另一方面充分使用公共汽车等传统交通工具作为支线,覆盖低密度居住区。最重要的是在主要公共交通交汇点建设区域性的服务和就业中心,从而逐步提高公共交通的载客量,达到逐步实现公交优先的长远目标

资料来源:白国强等:《广州城市空间结构的现状研判与远景构想》,广州市社会科学院,2016。

从广州的现状看,广州通勤出行平均时间为 48 分钟,仅低于北京(52 分钟),高于其他各大城市。广州市域面积 7434 平方公里,南北空间直线距离为 152 公里,而实际通勤距离为 219 公里,时间为 2 小时 50 分钟;东西空间直线距离为 112 公里,实际通勤距离为 134.5 公里,时间为 2 小时 4 分钟。从城市人口密集度看,广州人口密度是远远低于其他世界城市的,但是中心城区人口过度密集,人口分布的不均匀给城市交通供给带来巨大的挑战(见表 8)。

(六)交通安全状况较差

根据理特交通评价,在各项指标中广州的交通安全性指标评价结果最差。广州每百万人交通事故死亡率高达 109.1 人,是哥本哈本的约 27 倍(4.1 人)、香港的约 7 倍(16.2 人)、新加坡的约 3 倍(32.5 人),与国内城市比,也是北京(44.4 人)、上海(38.5 人)、武汉(42.9 人)、深圳(44.4 人)的 2.5 倍。参评的欧洲城市每百万人口交通事故死亡率是 33 人,美洲城市为 37 人(见表 9)。

表8　城市空间与交通关系对比

城市	道路网密度 （km/km²）	自行车专用道密度 （km/km²）	城市人口密集度 （人/km²）	通勤出行的 平均时间（分钟）
中国香港	2.0	188	6.5	36.6
阿姆斯特丹	1.7	3502	3.2	35.5
哥本哈根	2.7	3977	2.7	29.7
新加坡	2.6	280	7.3	36.8
巴黎	8.8	3520	3.8	38.6
苏黎世	0.7	3700	4.2	30.4
伦敦	10.8	254	5.6	44.1
武汉	2.2	1519	1	31
上海	2.3	1424	2.9	47
深圳	3.0	642	5.3	46
北京	2.1	1553	1.3	52
广州	2.6	1130	1.1	48

资料来源：Arthur D Little，The Future of Urban Mobility – 2.0。

表9　城市交通安全状况对比

单位：人

城　市	每百万人交通事故死亡率	城　市	每百万人交通事故死亡率
中国香港	16.2	伦敦	26.6
斯德哥尔摩	9.4	赫尔辛基	13.9
阿姆斯特丹	19.5	武汉	42.9
哥本哈根	4.1	上海	38.5
威尼斯	16.1	深圳	44.4
新加坡	32.5	北京	44.4
巴黎	23.9	广州	109.1
苏黎世	15.4		

资料来源：Arthur D Little，The Future of Urban Mobility – 2.0。

（七）城市交通创新理念不足

随着城市发展逐渐进入创新驱动阶段，新科技革命对传统交通工具、交通模式将带来颠覆性创新。城市交通治理可能形成与过去完全不同的模式。

为了积极迎接新科技革命的创新，更好地应对大城市交通上的挑战，很多世界城市成立了"城市交通未来实验室"，将共享交通的理念快速发展，落实到实践。广州在共享自行车和共享汽车两个方面都有很大的改善空间，政府在城市交通创新思维方面有待提升（见表10）。

表10　城市交通创新表现对比

城市	共享自行车 （共享自行车/百万居民）	私人机动 车辆的共享	公共机构 主导程度(0~10分)
中国香港	0	0	10
斯德哥尔摩	852	400	10
阿姆斯特丹	527	1219	10
哥本哈根	1025	246	10
威尼斯	692	415	10
新加坡	19	57	9
巴黎	2224	219	10
苏黎世	232	1064	10
伦敦	1012	253	10
赫尔辛基	0	70	10
武汉	9552	0	8
上海	1343	0	9
深圳	1152	0	10
北京	1019	0	10
广州	446	0	10

资料来源：Arthur D Little，The Future of Urban Mobility - 2.0。

三　对广州城市交通的对策建议

（一）以规划为引领，促进空间和城市交通的良性互动

重视城市交通规划的引领作用，制定具有战略眼光和世界城市格局的中长期交通战略和交通体系规划。促进公共交通对城市空间布局与功能拓展有

机融合。在城市规划阶段，清楚地确定了城市的交通系统及其基本网络与土地利用及城市形态演变的未来格局，而在城市土地利用与交通运输系统的关系上，明确两者的良性互动和互为促进关系。借鉴新加坡在空间和交通一体化发展方面的经验，针对中心区域密度过高，利用交通系统的跳跃式发展特征，将城市空间拉开，在外围区域发展新城组团，积极发展快速大容量公交包括地铁、轻轨、快速公交系统（BRT）和高速公路，建立以公共交通为导向的城市空间形态。要根据城市人口、出行特点和交通建设条件，采取不同的交通方式，并将各种交通方式衔接起来。

（二）构建多层次的城市交通体系，提升城市交通的通达性、衔接性

加快发展"安全、便捷、舒适"多式联运、高效衔接的城市交通体系。加强中心主城区关键节点城市道路设施建设，进一步完善主干路网项目建设，打通主城区与外围新城的"最后一公里"交通瓶颈，建成"四环十九射"高快速道路网。进一步增强城市轨道交通对城市发展的支撑作用，持续改善市民交通出行。构建绿色快捷的城市轨道交通线网，建成高效联通、快速便捷的现代化城市轨道交通体系，形成"环线＋放射线"地铁线网。推进新一轮地铁线网规划建设，实现城市轨道交通线网全市覆盖，有效疏解中心城区人口、改善中心城区交通，并与珠三角城际线网形成有效衔接。提高市政道路网通达性。把优化道路结构和完善道路衔接作为主攻方向，加强区域内部道路与对外通道的衔接，支持重点地区加密支路网，完善南沙自贸区、空港经济区等重点功能区骨架路网系统。加大对拥堵交通走廊和拥堵点治理力度，实施一批市政路桥工程，打通交通瓶颈。改善枢纽与周边地区交通衔接。

（三）以绿色、低碳、智能发展及管理精细化为核心理念，推动城市交通品质提升

推动广泛运用和普及适应新一轮科技革命发展趋势的交通工具、配套设

施和信息系统。推动新能源交通工具的广泛使用，完善城市交通充电设施布局。实施"互联网＋交通"行动计划，促进信息化设施设备和管理系统以及大数据技术在广州交通运输领域的广泛应用。大力发展智能交通、联程联运和交通运输新业态、新模式，增加高品质、差异化、绿色化、定制化的交通运输服务有效供给，提升综合交通枢纽的服务水平和效率。依托物联网、大数据等新兴技术手段，协同政府、社会、市场力量发展交互应用平台，提升枢纽站场、充电设施等交通设施的智能化运行水平，加强交通与公共服务资源的共享利用。推行更多人性化、精细化、品质化的交通管理和服务。如增加老年人、残疾人上下车和轮椅无障碍通行装置，鼓励和引导市民采用公共交通出行等。提供系统性强、清晰可视、国际通用的中英文加图标式交通标志。通过制定更为严格的交通法规，加大执法力度，让交通体系中的各个主体均能遵守交通法规，保障交通安全。

（四）强化交通技术创新及其推广应用，提升综合交通枢纽发展的支撑力

强化交通领域的技术创新，加强交通信息技术、通信技术、控制技术、传感技术、计算器技术和系统综合技术等的研发，通过上述先进技术的有效集成和应用，优化交通通道、枢纽、不同运输方式、运载工具等各项资源的配置，促进交通方式之间的无缝衔接和零换乘，实现实时、准确、高效、安全、节能的交通需求。在"互联网＋"深入推进的背景下，将互联网引入交通设计制造，增强车载互联功能的开发，在交通工具上加载人机交互功能、自动巡航功能，以交通领域的技术创新，推动城市交通工具、道路设计、交通管理等领域的新变革，为广州国际性综合交通枢纽建设提供新的技术及管理支撑。

（五）创新发展模式，实现城市交通的一体化战略目标

将城市交通体系作为一个生态系统，整合各种交通工具和有效配置交通资源，发挥交通体系各个参与方的创新能力，提供城市交通的整体解决方

案。在应对新的城市空间结构、交通需求以及城市面临的问题时,通过创新思维不断实现交通生态系统的修复、改良和完善。注重长期战略性目标,制定交通系统的整体解决方案,同时注重交通系统下每个具体实施方案的精准化和效能。政府管理部门、交通供应方、非政府部门以及每个出行者都参与到城市交通体系的生态系统建设中,实现城市交通的一体化发展战略目标。

参考文献

姚阳:《美国汽车社会的公共治理对广州的启示》,《广州汽车产业发展报告(2010)》,社会科学文献出版社,2010。

姚阳:《广州交通拥堵与治理举措的评估分析》,《广州汽车产业发展报告(2016)》,社会科学文献出版社,2016。

白国强等:《广州城市空间结构的现状研判与远景构想》,广州市社会科学院,2016。

Arthur D Little,The Future of Urban Mobility – 2.0.

Arthur D,Little Strategic Directions and Ecosystems to Address China's Urban Mobility Challenges.

B.9

政府对广州汽车产业发展的影响研究

蒋　丽　陈亚鸥*

摘　要：　在世界各国的汽车产业发展过程中，政府起着举足轻重的作用，广州汽车产业的发展也与各级政府对广州汽车产业的支持息息相关。已经有很多研究关注了政府对广州汽车产业集群、自主创新和对广州标致和广州本田合作过程中的作用，但是没有从宏观上梳理各级政府的政策措施对广州市汽车发展的影响。本文试图分析中央政府、广东省政府和广州市政府已有的政策措施对广州汽车产业发展的影响，并根据广州市汽车产业发展存在的问题提出各级政府今后应该加强对国内零部件企业和自主品牌汽车企业发展两个方面的政策支持。

关键词：　广州　广州汽车产业　自主品牌汽车

一　前言

由于汽车产业可以大大增加就业，产业链长，可以带动相关产业的发展，对一个国家的经济发展产生巨大的影响，各国政府都会在不同时期采取不同的手段来引导和刺激汽车产业的发展，如制定法律法规、政策和采取经济和行政干预手段，首先在发达国家，如美国、日本、英国、德国、法国。

---

* 蒋丽，香港浸会大学地理系，博士；陈亚鸥，广州市社会科学院副研究员。

随着全球化经济的发展，发达国家的汽车产业为了寻求更低的劳动成本和节约运输成本，从 20 世纪 70 年代开始，已经开始以合资或合作的形式转移到发展中国家，如中国、印度、巴西、墨西哥、捷克、东南亚和东欧。为了维护本国汽车产业在竞争中的地位和利益，发展中国家在汽车产业发展过程中也不断地出台新的政策。

汽车产业自新中国成立以来就受到国家的关注，1992 年将汽车产业列为我国的支柱产业，1994 年国家首次颁布了《汽车工业产业政策》以明确支持汽车产业的发展，此后，相应的政策陆续出台来刺激和引导我国汽车产业的蓬勃发展，到 2003 年，世界上的汽车跨国公司都在我国建立了生产线，到 2009 年，我国汽车产业终于成为世界上第一生产和消费大国，这都与我国政府的大力支持分不开。

广州汽车产业一直是中央政府到广东省政府再到广州市政府的重点关注对象，可以说广州汽车产业的发展就是一部中国各级政府辛勤付出的历史，广州汽车产业的成就就是一部中国各级政府的杰作。广州市在各级政府的大力支持下，2006 年汽车产业总产值占全市工业总产值的比重超过 16%，首次超过了石油化工产业，成为广州第一大支柱产业。"广汽"继上汽、东风、一汽、长安、北汽之后成为六大汽车集团之一，2016 年汽车产销量居全国第六位。

本文试图梳理各级政府制定法律法规、政策、规划（计划）和采取经济和行政干预手段在广州汽车产业发展中所起的作用，再根据广州汽车产业现有的问题，提出各级政府今后应该努力的方向。

二 中央政府对广州汽车产业发展的支持

（一）中央政府关于汽车产业发展的政策措施

中央政府一直都比较重视汽车产业的发展，制定了一系列的政策措施，尤其是 2004 年之后，几乎每年都有新的汽车产业政策出台。例如，中央政府在 1994 年颁布了《汽车工业产业政策》，2004 年颁布了《汽车消费政策》和《汽车产业发展政策》，2005 年颁布了《构成整车特征的汽车零部件进口管理办法》、《汽车品牌销售管理实施办法》《汽车贸易政策》《汽车产业投资管理规定》《汽车贷款管理办法》《关于进一步促进我国汽车工业发展的若干意见》和《个人汽车贷款管理办法》，2006 年颁布了《国务院关于加快推进产能过剩行业结构调整的通知》，2007 年颁布了《汽车品牌销售管理办法》《中华人民共和国车船税暂行条例》《关于规范汽车出口秩序的通知》和《新能源汽车生产准入管理规则》，2009 年颁布了《汽车产业调整和振兴规划细则》《关于开展节能与新能源汽车示范推广试点工作的通知》《节能与新能源汽车示范推广应用工程推荐车型目录》，2010 年颁布了《加快电动汽车充电设施建设战略合作框架协议》《关于开展私人购买新能源汽车补贴试点的通知》《"节能产品惠民工程"节能汽车推广实施细则》和《关于允许汽车以旧换新补贴与车辆购置税减征政策同时享受的通知》，2014 年颁布了《国务院办公厅关于加快新能源汽车推广应用的指导意见》《关于新能源汽车充电设施建设奖励的通知》《免征车辆购置税的新能源汽车车型目录》。2015 年是加快新能源汽车发展的一年，在这一年中颁布了有关新能源汽车发展的多项政策措施，如《关于促进汽车维修业转型升级提升服务质量的指导意见》《关于加快推进新能源汽车在交通运输行业推广应用的实施意见》《汽车动力蓄电池行业规范条件》《关于 2016~2020 年新能源汽车推广应用财政支持政策的通知》《关于节约能源使用新能源车船车船税优惠政策的通知》《关于完善城市公交车成品油价格补助政策加快新能源汽车推广应用的通知》《新建纯电动乘用车企业管理规定》《关于加快电动汽车充电基础设施建设的指导意见》《锂离子电池行业规范条件》《新能源公交车推广应用考核办法（试行）》《电动汽车充电基础设施发展指南（2015~2020年)》。这些政策为广州汽车产业发展指明了方向，提供了支持。

除了以政策文件的形式支持汽车产业的发展，中央政府还通过制订汽车产业发展五年计划来指导中国汽车产业的发展。例如，制定了《中国汽车产业"十五"发展规划纲要》（2001）、《中国汽车产业"十一五"发展规划纲要》（2006）、《关于促进汽车流通业"十二五"发展的指导意见》（2011）、《电动汽车科技发展"十二五"专项规划》（2011）、《中国汽车产业"十二五"发展规划纲要》（2011）、《节能与新能源汽车产业发展规划（2012～2020年）》（2012）、《中国汽车产业"十三五"发展规划纲要》（2016）。这些规划进一步为广州汽车产业的发展提出具体的方向和要求。

（二）中央政府对广州汽车产业的具体支持

中央政府除了制定汽车产业发展政策，在实际操作过程中对广州汽车产业也提供了有力的支持。广州作为华南的第一大城市和我国改革开放的排头兵，一直是中央政府关注重点。在20世纪80年代，广州就成为国家汽车产业布局中的"三大三小"（"三大"指一汽、东风、上汽三大轿车基地，"三小"指北京吉普、天津夏利、广州标致三个小型轿车基地）中的一"小"。所以说广州标致是我国改革开放后汽车行业的第一批外资合作项目，曾经也闻名全国，虽然最终在1997年失败。失败后，国务院同意了广州更换合作伙伴，选择新伙伴，这才让广州汽车起死回生。在法国标致转让股权的过程中，中央政府也起到了非常重要的作用。法国标致不愿意转让股权，国家计委、经贸委、机械部多次提醒法国标志不要因为广州标志失败的项目，而影响其他在中国的项目。另外，在选择本田作为新的合作伙伴的时候，也得到了国务院的大力支持，为保证刚刚成立的广州本田实现国产化率40%，当时的国家计委、机械工业部、海关总署、财政部联合批准，广州本田按优惠的关税进口了SKD和CKD散件。可以说，在广州汽车产业发展的起步阶段，中央政府起到了关键性的作用。没有中央政府的战略性布局和之后与标致的谈判以及本田的支持，就没有广州汽车产业的今天。

三 广东省政府对广州汽车产业发展的提升

（一）广东省政府关于汽车产业发展的政策措施

广东省政府为促进汽车产业的发展，在中央政府颁布的汽车产业政策的指导下也出台了相应的政策措施。由于在广东省支柱产业排名中，电器机械和电子信息分别位于第一位和第二位，汽车产业只是专用设备行业的产业之一；另外，广东省的汽车产业又集中在广州市，2015 年广州汽车产业的工业总产值占广东省的 85%，因此广东省政府制定的汽车产业政策措施并不多，只有广东省政府在 2010 年出台了《广东省电动汽车发展行动计划》，并与南方电网签署了《广东省电动汽车充电设施建设战略合作框架协议》，这些都是关于电动汽车发展的政策支持。

与中央政府一致，广东省政府除了以政策措施支持汽车产业发展之外，还以计划规划的形式促进汽车产业的提升。例如，广东省政府在 2009 年出台了《广东省汽车产业振兴规划》，2013 年颁布了《广东新能源汽车产业发展规划（2013～2020 年）》。然而，广东省政府并没有制定汽车产业发展五年计划，只是将汽车产业发展规划融入广东省国民经济和社会发展五年规划纲要，如《广东省国民经济和社会发展"十五"规划纲要》（2001 年）、《广东省国民经济和社会发展"十一五"规划纲要》（2006 年）、《广东省国民经济和社会发展"十二五"规划纲要》（2011 年）和《广东省国民经济和社会发展"十三五"规划纲要》（2016 年）；或者将汽车产业发展规划融入其他产业发展规划，如《广东省服务业发展"十二五"规划》（2011 年）、《广东省先进制造业重点产业发展"十二五"规划》（2012 年）。这些规划都对广州汽车产业做了重点部署。

1994 年，为了促进汽车行业的协调发展，给汽车产业的单位提供一个交流的平台，成立了"广东省汽车行业协会"，包括广东省汽车行业（含汽车、摩托车、零部件以及相关产业）的企事业单位、大专院校、科研院所、设计研发机构、流通领域企业、有关社会团体等单位。2005 年，"广东省汽车流通协会"成立，会员单位包括各类汽车销售集团和汽车生产企业销售部门，例如汽车 4S 店，汽车、二手车经销企业，汽车美容及用品销售企业，汽车租赁企业，二手车鉴定评估机构和二手车经纪公司。2016 年，"广东省新能源汽车产业协会"成立，包括新能源汽车生产制造、销售，电机、电控、电池、轮胎等方面企业，也包括充电设施建设和运营、新型燃料、车联网、投资租赁和基础平台服务等领域的企业。这些协会为广州的整车企业、零部件和汽车服务业企业发展提供了交流的平台和行业的资讯，也为汽车企业和政府提供了一个沟通的平台。

（二）广东省政府关于广州汽车产业发展具体支持

为了支持广州市汽车产业的发展，广东省政府在 2003 年批复设立广州花都汽车产业基地，发展以日产和东风的合资公司东风日产乘用车有限公司为龙头的汽车产业，并纳入全省工业发展总体布局。2007 年，花都汽车产业基地被中国汽车工业协会授予"中国汽车零部件产业基地"称号。至今，花都汽车产业基地已经发展成为广州市规模最大的汽车产业基地。另外，广东省政府也直接促成了广汽丰田的汽车整车项目，因为恰好遇到国家宏观调控，国家不批整车项目，因此广州市政府报告给广东省政府，由省政府出面报告给国务院才得以批示。

四　广州市政府对广州汽车产业发展的推进

（一）广州市政府关于广州市汽车产业发展的政策措施

由于汽车产业是广州的第一支柱产业，一直是广州市政府的首要事项，因此广州市政府对广州市汽车产业的政策支持虽然迟于中央政府，但还早于广东省政府。广州市政府在 2002 年就制定了《关于在广州经济技术开发区、广州保税区、广州高新技术产业开发区、广州出口加工区设立汽车上产及汽车贸易项目所享受的优惠政策及扶持措施》；2012 年实施了《广州市中小客车总量调控管理试行办法》，也提出了对广汽丰田、广汽乘用车的混合动力汽车产品的免牌照（即不用摇号）和补贴政策。2014 年发布了《广州市新能源汽车推广应用管理暂行办法》，提出广州市新能源汽车补贴按照 2013 年国家新能源的标准，对购买新能源汽车的消费者进行 1∶1 的配套补贴，最高可补 11.7 万元；2016 年颁布了《广州市人民政府办公厅关于印发广州国际汽车零部件产业基地建设实施方案的通知》，给予园区建设资金、土地指标、金融、招商、技术、公共服务平台和人才支持，如设立园区投资开发公司，市财政给 5 个园区所在的区各 5 亿元的支持，用于园区土地收储和基础设施的建设；在 2017 年 6 月完成广汽集团的建设用地规模和指标 1.67 平方公里。

同样，广州市政府与广东省政府类似，也制定了相应的规划来促进广州市的汽车产业发展。在编制广州市汽车产业专项规划方面，广州市政府表现得比较落后。2014 年 2 月才开始编制《广州市汽车服务业发展规划》（编制过程中），之后在 2016 年编制了《广州市汽车产业 2025 战略规划》（已经通过评审）和《广州市汽车零部件产业基地规划》（征求意见稿）。同时，与广东省政府一致，也没有制定汽车产业发展五年计划，相关的汽车产业规划内容分别在广州市国民经济和社会发展规划纲要中得以体现，如《广州市国民经济和社会发展"十五"规划纲要》（2001 年）、《广州市国民经济和社会发展"十一五"规划纲要》（2006 年）、《广州市国民经济和社会发展"十二五"规划纲要》（2011 年）和《广州市国民经济和社会发展"十三五"规划纲要》（2016 年）；或者融入其他专项规划，如《广州市工业发展和空间布局第十一个五年规划》（2006 年）、《广州市先进制造业第十二个五年规划》（2011 年）。

为促进广州市汽车产业的发展，广州市还分别成立了"广州市汽车工业协会"，"广州市汽车服务业协会"（原名广州汽车销售行业协会）（2000年 8 月）、"广州市汽车配件用品行业协会"（2003 年 12 月），"广州市新能源汽车服务业协会"（2015 年 8 月）、"广州市汽车零部件行业协会"等民间团体组织为广州市汽车企业服务。

（二）广州市政府对广州汽车产业发展的具体支持

1. 对汽车整车合资企业的支持

20 世纪 80 年代，广州市政府一直高度重视汽车整车合资企业的发展。1984 年成立了广州标致，虽然取得过阶段性的成功，但还是于 1997 年以失败告终，背负了近 30 亿元的巨额债务。当时法国标致不愿意退出中国市场，因为他们认为广州市不会让广州标志破产，市政府一定会想办法给广标解决资金困难。广州市政府态度非常明确，如果法国标致不愿意退出，广州标致就坚决破产。加上中央政府对法国标致的劝说，法国标致才同意退出，用 1 法郎转让股权。在选择未来新的合作伙伴的过程中，广州市政府也付出了巨大的心血，面对 11 家国外著名的汽车巨头，广州市政府从广州标致失败的经历中列出了 29 条要素进行比较，最后选定了本田，并解决了所有的债务，安置了所有的人员，圆满完成了"世纪重组"。15 天后成立广州本田、9 个月 353 项工程改造完成、15 个月实现国产化 40% 都离不开广州市政府的巨大付出。广州市政府对广州丰田整车项目的支持也创造了广丰速度：用了 10 个月的时间建成厂房，18 个月的时间第一台车下线。选择了南沙这片处女地使得广州丰田成功复制了丰田最有效的生产方式，实现和体现了丰田最先进的物流方法和理念。广州市政府对东风日产的支持程度也不亚于广州丰田和广州本田，作出了"一个星期之内给营业执照给风神公司，成立了一个工作小组在 1 个月之内解决了风神落户过程中一切需要政府办理的事情"的承诺。总之，广州市政府是将汽车产业作为广州的支柱产业来抓，而汽车整车合资企业又是汽车产业中的核心，因此广州市政府高度重视合资整车企业的落户。

2. 对创建汽车自主品牌的支持

与日本丰田、本田合资生产中，广汽集团学习到了日本汽车制造先进的管理经验和科学的生产方法，2007 年 5 月成立了广汽自主品牌乘用车项目组，2007 年 11 月奠基广汽自主品牌汽车研发生产基地，2008 年 7 月注册成立广汽乘用车公司，作为广汽集团自主品牌乘用车项目的实施载体。2010 年 9 月"传祺"首款车型下线，在 2010 年 11 月，500 辆传祺轿车作为广州亚运会指定礼宾接待用车为亚运提供高品质服务。2011 ~ 2014 年连续四年成为泰达论坛指定用车和中国国际投资贸易洽谈会（厦门）礼宾接待用车。2012 ~ 2014 年连续三年成为中国—东盟博览会指定公务用车、2012 年国际乒联世界巡回赛中国公开赛官方指定用车。2015 年，广州市政府给广汽研究院 3 亿元人民币的资助以促进"传祺"进一步的研发。在政府的大力宣传和资金支持下，广汽"传祺"打开了中国市场，于 2017 年初成为 110 年以来首次进入美国汽车展览中心展览厅的中国汽车品牌。

3. 培养汽车人才

广州市政府充分意识到汽车人才在汽车发展中的地位，一直坚持不懈地建立汽车人才的培训机构。例如，2008 年在花都区成立了广东省高新技术技工学校，为广州汽车产业培养了汽车制造的技能性人才。2011 年还在花都区成立了由广州花都汽车城管理委员会、花都汽车城发展有限公司统筹支持的广州市华风汽车工业技工学校，为广州汽车行业输送高素质的基层技能人才。2013 年 4 月又在花都区成立了华南理工大学机械与汽车工程学院工业装备与控制工程系，包含"车辆工程""能源与动力工程"两个本科专业，为广州汽车产业培养了汽车制造研究技术性人才。这些学校为广州汽车产业发展提供了源源不断的专业人才。

4. 完善汽车基础配套设施

广州市政府对汽车基础配套设施的建设也非常重视。一是在城市的北部、东部和南部分别规划布置了汽车产业基地（城）：北部的花都汽车产业城和从化汽车及零部件产业基地，东部的广州开发区汽车产业基地（20 平方公里）、黄埔汽车产业基地（5 平方公里）和增城汽车产业基地（22 平方公里），南部的南沙区汽车产业基地（22.5 平方公里）、广汽自主品牌汽车产业基地（5.8 平方公里）。二是 2003 年在南沙开发区沙仔岛建立全国最大的汽车专业码头——南沙汽车滚转装船码头，可以使广州生产的汽车运往世界各地。南沙汽车码头陆域面积 43 万平方米、堆场面积 37 万平方米，可同时停放商品车 2 万台。码头岸线总长 623 米，设有 3 个汽车船专用泊位，年通过能力达 100 万台，是目前国内最大、设施条件最好的专业性汽车码头之一。三是自 2013 年就开始了充电桩的建设，3 年来建设了近 4 万个充电桩，但是还远远低于规划的目标，而且布点也不合理，闲置率很高。这些汽车基础设施为广州汽车产业发展提供了载体。

五 结语

总的来说，在广州汽车产业三十多年的发展过程中，广州市政府主要在中央和广东省政策的指引下，全力以赴地为广州市汽车产业作出了积极的行动，将汽车产业打造成广州市的第一支柱产业。首先，中央政府的政策措施和计划规划对广州汽车产业的发展起着提纲挈领的作用，广州汽车产业的发展离不开中央政府的支持，广州汽车产业在中央政府的指引下，蹒跚起步，逐渐做强做大。其次，广东省的政策措施和计划规划对广州汽车产业的发展也起到促进作用，尤其是对花都汽车产业基地的支持。最后，广州市政府一直都是将广州汽车产业作为第一支柱产业来培育，用实际行动和资金、土地、税收等优惠政策支持了广州汽车产业的发展，使得广州在合资品牌上取得了巨大的成功，也创建了全国质量最好的合资企业自主品牌（启晨）和国内汽车企业自主品牌（传祺），并逐渐走向重点发展新能源汽车的道路，已经成为全国五大轿车生产基地之一。

然而，广州汽车产业未来发展和提升还存在很多问题亟须解决，例如零部件企业的质量还非常令人担忧，自主品牌还需要继续加强核心技术的研发，新能源汽车核心技术的研发和充电桩的建设还任重而道远，这是广州也是全国都存在的问题。因此，从中央到地方各级政府还需要继续针对当前存在的核心问题，提出有效的和操作性强的政策措施，做好和实施各类规划，并加以实施，使广州汽车产业实现健康持续发展。

参考文献

刘秋华、吕拉昌：《全球化背景下广州汽车产业发展过程中的政府作用》，《轻工科技》2011年第4期。

赵超文：《花都区汽车产业集群发展中政府作用研究》，硕士学位论文，华南理工大学，2012。

秦杜娟：《广州市汽车产业自主创新中的政府作用研究》，硕士学位论文，华南理工大学，2013。

方建国、谢小平：《主导产业激励：区域产业集群形成中的地方政府行为分析——以广州汽车产业集群为例》，《学术研究》2008 年第 6 期。

姚斌华、韩建清：《见证：广州汽车十年》，广东省出版集团，2008。

B.10
广州汽车产业相关扶持政策研究

叶冰雪*

摘　要： 产业扶持政策在世界各国被作为一种推动经济发展的政策工具广泛使用。广州作为改革开放的前沿，汽车产业经过兼并重组、夯实基础、集群发展等不同阶段的培育，已成为广州地方经济发展的第一大支柱产业，进入了一个新的发展阶段。为推进汽车产业向高端、高质、高水平迈进，主动适应国内汽车产业发展新趋势，实现新常态下跨越式发展，广州市在做好产业战略规划布局的基础上，同步出台激励政策和保障政策，发挥政府对汽车产业的扶持作用，有效地引导和支持汽车产业真正成为广州经济发展的顶梁柱。

关键词： 汽车产业发展　激励扶持政策　保障扶持政策　限制发展政策

一　产业发展扶持政策的概念

所谓产业发展扶持政策，是指中央、地方政府根据地区经济发展的实际情况，在区域发展计划的制订、规划纲要的考虑时，重点对某些产业如主导产业、支柱产业和高新技术产业等采取重点倾斜、优先扶持的措施，使这些产业优先发展、快速发展，以期带动该地区其他产业的共同发展，从而促进整个地区经济发展。

---

* 叶冰雪，华南理工大学工商管理学院硕士研究生。

产业发展扶持政策可以分为三大类，结合扶持效果的不同，分为激励扶持政策、保障扶持政策和限制发展政策等。激励扶持政策就是激励相关产业的研发机构进行产品研发和生产以及商品消费所提供的减免税收政策、财政补贴政策和融资等方面的支持。保障扶持政策则是在企业基础设施建设、相关教育培训开展以及产业法律规范制定等方面给予支持。限制发展政策是通过制定行业相关规定和限制性标准来拉动相应市场满足目标行业的需求，从而促进目标行业的发展。

综观全球经济发展，当地产业转型升级和企业做优、做强、做大都离不开有效的产业扶持政策。产业扶持政策作为一种推动经济发展的政策工具，既存在于中国及各地政府经济发展过程之中，也存在于各发达国家和发展中国家鼓励经济发展的工具之内，全世界任何一个国家和地区都未能置身产业扶持政策之外。

但有学者认为，为顺应保障公平竞争的国际经济发展潮流，产业扶持政策应作为市场调节的补充手段，在市场手段与政府干预之间找到最有利于资源分配的均衡点，减少资源扭曲配置。

二　欧美日汽车产业扶持政策概况

从世界范围看，无论是欧美西方市场经济国家，还是日本等新兴工业化国家和地区，普遍使用产业发展扶持政策，这种做法对各国经济发展发挥了重要作用。下面以新能源汽车产业扶持政策为例进行具体阐述。

（一）欧盟

据有关方面报道，欧盟在"21世纪汽车工业竞争力"高级别工作组完成的报告基础上制定了《汽车工业2020规划》。《规划》中提出，要将建设基础设施与新型替代驱动相匹配，要制定电动汽车的工业标准，要制定电动汽车的测试新流程。特别是提出要减少汽车尾气排放，加快有利于改变驾车人行为习惯、改善整体交通安全的通信技术的发展。欧盟主要从三个方面制定政策来推动该规划的实施。首先，帮助汽车工业采纳新技术和新工艺，在汽车工业研发方面提供资金支持；其次，降低汽车工业各环节的制造成本；最后，支持欧盟汽车工业实现国际化，在贸易谈判以及各国法规程序方面实现标准化，满足汽车产品的市场准入。

在《汽车工业 2020 规划》的推动下，创新主导型模式已成为德国新能源汽车产业发展扶持的主要对象，通过支持汽车工业的技术和商业模式的各种创新，德国新能源汽车产业的发展取得了良好的效果。

（二）美国

美国政府的各类产业扶持政策一直发挥着重要的作用，如政府鼓励企业开展技术研发的产业技术政策、支持和引导企业开展"规模经济"和"技术创新"等并购重组活动的产业组织政策等推动了美国市场结构和产业组织的变革，充分显现出美国政府产业发展扶持政策促进经济发展的干预以及协调的作用。

美国制定的新能源汽车产业补贴政策，采用低息贷款和税收优惠的形式支持汽车厂商对节能和新能源汽车的研发与生产，支持充电式混合动力汽车的动力电池、关键零部件的研发和生产，支持充电基础设施建设，通过补贴和税收优惠政策刺激新能源汽车的销售和消费，号召各级政府联合采购电动汽车，从而促进美国新能源汽车产业的发展。全球瞩目的特斯拉电动汽车项目，在 2010 年启动阶段得到了美国政府的重要支持，从能源部获得了 4.65亿美元的贷款扶持，获得了很好的发展。

（三）日本

日本传统汽车的先进技术水平奠定了新能源汽车产业先进的技术基础，使日本一直以技术优势领跑新能源汽车产业发展。日本政府在制定新能源汽车产业发展扶持政策时，以技术的领先与发展为主要目标，建立技术领先型模式，从产业关键技术等方面，加强和提高新能源汽车产业的竞争力，从而更好地促进了日本新能源汽车产业的发展。

日本政府在《2020 年新一代汽车战略》《能源战略（2030 年）》等政策文件中，都把新能源汽车关键技术、核心技术、先导技术的发展作为核心发展内容，已经在燃料电池研发扶持上投入了 200 多亿日元的资金，同时，日本政府重点扶持的关键技术研发领域已经获得了突破。另外，日本政府制定新能源汽车扶持政策，鼓励和支持企业与企业之间、研发机构与研发机构之间、企业与研发机构之间共同开发核心技术，这一举措，加快推动了日本新能源汽车的发展。

欧美等经济发达国家制定产业扶持政策的做法，可为中国各级政府在完善相关产业扶持措施、促进相关产业及地方经济的发展方面提供借鉴。

三 广州汽车产业的发展现状

广州汽车工业经过"十五""十一五""十二五"三个五年计划的发展，经历了重组广州标致成立广汽本田，重组云豹汽车成立东风日产的兼并重组阶段；引进丰田汽车公司成立广汽丰田，本田（中国）汽车落户广州出口加工区，广汽本田、东风日产导入新产品及扩大产能的夯实基础阶段；广汽集团自主品牌的崛起，北汽集团落户增城，广菲克广州分厂落户番禺的集群发展阶段。从"十五"开局的 2001 年年产汽车 6.93 万辆，工业总产值 196 亿元，在电子及通信设备制造业、汽车制造业、石油化学工业三大工业支柱产业中排第三位（当年汽车制造业工业总产值占比 22.68%），到"十二五"末的 2015 年年产汽车 220.97 万辆，工业总产值 3777 亿元，在三大工业支柱产业中排名上升至第一位（当年汽车制造业工业总产值占比 41.42%），汽车工业已经成为广州经济发展的第一大支柱产业。

2016 年广州汽车企业合计生产汽车 262.85 万辆，同比增长 18.95%，增速高于汽车总体市场 4.45 个百分点，实现工业总产值 4326 亿元，同比增长 12.6%。广汽集团自主品牌更是以销售 38 万辆超额完成销售目标，并以 196% 的增速位居中国品牌榜首。广州汽车产业实现了优质高速发展，领先优势明显、发展前景广阔，呈现出以下特点。

（一）年产汽车全国第二

根据中汽协产销数据统计，广州在全国乘用车生产基地中排前三名，已获得"国家汽车及零部件出口基地"称号，也是国家节能与新能源汽车示范推广试点城市，目前汽车和零部件出口量居全国出口基地城市第二位。2016年，汽车业规模以上企业总产值超4326亿元，占全市规模以上企业的比重25%；汽车产量为262.85万辆，紧随重庆（266.34万辆）居全国第二位。

（二）技术创新硕果累累

2016年，龙头企业广汽自主品牌"传祺"取得了销售汽车38万辆的优秀业绩，超额完成了年度经营计划，同比增长196%，高于总体汽车市场增速180多个百分点，居中国汽车品牌的榜首，并从2011年的第42位、2015年的第26位，上升到2016年的第20位，为国内排名增长最快的汽车企业，连续4年在J. D. Power发布的新车质量报告中排中国汽车品牌第一名。目前，广州拥有国家一级的汽车企业技术中心1个、省一级的汽车工程中心2个、省一级的汽车企业技术中心9个。

（三）高端技术国内先进

位于广州番禺的广汽传祺、花都的东风日产启辰、增城的北汽汽车以及从化的广汽比亚迪等4个自主品牌企业的新能源乘用车和商用车技术优势明显，2016年共生产新能源汽车5000辆。在先导技术领域，广州的智能汽车和网联汽车的研发水平也达到国内先进水平，广汽研究院Telematics远程控制系统核心技术的自主开发已经完成，是目前国内实现该项技术自主开发与商品化应用最早的汽车企业。广汽集团Enlight概念车在一年一度的广州国际车展上正式发布，在行业内受到高度关注。

（四）全产业链发展良好

目前，广州除拥有广汽研究院、广汽本田研发公司等汽车研发机构；自主系企业广汽乘用车，日系合资企业广汽本田、广汽丰田、东风日产和五羊－本田，欧美系合作企业广汽菲亚特克莱斯勒等整车制造企业外，还拥有大量的汽车零部件制造与配套、汽车服务与金融等下游企业，以及 200 多家整车销售企业、2000 多家汽车配件和用品店，汽车服务业营业收入超过5000 亿元，形成了完整的汽车产业价值链。

四　对广州汽车产业扶持政策的思考及建议

广州汽车产业经过兼并重组、夯实基础、集群发展等不同阶段的培育，进入了一个新的发展阶段，在产业发展的不同阶段，政府的产业政策扶持方向应该有所侧重，扶持方式应该有所调整。为对接《中国制造2025》，强化技术创新驱动，延伸产业链结构，做强做大带动性强的龙头企业，广州推进汽车产业向高端、高质、高水平迈进，主动适应国内汽车产业发展新趋势，实现新常态下跨越式发展。广州市政府在做好产业战略规划布局的基础上，同步出台了激励扶持政策和保障扶持政策。政府通过激励扶持政策的有效引导、保障扶持政策的保驾护航，有力地推进了汽车产业的健康和快速发展，让汽车产业真正成为广州经济发展的顶梁柱。

下面重点对 2016 年广州市开展的汽车和零部件产业规划以及对应的产业扶持政策进行分析。

（一）规划先行制定战略发展远景

广州作为改革开放的前沿，为对接《中国制造 2025》，2016 年，广州市人民政府门户网站先后公布了《广州制造战略规划（2025）》（下称《制造战略》）、《广州国际汽车零部件产业基地建设实施方案》（下称《零部件方案》）和《广州市汽车产业战略规划（2025）（征求意见稿）》（下称《汽车战略》），以汽车产业为切入点，以零部件产业为突破口，加快推进"广州制造 2025"战略。

1. **2016年2月26日，广州市人民政府向社会公布了《制造战略》**

《制造战略》提出三个具体目标，一是打造高端装备制造业创新基地；二是创建智能制造和智能服务紧密结合的示范引领区；三是建立"一带一路"战略重要支点和开放高地。通过三个目标的实施，有望到2035年，全市的创新能力大幅提升，技术体系和产业体系全球领先，一批制造业门类企业拥有世界影响力，主要制造业领域具备创新引领能力和明显竞争优势。特别是根据市场需求，不断推出配置节能内燃动力、纯电动动力、插电式混合动力、燃料电池动力等不同动力类型的乘用车、混合动力的商用车、高附加值的新能源专用车，以及与汽车配套的关键零部件和智能网联汽车。到2020年，总产值3800亿元；到2025年，新能源汽车年产量突破100万辆，实现总产值达到6500亿元。

2. **2016年11月3日，广州市人民政府向社会公布了《零部件方案》**

该方案提出了"153"战略："1"是构建一个基地，即广州国际汽车零部件产业基地和国际高端汽车零部件制造和出口基地；"5"是打造五个园区，即按照各行政区域差异化发展的原则，选址增城区、花都区、番禺区、南沙区和从化区，在各区现有产业的基础上，规划建设五个新产业园区；"3"是三个重点，即重点培育传统汽车高端零部件、新能源及智能网联汽车零部件和公共服务平台的配套体系。通过"153"战略的实施，力争到"十三五"末，汽车关键零部件的本地化配套率达到80%，汽车零部件出口额达50亿美元，汽车零部件产业基地新增工业产值超2000亿元，比"十二五"末增长1倍。《零部件方案》还提出，培育出4家汽车零部件企业，年营业收入超100亿元，培育出50家汽车零部件企业，年营业收入超10亿元。最终形成与传统汽车、新能源汽车、智能网联汽车配套的关键零部件制造产业体系。

3. **2016年12月14日，广州市工信委向社会公开征求对《汽车战略规划》意见和建议**

该规划提出，未来10年是广州汽车产业发展的重大历史机遇期，是广州自主品牌汽车赶超部分国际品牌发展、实现由大变强的关键时期。力争到

"十三五"末，全市属地汽车产能达300万辆，属地汽车工业产值达6000亿元，其中，自主品牌汽车产销实现快速发展，相应的汽车产能达100万辆；节能与新能源汽车产量高速增长，销量占比大幅提升。到2025年，广州市汽车本地产能达400万辆，初步树立起国际知名品牌形象，为品牌高端化发展奠定扎实基础，实现国内其他区域的第二次优化布局。

（二）激励政策引导产业做优做强

《制造战略》《零部件方案》及《汽车战略》三个规划同时发布了激励政策，从财政扶持、招商支持、研发资助以及综合政策等方面作了规定。

1. 加大财政扶持力度

设立总规模400亿元的多个资金专项，主要专项为设立汽车产业创新发展基金，最低额度为100亿元，主要用于各行政区基地内汽车产业链各环节企业的扶持，重点领域有自主品牌、新能源、智能网联等领域的汽车。另外还规定，用于零部件企业的投资比例不小于发展基金总额的20%。"十三五"期间，广州财政还将安排32亿元用于零部件产业基地的建设。其中，5个园区的土地收储和基础设施建设专项资金25亿元，基地内汽车零部件产业专项发展资金7亿元。

2. 鼓励加大招商力度

政府对新引进的、国内外一流的汽车零部件配套制造项目，奖励金额可达到企业实缴注册资本的5%，但最高奖励不超过每家5000万元。对兼并收购国际汽车关键零部件企业的本地骨干零部件企业，并且成功在广州落户的，一次性额外给予300万元的奖金。如果成功引进的是汽车零部件新项目，企业在首个计入当地统计局统计的年度实现工业总产值或销售收入5000万元及以上的，按工业总产值或销售收入的1‰给予奖励，最高为200万元。

3. 特别资助研发创新

政府对开展核心技术研发、攻关以及研发创新的汽车零部件企业给予特别支持，如成立研发制造中心专攻关键零部件研究的企业，以及依托产业链优势环节利用内部创新而裂变成的汽车零部件企业，奖励额度可达到企业实缴注册资本的 10%，但最高奖励额度每家中心不超过 2000 万元。同时，采取奖励性后补助方式，对企业上一年度的研发经费投入，其补助按照支出额度高低有所不同，最高可达研发支出额度的 5%。

4. 发挥现有政策作用

政府还将通过加大收费清理力度、落实税收优惠政策等方式来减轻企业负担。如统筹使用工业转型升级、市级工业基金等专项资金，利用现有财政资金的整合作用，将资金优先向重点产业领域内的项目倾斜。另外，出台相关政策，支持有条件的汽车和零部件企业开展员工持股、改制上市等工作，帮助企业利用多层次的资本市场做大做强。

在这些激励扶持政策推动下，广州汽车和零部件产业的发展预期将发生巨大的变化。

第一，在财政资金的扶持下，将培育起一批国际知名、国内领先的行业优势骨干企业，广汽传祺等品牌将被打造成为国际一线汽车品牌，广汽乘用车公司将发展成为具有较强综合实力和全球竞争力的跨国公司。

第二，在招商措施的支持下，汽车整车和零部件企业的产能利用率将会得到进一步提高，产品结构也将向高端化发展。随着增城区、花都区、番禺区、南沙区和从化区 5 大新产业园区建设工作的推进，相应的产业园区将迎来一批智能网联、节能与新能源汽车以及相关动力总成、电子控制系统、轻量化部件等高端零部件企业落户，逐步打造出广州国际高端汽车零部件制造和出口基地，成为国家新能源汽车零部件产业集聚区、国家智能网联汽车零部件产业集聚区、国家智能汽车测试与示范运行基地。

第三，在研发奖励的资助下，将激励各汽车整车和零部件企业在广州建立汽车研发中心或工程和制造创新中心，激发园区引进和建设汽车零部件新型研发机构的热情，鼓励汽车整车和零部件企业积极开展研发创新活动，开展汽车关键零部件及核心技术攻关。

（三）保障扶持政策护航产业健康发展

《制造战略》《零部件方案》及《汽车战略》三个规划同时发布了保障

政策，从机制体制、项目用地、公共服务平台、人才支撑体系等方面做出了规定。

1. 加强机制体制建设

各规划均提出建立有效的机制体制，提出由分管副市长牵头，各政府有关部门、各区政府的主要负责人参加，形成专项工作领导团队，对相关汽车和零部件产业园区的建设、相关战略规划的实施以及在项目推进过程中存在和发生的问题及困难进行统筹协调，确保各项规划落地、各项政策到位、各个工程专项和重要工作顺利进行。

2. 制度完善用地政策

要落实好三大规划、用地政策的及时制定和完善是保证汽车和零部件产业园区按期、按计划建设的首要任务。因此，坚持"一次规划、分步实施"的滚动建设原则，在土地指标分配上，每年要有一定的比例确保用在产业园区内的汽车和零部件项目上，对符合条件的用地，对鼓励类的产业项目，要优先保障其新增建设用地规模以及用地指标的分配。另外，政府相关部门在制订年度重点建设项目计划时，要积极争取国家、广东省相关部门的扶持，应优先把三个规划扶持的汽车和零部件产业项目列入国家、广东省以及广州市重点建设项目规划，以保证在这些项目的立项、规划、用地报批等手续方面获得绿色通道支持。

汽车和零部件产业发展项目新增用地总规划面积 40 平方公里，优先保障其新增建设用地规模。对于符合条件的用地，在编制年度土地利用计划时予以足额保障建设用地指标。其中，申请省专项安排给广汽集团建设用地规模和指标 1.67 平方公里。

3. 鼓励公共服务平台建设

完善的公共服务平台可以帮助汽车和零部件企业解决研发、生产、试验环节的后顾之忧，政府应该积极推进三个规划的实施并鼓励公共服务平台建设。第一，在创新型的检验检测中心、行业标准发展中心、国家智能网联汽车检测等公共技术服务平台的引进方面，特别是对在各产业园内新建或迁移的上述公共技术服务平台，都将给予每家机构最高 5000 万元的奖励。第二，对于国家智能网联汽车标准、法规主导制定单位或是参与国际智能网联汽车标准、法规制定的企业和机构，都将给予每个单位、企业或机构最高80万元的补贴。第三，中介机构、行业协会等单位在各园区开展社会公共平台服务的，将获得其实际投资额30%的补助，最高不超过300万元。第四，对各园区创建的运营管理公司公共服务平台以及配套设施建设项目，将在补贴或贷款贴息方面给予不超过其投资额30%的资金扶持，但对单个项目的扶持额度不超过500万元。第五，对于园区企业使用园区内公共服务平台的，给予其使用费30%的补贴，每家企业每年最高100万元。通过鼓励企业建设公共服务平台，鼓励园区内企业使用公共服务平台，确保公共服务平台的建设可持续发展。

4. 加强人才保障工程建设

落实三大规划，加强人才保障工程的建设，引进人才、培养人才、留住人才是保证。特别是对于尖端技术方面的高端人才、紧缺专业技术人才、技术创新型重点人才，要及时出台适合的人才政策，建立与广州产业发展相适应的产业人才队伍。同时，积极"走出去"，加大力度引进海内外领军人才、领军团队。产业人才队伍的建设还要发挥好现有的人才政策，如国家出台的"千人计划"、广东省出台的"珠江人才计划"和"羊城创新、创业领军人才支持计划"有针对性地重点实施智能网联新能源汽车领域人才引进、培育及保障工程。每年保证不少于100个"人才绿卡"专项指标，另外，利用好广州地区的人才教育资源也非常重要，通过加强校地、校企合作，建立企业需求与人才培养的有效对接机制，打造一支适合广州产业发展的高素质技能型和专业技术型人才队伍。

这些保障扶持政策预期将对广州汽车和零部件产业的发展产生巨大的作用。

第一，在机制体制改革的推动下，政府设立专项小组，各单位明确责任分工，形成工作联动。将"管家式"管理模式改革为"保姆式"服务模式，通过加快行政审批速度，加强项目实施的配套服务，将大大缩短项目建设周期，大幅度提高项目运作效率。政府为企业松绑，企业轻装上阵，政府让市场发力，企业无后顾之忧。这种简政放权的改革方式将释放汽车和零部件企业创业新活力，更好地促进地方经济稳定增长，推动汽车和零部件企业转型升级、加快发展。

第二，在建设公共服务平台扶持政策的鼓励下，相关机构和协会等中介将借助广州汽车和零部件产业的快速发展，积极推进区域公共技术服务平台和公共服务体系建设，带动汽车和零部件工程装备保障能力和试验检测能力的快速提升。吸引国家级汽车、机动车、新能源汽车、智能网联汽车及零部件试验检测认证公共服务平台或国家质量监督检验中心落户广州，为企业提供工业大数据、技术研发、工业设计、信息技术、检验检测、技术评价、质量认证、人才培训等方面及时有效的服务，提升广州公共技术服务整体能力。

第三，在人才政策的支持下，汽车和零部件企业通过引进和培养并重，加大引进、培养和留住人才的力度，在汽车和零部件产业的高级管理、研发设计、生产制造、物流销售、维修服务、试验检测、汽车金融、市场法律、知识产权、教育和国际化等各方面加强人才的培养和储备，广州将成为南中国区人才高地、国家级乃至国际级汽车产业人才基地。

广州市出台了《制造战略》《零部件方案》及《汽车战略》等规划，同步公布了激励政策和保障政策，目的应该是通过推进汽车和零部件产业升级、汽车衍生产业培育、配套创新能力提升、人才保障体系建设、产业服务体系的全面配套，提升以汽车为龙头，带动零部件、装备配套、智能控制、试验检测等上下游产业的整体竞争实力，完成构建汽车产业国家领军城市和南中国区智能制造中心、打造国家新一代汽车零部件及配套支撑基地、创建汽车产业国家人才基地和创新中心的目标。打造国家创新基地中心城市，构建以汽车产业为重点的国家智能制造和智能服务紧密结合的示范引领区，使广州成为国家汽车产业的重要基地和领军城市。

五　小结

广州汽车工业经过兼并重组、夯实基础和集群发展的三个发展阶段，至

2016 年，汽车生产总量全国领先，自主创新成就名列榜首，高端汽车技术优势明显，已形成集研发、整车和零部件制造、汽车服务、汽车金融于一体的完整的产业链，实现了优质高速发展，成为广州地方经济发展的第一大支柱产业，进入新的发展阶段。推动汽车产业转型升级和做优做强做大，离不开政府有效的产业扶持政策支持。为对接《中国制造 2025》，推进汽车产业向高端、高质、高水平迈进，主动适应国内汽车产业发展新趋势，实现新阶段、新常态下跨越式发展。广州市人民政府先后对社会发布了《制造战略》《零部件方案》及《汽车战略》三个规划，以汽车产业为切入点，以零部件产业为突破口，加快推进"广州制造 2025"战略。三个规划从财政扶持、招商支持、研发资助、机制体制建设、项目用地服务、公共服务平台、人才支撑体系等方面同步出台了相关激励政策和保障政策。可以预期，经过广州市各级政府的大力扶持，经过汽车和零部件企业自身的努力，到 2025 年，广州市将成为国家汽车产业领军城市和南中国区智能制造中心、国家新一代汽车零部件及配套支撑基地、国家汽车产业人才基地和创新中心、国家创新基地中心城市、国家智能制造和智能服务紧密结合的示范引领区、国家汽车产业的重要基地和领军城市，汽车产业真正成为广州经济发展的顶梁柱。

参考文献

秦杜娟：《广州市汽车产业自主创新中的政府作用研究》，硕士学位论文，华南理工大学，2013。

姚斌华、韩建清：《见证：广州汽车十年》，广东省出版集团，2008。

杨再高等：《广州汽车产业发展报告（2016）》，社会科学文献出版社，2016。

区 域 篇

Regional Development Reports

B.11

2016年花都区新能源汽车
发展情况与展望

朱振德*

摘　要： 本文简要分析了花都区新能源汽车产业发展与推广应用的情
　　　　　况、存在的问题与不足。结合国内外新能源汽车产业发展新
　　　　　形势，本文对花都区新能源汽车产业下一步发展进行了展望，
　　　　　并提出了有针对性的对策建议。

关键词： 花都区　新能源　东风启辰　配套设施

花都区位于广州北部，地处珠三角通往内陆的交通要道，广州白云国际

---

* 朱振德，花都区区委办公室主任科员。

机场、广州北站、花都港均坐落于此，区位优势明显，素称"省城之屏障，南北粤之咽喉"。经过多年发展，花都形成了扎实的产业基础，其中以东风日产为龙头的汽车产业年产值超千亿元，近年来临空产业以及电商微商、商贸旅游等现代服务业发展迅速，2016年实现地区生产总值1168.62亿元，同比增长8.1%，其中汽车产业总产值达1185.88亿元，同比增长11.7%，占全区工业总产值的70.07%。

一 花都区新能源汽车发展概况

近年来，随着汽车产业转型升级步伐加快，花都区积极响应国家、省、市的号召，在巩固提升传统汽车产业基础的同时，不断推动新能源汽车产业集聚发展。东风日产作为花都汽车产业的龙头，充分发挥龙头引领作用，带动1000多家汽车零部件及相关企业落户花都，形成了产值超千亿元的产业集群，2016年，东风日产完成工业总产值974.87亿元，同比增长13.4%，产量、销量达到113.95万辆、114.40万辆。广州花都（国际）汽车产业基地被广东省政府认定为广东省唯一一家汽车产业集群升级示范基地，2012年被广州市认定为纯电动汽车产业基地。

新能源汽车产业规模不断壮大。2017年2月，东风启辰汽车公司正式从东风日产旗下独立并落户花都，"启辰晨风"品牌电动车自2012年底实现量产以来，累计销量已超4000台。

产业链不断延伸拓宽。在政府各项政策的推动下，花都区积极引进各类动力电池、电机、电控等关键零部件配套项目，鼓励企业自主创新，新能源汽车全产业链正在逐步形成。

基础设施建设不断完善。为保障新能源汽车的使用和推广，花都区政府及相关新能源汽车企业加大对充电站点、充电设施和相关配套设施的投资力度，目前已建成充电站20余个，基本满足花都区中心城区新能源汽车充电需求。

二 花都区发展和推广新能源汽车的主要做法

花都区通过政策定向扶持、创业环境培养、产业体系构建等方式，加快新能源研发、制造、运营、服务全产业体系的引进和培育，积极推动新能源汽车发展。

（一）制定配套政策，营造良好的发展氛围

近年来，花都区政府不断制定、完善促进新能源汽车发展的配套政策体系，加大对新能源汽车产业扶持力度，鼓励相关企业创新发展，营造了良好的产业发展氛围。2009 年，花都区制定实施了《花都区加快推进电动汽车产业方案》，随后出台了《花都区发展新能源汽车行动方案》，成立了由区主要领导任组长，区汽车城、发改委、财政局等相关部门为成员的新能源汽车工作领导小组。2014 年制定《花都区纯电动乘用车推广补贴方案》，根据《方案》要求，区财政对购买纯电动乘用车的单位和个人给予购车补贴，同时对充电设施建设给予补贴，补贴车辆总数为 2000 辆，通过财政补贴，直接推动和促进了新能源电动车在花都的发展。2016 年，制定了《花都区关于促进新能源汽车产业发展的意见》《花都区新能源汽车产业发展方案（2016 ~ 2020 年)》《花都区加快新能源汽车充电设施建设实施方案》，根据上述意见和方案，花都区将重点打造具有区域特色优势和广阔发展空间的新能源汽车全产业发展环境。

（二）积极招商引资，推动全链条产业落地生根

花都区高度重视新能源汽车产业发展，不断完善招商引资政策体系，积极研究构建国家级智能出行示范区，大力开展新能源汽车制造及相关产业的招商引资工作，推动新能源汽车全链条产业化，打造全产业发展生态圈。

花都区委区政府高度重视，由常务副区长兼任汽车城管委会主任，亲自抓招商引资和项目建设，着力引进优质电动汽车整车项目以及电池、电机、

电控等关键零部件生产项目。创新方式方法,围绕新能源汽车产业链前后两端,积极开展靶向招商探索。在产业链前端,重点对接新能源汽车设计、研发企业,争取在汽车产业基地设立新能源汽车造型设计和研发中心,解决新兴新能源汽车企业前端设计配套需求。在产业链后端,大力开展新能源汽车基础设施产业招商,积极布局新能源汽车分时租赁业务,探索构建新能源汽车后市场体系,推动汽车商贸营销工作。创新人才政策,结合产业发展需求,通过注册落户奖励、地方经济贡献奖励、人才奖励、办公用房补助等方式,精准培养引进相关高层次人才、创新创业团队、高技能人才。

(三)加快布局充电设施,强化产业园区基础设施建设

2016年起,花都区积极规划建设国际先进装备制造产业园,未来重点发展新能源汽车、智能装备等先进制造业,目前正加快推进征地、调规、道路、排水渠、填土等工程的前期立项工作,为新能源整车及相关零部件产业导入提供坚实的土地保障。

近年来,花都区政府加大资金投入力度,共投入约1500万元用于新能源汽车充电站点、站场基建、充电设施及配套设施建设,同时,鼓励社会资本、企业积极参与投资建设,在新能源汽车配套设施上形成政府主导、市场化运作、社会和企业共同参与的良好局面。一是政府直接投资建成充电站10个,在建充电站1个,建成并投入使用直流充电机(快充机)28台、交流充电桩(慢充机)137支;二是广州供电局投资建设的启辰经销店充电站(3台直流充电机、6支交流充电桩)2017年上半年投入运营;三是区相关部门指导协调物业公司在区内部分小区内安装充电桩5支;四是启辰公司自建两个大型充电站场,并建设了充电站场监控系统,该公司在自建的花都湖充电站场中,引入第三方充电设施厂商出资建设两支快充桩并交由启辰公司运营维护,共享收益。

(四)加强市场推广,提升新能源汽车市场占有份额

近年来,为了促进新能源汽车市场推广,花都区多措并举,重点在政府采购、公交车辆购置等方面给予大力支持,不断提高新能源汽车市场占有率

和知名度。

在公交车领域，花都区公交企业公司于2015年购买了30辆宇通插电式新能源汽车，同时加快推进新能源汽车公共交通体系和服务设施在花都区和周边地区旅游景点的无缝连接。在公务车领域，早在2011年，花都区政府购买了15辆日产"聆风"电动车率先进行示范运行，实践证明，新能源汽车能够满足一般巡检执法、办事服务等公务需求，且节能效果显著。2012年9月，投放了6辆日产"聆风"纯电动车开展示范运行，成为广州首个也是唯一一个开展新能源出租车示范运营的区域。2016年，花都区成立启辰出租车公司，负责纯电动出租车相关运营工作，该公司购买了100辆"启辰晨风"电动车，累计行驶里程1015万公里，电动出租车有效实现零排放、零污染，与传统燃气出租车相比，100辆电动出租车累计减少二氧化碳排放量3940吨，节省汽油/液化气费用690万元。在私家车领域，鼓励相关企业提高新能源汽车产销比例，加大新能源汽车示范运营力度，积极促进新能源汽车服务业和城市服务业的紧密结合，打造以新能源汽车为特色的绿色旅游路线和自驾游线路，大力推广以新能源汽车为主导的智慧出行、绿色出行。其中"启辰晨风"电动车在前期的示范运营中积累了丰富的运营经验，技术性能受到用户的充分认可。

三 花都区新能源汽车产业发展的形势分析

当前，新能源汽车将逐渐代替传统燃油汽车成为全球共识。美国、德国等国家已经把电动汽车作为迎接第三次工业革命的重要载体，奔驰、宝马、通用、大众等汽车公司都纷纷加大电动汽车研发力度。在全球新能源汽车行业发展势头迅猛的大好形势下，花都新能源汽车也将迎来新的发展机遇。

（一）新能源汽车产业发展宏观形势良好

在中央、各省区市的大力支持下，国内新能源汽车呈现快速发展趋势，2016年，我国新能源汽车产业迎来了井喷式发展，电动汽车销量达到50.7万辆，是欧洲（22.1万辆）的两倍多，是美国（15.7万辆）的三倍多。产销量连续两年居世界第一，新能源汽车累计推广量已经超过 100 万辆，占全球市场保有量的 50% 以上。据中国汽车工业协会估计，2017 年中国电动汽车销量预计将攀升至 70 万辆。我国新能源汽车正立足本土市场，在全球范围内逐步形成高增长的市场态势。

（二）花都具备发展新能源汽车产业的独特优势

从区位优势、产业基础、政策支持、服务配套、市场培育等方面来看，花都新能源汽车产业发展具有得天厚独的优势，必将迎来新一轮大发展。

一是汽车及新能源汽车产业基础比较扎实。"十二五"时期，花都区工业总产值突破 2000 亿元大关，年均增长 10.9%，在广州市稳居第三位。花都区依托千亿产值企业产业集群和东风日产等龙头企业，大力促进区域内新能源汽车应用推广及产业发展的同时，还设立了东风日产技术创新发展基金，专项用于扶持东风日产产能扩建项目的发展，开展了新能源汽车示范运营试点工作，在推广应用总体思路、落实财政补贴政策、加强基础设施规划建设、创新推广应用模式、加强技术创新和产业发展支持等方面为新能源汽车推广应用积累了较为成功的经验。经过十多年的发展，花都区汽车产业基础扎实。2016 年，东风日产产销两旺，产销均已经突破 113 万辆，总第 800 万辆整车顺利下线。随着东风日产技术研发中心二期、启辰造型中心、先进工程技术中心和培训中心（即企业大学）全面建成并投入使用，日产纯电动汽车电池国产化项目落户花都，花都汽车与新能源汽车产业发展将迎来新一轮大发展。尤其是随着东风启辰在花都区注册，预计年生产能力可达 20 万辆，2017 年可生产整车 10 万辆。2016 年，东风日产启辰晨风已完成产量 923 辆，完成销量 1916 辆，在纯电动车研发、生产、推广、配套等方面已经先行一步，在全国纯电动车企业中居于前列。

二是新能源汽车全产业链比较健全。依托汽车产业配套供应链，新能源汽车一些关键零部件企业开始在花都落地，涌现出一批新能源汽车配套生产骨干企业。随着 2016 年汽车产业基地新引进的电动车电池企业、汽配项目以及增资扩产项目，达产后可新增产值 110 亿元以上，汽车产业集群核心竞争力将进一步提升。

三是支持新能源汽车产业加快发展的创新政策比较完善。近年来，花都区委区政府大力支持培育新能源汽车产业发展，出台了一系列有力的扶持政策，为新能源汽车产业加快发展提供了强大的动力。尤其是花都区大力申报国家级绿色金融改革创新试验区，即将于近期获批，必将为新能源汽车等绿色产业发展带来巨大的政策利好。新能源汽车既是绿色低碳产业，也是战略性新兴产业，高度契合绿色信贷和绿色金融的要求。利用绿色金融手段推动新能源汽车产业加快发展，加快推动充电桩等交通基础设施建设，鼓励汽车生产企业转型升级，鼓励绿色信贷促进新能源汽车消费，从而为新能源汽车产业发展提供强有力的支持。

花都区新能源汽车产业近年来快速发展，取得了显著成绩，但仍存在一些问题和困难亟待解决。

第一，新能源汽车推广规模与预期目标存在较大差距。目前，东风启辰纯电动车已经具备年产2万辆产能，但产能没有充分释放。花都新能源汽车的推广仍然主要集中在出租和公务车领域，受制于充电设施不完善和续航里程不足，在私人用户领域的推广还比较缓慢。

第二，充电站等配套基础设施仍难以满足推广使用需求。目前已建成和在建的充电站11个，市核心区仅有2个充电点，难以满足新能源汽车在广州城区的充电需求。充电站建设面临专用地缺乏、建设资金不足、公共场所建设滞后等问题。目前已建成的充电站点土地为临时用地（通过租赁取得）和划拨土地，充电站点建设资金缺口越来越大。由于充电站建设的审批涉及用电报建、预算编制、申请资金等多个流程和部门，且机场、火车站等公共场所的审批不仅限于花都区，建设相对滞后。

第三，新能源汽车推广过于依赖政策扶持。《广州市新能源汽车推广应用工作方案》《广州市新能源汽车推广应用管理暂行办法》以及《广州市新能源汽车推广应用财政资金管理办法》等政策，明确在新能源汽车推广初期，通过高额财政补贴等刺激政策，对新能源汽车消费起到立竿见影的效果。但新能源汽车补贴政策已在发生巨大的变化：2017～2018年新能源汽车执行新版补贴政策，补贴额度比2016年降低20%；2019～2020年中央及地方补贴标准和上限在 2017 年的基础上再降 20%。一旦政策力度降低，行业发展缺乏更多的推动力，市场必然遇冷。

第四，核心技术有待提升。花都区龙头企业东风日产和合资自主品牌东风启辰，拥有大量日产汽车技术的先天优势，但由于新能源汽车产业整体上还处于发展的初级阶段，技术基础薄弱、原始创新能力低、核心技术欠缺等客观共性问题依然突出，有待于龙头企业进一步发挥引领作用，在纯电动车关键核心技术上取得突破。此外，充电和续能技术、激光雷达等汽车技术以及轻量化的新材料，石墨和锂等上游关键资源需要进一步整合。

第五，行业竞争、区域竞争进一步加剧。从纯电动车产业看，无论是宝马、雷克萨斯、通用、大众、丰田、本田等传统汽车产业巨头，还是新兴新能源汽车公司，都相继推出全新平台打造新能源汽车产品，据统计，截至 2017 年 3 月 1 日，全国共有 11 家企业获得新能源乘用车生产资质，正在等待资质审核的企业也多达二十几家。1 月 14 日，工信部发布了 2016 年《新能源汽车推广应用推荐车型目录》（第 1 批），共有 247 款车型入选，其中纯电动轿车 32 款、乘用车 4 款，纯电动车市场竞争日趋激烈。从支持电动车发展的区域政策来看，全国多个城市和地区城市出租车电动化已经悄然兴起。北京、深圳和太原等城市率先强制推广使用电动汽车，北京市、深州市计划在 2020 年实现出租车全部电动化。全国 20 多个地区将新能源汽车作为重要产业，提出推动新能源汽车产业发展和推广应用的一系列政策措施，打造"新能源汽车生产基地"。2017 年新能源汽车区域发展之间的竞争异常激烈。

四 花都区新能源汽车产业发展的思考和建议

花都区坐拥千亿产值汽车产业链配套，拥有东风启辰晨风等成熟纯电动车品牌，在新能源汽车的发展初期，地方政府需加大支持力度，把低碳、智能作为汽车产业转型发展的方向，将汽车产业打造成为 2000 亿元以上产业集群，大力支持东风日产加快布局新能源汽车整车及电机、电池、电控等关键零部件企业，促进新能源汽车行业健康发展。

（一）加快基础设施建设速度，大力培育发展新能源汽车等战略性新兴产业

2016年9月，花都区委第十四届党代会明确提出，推进创新创业创造，构建高端高质高新现代产业体系。花都区正加强战略执行，大力推动先进制造业创新发展，全力支持东风日产进一步做大做强，大力培育发展新能源汽车等战略性新兴产业。当前，关键是抓好广州花都国际先进装备制造产业园规划和产业导入，瞄准集聚全球500强企业，大力培育发展新能源汽车等战略性新兴产业，建设新能源汽车和智能装备产业园，打造先进制造业新的增长点，切实增强先进制造业发展后劲。

（二）大力引进新能源汽车整车或核心零部件龙头项目，巩固区域新能源汽车发展的领先优势

目前，花都区新能源汽车的产业规划布局已比较清晰，"十三五"期间，将重点打造西部先进制造业产业带新能源汽车及其核心零部件产业集群，利用巴江河一江两岸完善的产业链结构和千亿级产值的汽车产业集群优势，将在西南部打造约12平方公里的新能源汽车和智能装备产业园，目前，5700多亩的花都国际先进装备制造产业园征地工作基本完成，新能源汽车项目已具备较好的落地建设投产条件。建议参考广汽集团在番禺区规划建设新能源汽车产业园区的做法，积极争取新能源汽车产业项目及相关的电机、电控等关键零部件研发项目落地，推动新能源汽车产业在花都区聚集发展。

（三）坚持创新驱动发展战略，引导新能源汽车企业形成核心优势

新能源汽车广泛融合信息化、数字化、网络化，应用新能源、先进制造和新材料等革命性新技术，成为新一轮工业革命中的领军行业。一是要继续加大对研发创新的支持力度，目前的电动车和燃油车相比，性价比依然偏低，整个市场仍主要依靠财政补贴政策驱动，有待通过鼓励科技创新等形式，具有较强竞争力的节能与新能源汽车企业还有待积极引进和培育。二是

要完善政策体系。目前，《乘用车企业平均燃料消耗量与新能源汽车积分并行管理暂行办法》即将出台，要求从2018年起对新能源汽车实行积分管理，并分别设定了2018~2020年的积分比例（8%、10%、12%）。要未雨绸缪，提前做好新能源汽车积分管理制度的调查和摸底工作，积极应对未来更严格的国家法规。三是鼓励企业积极参与行业标准制定。目前，我国新能源汽车行业尚未完全统一技术标准和系统化的标准体系。建议推动花都区纯电动车龙头企业积极参与建立统一完善的新能源汽车技术标准、检测标准与认证程序，充分发挥标杆示范和市场引领作用。积极鼓励骨干企业参与充电设施等新能源汽车基础设施的技术标准制定，并在基础设施布局中统筹考虑。

（四）积极构建新能源汽车生态圈，支撑纯电动车市场保持良好的增长态势

新能源汽车是一个完整的生态链体系，亟待政府部门发挥统筹协调组织作用，整合产品、充电、运营、服务等方面的资源，为消费者提供一体化的解决方案。一是要把充电桩、充换电站等配套体系健全起来，建议完善基础设施建设专项规划，对新能源汽车推广应用所需的充电桩、充换电站与市政交通设施建设进行统一设计与布局，并预留充分的空间。二是要把消费者的消费习惯培养起来，积极引导能源公司、车企、房地产、物业、银行等相关方面，切实解决纯电动车的安全隐患忧虑，充电桩、保险服务、残值低等问题，引导消费者的消费习惯和喜好偏向纯电动车领域。三是要把车联网、物联网等智能平台体系搭建起来。结合大数据、云计算、人工智能、量子通信等新一代信息技术，加快推动电子信息产业创新发展和关键核心技术突破。四是不断提高本地新能源汽车建设与服务配套率，大力支持各类新能源汽车产业配套服务行业的快速发展。五是总结、推广纯电动车示范运营的试点经验。花都区纯电动车市场还处于培育初期，建议在总结、提炼纯电动车示范运营经验的基础上，对新能源汽车运营商以及充电设施建设和运营商出台一揽子扶持政策，让纯电动车"有补贴、减税费、享特权"。

（五）积极统筹市场化运作资源，促进新能源汽车企业和市场良性发展

随着国家补贴政策的重大调整，新能源汽车发展已由政策驱动向市场驱动转变。要顺应这一发展趋势，必须按照市场规律推动电动车行业良性发展、长远发展。一是大力扶持龙头企业。花都区自主品牌启辰晨风的原型车聆风已经在世界销售25万辆，安全行驶里程已超过20亿公里，没有发生任何电池安全事故，是目前全球最畅销、保有量最大、安全记录最好的纯电动汽车。但根据东风日产"在花都地区至少推出全新新能源车型1款"（轩逸电动车）的"十三五"规划，与新能源汽车市场预期还存在差距。建议积极推动东风、日产母公司加快实施新能源汽车发展战略，在花都加快布局新能源汽车核心零部件工厂，积极引入电池等核心合作伙伴企业。继续加大对东风启辰等纯电动车的扶持力度，促进其形成批量生产能力，切实降低生产成本。二是加强智力资源统筹。支持企业通过团队引进、核心人才带动引进、项目开发人才引进等方式吸引和招聘海内外高端人才，为新能源汽车产业发展提供智力支撑。三是创新推广应用模式。大力支持和加强在新能源汽车推广应用工作中的商业模式创新，在充电基础设施的建设和运营、动力电池的租赁和回收、新能源汽车的租赁和服务等领域，要积极创造条件引导和鼓励各类社会资本的进入。

参考文献

花都区发展改革局：《2016年花都区1～12月经济运行情况简要说明》，http：//www.huadu.gov.cn/xxgk/tjxx/jjyxqk/201703/t20170316_412475.html。

叶志良：《2017年花都区政府工作报告》，http：//www.huadu.gov.cn/xxgk/ghjh/zfgzbg/qzfgzbg/201703/t20170327_413539.html。

杨再高等：《广州汽车产业发展报告（2016）》，社会科学文献出版社，2016。

杨再高等：《广州汽车产业发展报告（2015）》，社会科学文献出版社，2015。

B.12
从化区汽车产业发展概况及展望

神英龙　陈亚鸥*

摘　要： 本文简要介绍了近几年从化区汽车产业发展概况，重点分析
了从化区汽车产业布局规划情况、汽车产业相关政策，在此
基础上展望了下一步从化汽车产业发展面临的形势、优劣势，
并提出发展思路。

关键词： 从化区　汽车产业　零部件产业　广汽比亚迪

一　从化区汽车产业现状及发展方向

（一）汽车产业发展现状及方向

1.产业现状

（1）汽车及零部件工业稳步增长

近年来，从化区汽车及零部件产业呈现稳步增长态势。2016年、2015
年、2014年从化区汽车、摩托车及零部件产业实现工业产值分别为109.14
亿元、93.2亿元、92.1亿元，分别占全区工业产值的13.39%、12%、
13%。从化明珠工业园2016年、2015年、2014年汽车、摩托车及零部件产
业实现工业产值分别为42.55亿元、30.7亿元、28.1亿元，分别占明珠工
业园工业产值的16.98%、14.3%、14.6%（见表1）。

---

* 神英龙，从化区区委办公室副处长；陈亚鸥，广州市社会科学院副研究员。

表1　2014～2016年从化区汽车制造业产值

单位：亿元，%

指　标	2014 年	2015 年	2016 年
汽车工业产值	92.1	93.2	109.14
占从化区工业产值比重	13	12	13.39
其中明珠工业园	28.1	30.7	42.55

资料来源：从化区科工信局。

（2）零部件企业发展较快

目前，从化区汽车零部件企业有 37 家，2015 年产值达 31.87 亿元，其中规模以上企业 8 家。明珠工业园区零部件企业发展较快，现有零部件企业 10 家，其中规模以上企业 8 家、产值亿元以上企业 4 家、在建企业 4 家。主要零部件制造企业有广州丰力轮胎、世界领先全国最大的焊接设备企业亨龙机电、广州从化科昂诗汽车配件、广州晔昕车辆配件、广州钻石轮胎、广州从化昌林摩托车配件、广州富力达汽车配件、海桥汽车改装有限公司等。这些零部件企业产品质量优良、规模效益明显，在广州同行业占有较高的地位，具备做大做强的支撑条件。零部件产品包括汽车冲压件、汽车轮胎、汽车空气弹簧、汽车空调系统、汽车电器、换热器、钢板弹簧以及摩托车油箱、摩托车拉索、摩托车外胎、摩托车坐垫等。

（3）产业发展载体建设不断完善

明珠工业园是从化区最大的产业发展平台，是广东省汽车及零部件产业集群升级示范区，也是国家汽车及零部件出口基地广州从化基地。目前，汽车及零部件产业基地、摩托车产业基地、鳌头工业基地等的建设日益完备。其中，汽车及零部件产业基地总规划面积 7.84 平方公里，已建成面积约 2200 亩，广汽日野、广汽比亚迪等 10 多个汽车整车和零部件项目已入驻，产业集群化发展优势开始显现。近期拟开发建设 2100 亩，符合土规，用地指标和土地征收完成，2017 年底前将完成"七通一平"基础设施建设工作，剩余 7450 多亩将作为远期开发建设用地。

2. 发展方向

利用我国城市化进程加速推进、汽车需求快速增长的良好机会，以先进汽车制造技术为支撑，实施科技兴业和集约发展战略，完善产业支撑体系，延伸产业链，壮大发展汽车整车制造企业，不断扩大完善零部件生产配套体系，积极培育汽车及零部件研发、销售、汽车服务等上下游市场，形成由龙头企业带动，汽车工业、摩托车工业齐头并进，整车与零部件协调配套、同步发展的现代汽车工业体系，全面提高产业竞争能力和经济社会效益。

（1）重点培育和推动产业集聚

加强明珠汽车及零部件产业基地、明珠摩托车产业基地、鳌头工业基地等汽车产业发展载体建设，制定吸引投资的优惠政策，营造适合汽车零部件发展的管理模式和创业环境，吸引汽车零部件企业落户产业基地，形成主业突出、差别竞争、错位发展的特色优势，不断增强基地的集聚功能和产出功能。吸引更多的零部件企业尤其是关键零部件企业集聚，充实零部件产品种类，扩大零部件配套覆盖面，完善零部件配套体系，形成产业规模，发挥规模经济和产业集聚效益。加快广州丰力轮胎二期项目、广州鑫众散热器、广州维金汽车零部件、广州吉羽塑胶、广州帕卡汽车零部件等项目建设进度。

（2）加强整车与零部件企业的合作，促进零部件产业发展

积极引导主机厂和零部件企业加强沟通联系，促进其结成战略伙伴关系，带动零部件行业的发展，形成良好的产业配套条件。零部件企业要积极介入整车企业的车型开发和产品改造，及时掌握新车型对零部件性能质量的要求，鼓励零部件企业与主机企业同步开发、同步技改、同步发展，适应全球采购、全球供应的需要。鼓励从化区整车企业在同等质量、同等价格下优先采购区内零部件产品，提高本土综合配套率。

（3）大力提高零部件企业的技术层次和水平

努力提高零部件产品开发能力，形成自主知识产权，并逐步参与整车企业同步开发设计。鼓励有条件的零部件重点企业向系统开发、模块化供货的方向发展，引导有条件的中小零部件企业通过与外商合资、合作等形式，提高自己的技术水平，大力发展二、三层次零部件产品。

（4）积极促进零部件出口

设立零部件出口专项资金，鼓励零部件出口，重点扶持信息、培训、物

流、试验检测、共性技术研发等公共服务平台建设，建设出口服务体系，资助企业开拓海外新市场，对零部件出口给予出口信用保险费补贴，对海外参展给予展会费用补贴等。

（二）节能及新能源汽车技术路线和发展思路

1. 加快广汽比亚迪新能源客车项目建设速度

该项目主要发展新能源汽车及相关技术，开发及生产纯电动客车、混合动力客车及相关关键零部件产品，将在园区建成广汽比亚迪新能源客车总部、出口基地和研发中心。要加快该项目建设，弥补广州新能源客车产业空白，打造广汽从化商用车制造基地。该项目计划总投资30亿元，分两期实施，一期生产规模为年产新能源客车5000辆（含纯电动客车3000辆），已于2014年6月底奠基，并于2015年10月投产。要加大二期项目建设力度，发挥龙头企业带动作用，吸引相关零部件配套企业入驻，推动园区汽车产业集聚化发展。

2. 大力支持技术研发项目建设

设立汽车工业发展专项资金，重点用于支持建设共用技术服务平台，关键技术以及新能源汽车研发中心、测试中心；推动产学研联合，借助高等院校和科研院所力量，开展行业共性技术研发，加快汽车新技术产业化。重点建设广汽比亚迪新能源客车研发中心，该项目致力于新能源汽车及相关技术的研发，开发纯电动客车、混合动力客车、传统商务中巴及关键零部件产品。要依托国家和省市新能源汽车政策，加快促进节能、环保和新能源客车的研发与生产，争取将园区打造成国家级和省级技术中心，抢占产业发展制高点。

（三）汽车后市场、汽车文化和服务业发展现状

中国汽车后市场理事长单位在从化，共有9家汽车后市场、汽车文化企业，2015年从化区汽车后市场产值达6.98亿元，汽车后市场、文化与服务方面有专门从事汽车美容、护理、汽车配件等的企业，如保赐利化工、赫励

狮森汽车用品有限公司、广州欧亚气雾剂与日化用品制造有限公司、金晖电子等集出口、内销、汽车连锁美容保养于一体的汽车后市场企业，且部分企业在境外设立了营销网络，后市场汽车产品远销海外。未来园区将加大投入力度，打造完整产业链，并将产业链延伸至汽车研发中心、汽车超市、物流配送中心、汽车美容等领域。

二 从化区汽车产业规划布局概况

（一）汽车产业规划方案和空间布局

从化区的汽车及零部件产业基地以打造广州北部（从化）汽车产业高新化、规模化、集群化发展的核心区域为目标，以广汽日野和广汽比亚迪整车项目为龙头，以汽车及其零部件产业集群发展为主导，重点发展商用汽车和新能源汽车制造业，着力打造华南地区最大的商用汽车制造基地，争取成为广州汽车板块中的重要一极。"十三五"期间，力争把园区汽车及零部件产业基地建设成为聚集汽车及相关产业为主的，包括制造业和服务业，涵盖整个汽车产业链体系各个环节的现代化产业带。

汽车及零部件产业基地规划控制面积7.84平方公里，近期将开发建设1.4平方公里，前期重点建设核心区，充分发挥广汽日野和广汽比亚迪两大整车企业龙头辐射带动作用，积极整合周边零部件产业资源，大力发展二、三层次零部件产品，重点打造整车带动零部件企业协调发展的产业组团。整车及汽车零部件项目预留发展用地要积极引入整车项目，尤其是特种车项目，加快发展专用、改装车整车生产，通过内引外联加大发展力度，建设高水平的专用车生产体系。其他片区可以引进汽车产业链的上游和下游环节，打造商用车产业完整产业链。

（二）节能及新能源汽车产业规划区域及发展方案

从化区汽车零部件基地大力发展节能及新能源汽车，以商用车为发展重点。以广汽比亚迪为龙头，生产纯电动客车，目前比亚迪生产规模达5000辆，达产后产值达200亿元，可吸引上下游产业链企业集聚发展。目前，从化区汽车零部件基地重点推动节能及新能源汽车的发展，节能及新能源汽车零部件产业规划区域及发展方案正处在规划编制和上报阶段。

（三）汽车后市场、服务业规划区域及发展方案

从化区正推进规划中国汽车后市场（广州）科技产业园区的建设，规划总占地3000亩，产业园规划为生产加工区、流通服务区、研发检测中心、中央商务区、生活服务区五大区，总建筑面积260万平方米、容积率1.3、绿化率25%，可容纳500余家企业、公司入驻园区。项目启动区规划占地约60亩，建筑面积约8万平方米，分为研发检测试验区、批量生产加工区、商务行政办公区、生活综合服务区四大块，各项设施配套齐全，环境优美。建成后的产业园将是一座现代化、多功能、宽领域、高科技、高品质的汽车后市场产业基地，它的建成将改变广州及从化地区只有整车配套生产基地、没有汽车后市场产业基地的现状，它将确立或巩固广州及从化汽车后市场产业在全国的龙头地位。

（四）"十三五"时期汽车产业发展的用地规划指标

广州市工信委委托中国汽车零部件工业公司制定了《广州市汽车零部件产业基地规划（2016～2020）》。根据《规划》，从化园区选址在从化明珠工业园汽车产业片区的东北两侧，紧邻广汽比亚迪厂区，规划总面积5.03平方公里，发展汽车及零部件产业，重点发展商用车、新能源汽车及零部件产业。

三 从化区汽车产业发展政策

（一）支持汽车零部件产业发展的主要政策

从化区将汽车及零部件作为重点支柱产业来规划发展，出台了一系列鼓

励汽车及零部件产业发展的优惠政策和奖励政策，如《从化市促进重点产业发展优惠措施的通知》《关于进一步加强投资项目科学管理的暂行办法》等，在城市基础设施配套费、财政补助等方面给予汽车及零部件产业优惠，主动解决企业在发展中遇到的困难和问题，积极营造和优化工业发展的软、硬环境，政府政策大力扶持使得汽车及零部件产业发展有了坚实的后盾。

（二）发展汽车后市场及相关产业的扶持政策

从化区的主要汽车后市场企业集出口、内销、汽车连锁美容保养、汽车配件、模具于一体，部分企业还积极参与国家"一带一路"战略，拓展海外市场，在海外建立了营销公司和网络，省、市都有相应的扶持优惠政策。如开拓国际市场资金、"走出去"专项扶持资金、服务贸易资金等，优惠扶持政策资金涉及面较广。

四 从化区汽车产业下一步发展分析

（一）发展汽车产业所具备的主要资源和优势

1. 区位和交通优势不断凸显

从化是广州北部的中心区，明珠工业园汽车及零部件产业基地是广州汽车工业的重要组团之一，作为广州北部汽车板块，处于广州汽车产业布局的重要位置。增城广本乘用车，花都、南沙、广州乘用及新能源汽车产业达2000多亿元，而从化刚好在上述多间汽车企业布局的中心，相距40~60公里不等，地理位置非常优越，对从化区汽车及零部件产业集聚发展具有重要意义。

同时，明珠工业园位于从化区中心城区西北部4公里，紧邻106国道，距105国道4公里，大广高速、京珠高速在园区均有出入口，距街北高速公路出入口约6公里。通过以上交通干道至广州市中心城区只需35分钟车程，至白云国际机场只需30分钟车程，至广州各大车站、港口只需50分钟车程，2 小时内可到达深圳、珠海等珠三角大中型城市及香港、澳门等地区，向北可直接通往华中、华东地区。此外，广州地铁 14 号线首期由嘉禾望岗至街口，目前正在建设中，二期由广州火车站至嘉禾望岗，远期规划由街口至良口，公共交通配套设施不断完善。园区的区位和交通优势可促进园区与周边城市进行交流与合作，承接发达城市经济辐射和汽车零部件项目转移，有利于引进各种资源、信息和人才，为汽车产业发展创造良好的环境。

2. 龙头企业入驻带来发展契机

广汽比亚迪新能源客车、全国最大的焊接设备亨龙机电、生产精密模具的启泰模具、生产冲压件的大津电器等均已入驻园区，这些项目主要发展新能源汽车及相关技术，开发及生产纯电动客车、混合动力客车及相关关键零部件产品，计划总投资 30 亿元，分两期实施，一期生产规模为年产新能源客车 5000 辆（含纯电动客车 3000 辆），二期生产规模为年产轻型商务客车（含纯电动）3.5 万辆，一期项目于 2014 年 6 月底奠基，并于 2015 年 10 月投产。随着广汽比亚迪落户明珠工业园基地，一些相关零部件供应商将来园区建厂，且为本地零部件企业带来更多业务承接机会。广汽比亚迪项目预计可实现年产值 129 亿元，龙头企业入驻将带动上下游产业的发展，提升园区零配件供应商的适应能力和质量水平，推动汽车产业集聚发展。

（二）推动汽车产业基地升级发展的新思路和要求

园区汽车及零部件产业将按照高新化、规模化、集群化的原则，重点发展商用汽车制造业，不断提高汽车产业集聚效益和产业化发展水平，初步形成汽车整车与零部件产业协调发展、布局合理、结构优化、具有较强竞争力的汽车产业新格局，打造华南地区最大的商用汽车制造基地，把商用汽车制造业发展成为推动从化经济发展的引擎。

1. 坚持政府引导与市场导向相结合

坚持市场化的产业发展方向，充分发挥市场在汽车及零部件产业基地建设中的基础性作用。切实转变政府职能，强化政府在产业规划与引导、政策调节、公共服务等方面的作用，完善产业基地建设的促进体系。

2. 坚持区域带动与错位发展相结合

明珠工业园作为广州北部汽车工业板块，要充分利用从化的优势，大力培育汽车及零部件产业发展，提升区域整体竞争力，要与广州其他三大日系乘用车板块错位发展，重点发展商用车及零部件产业，打造华南地区最大的商用汽车制造基地。

3. 坚持培育产业与加强配套相结合

以整车为龙头，培育并带动动力电池、电机汽车冲压件、汽车空调系统、汽车电器、换热器、汽车弹簧、汽车橡胶制品、内饰件、灯具、轮毂等产业链加快发展，形成完备的产业配套体系，加快形成产业集群优势明显、集聚资源能力明显提高的新态势。

4. 坚持自主创新与开放合作相结合

加强创新发展，把技术创新作为推动产业发展的主要驱动力，加快形成具有自主知识产权的技术、标准和品牌。加快培育和发展新能源客车产业，重点推进纯电动汽车、插电式混合动力汽车产业化。大力推广普及节能商用汽车，提升商用车产业整体技术水平。充分利用国际国内创新资源，深层次开展科技合作与交流，探索合作新模式。

（三）下一步汽车产业发展所面临的主要挑战

1. 汽车行业市场波动较大

近年来汽车产业市场波动较大，2009年和2010年中国汽车产量同比增长均超过30%，2011年和2012年同比增幅则分别为0.8%和4.6%。此外，受2013年宏观调控影响，建筑项目工程降低对商用车需求，商用车市场需求增速放缓。整个汽车市场供给和需求变动较大，这给汽车及零部件产业发展带来很大的不确定性和风险。

2. 区域竞争日益激烈

为了争夺汽车及零部件产业发展先机，各园区加大招商引资力度，积极引进汽车整车及零部件企业，区域竞争日益激烈。与珠三角周边园区相比，从化明珠工业园汽车及零部件企业规模不大，专业化程度不高，汽车产业整体研发能力较弱，产业集聚水平较低。总体来说，园区产业发展基础较为薄弱，产业整体竞争力有待提升。

3. 园区公共服务能力有待提高

园区公共配套设施不完善，道路存在断头路问题，路网建设、公共交通、供水供电、污水处理等方面还需要进一步完善。园区娱乐设施、商业中心、购物超市、电影院、宾馆、饭店等也需进一步完善，教育资源、居住和生活配套设施亟待加强。

4. 土地、人才和资金等因素制约园区发展

园区虽然规划面积较大，但用地指标有待追加。园区汽车及零部件企业中，从事研发工作的高级技术人员、专业的科学管理人才比较缺乏，还受环保、资金投入等生产要素的制约。

参考文献

从化区统计局：《从化区 2016 年 12 月份主要经济指标》，http：//www.conghua.gov.cn/zgch/tjsj/201703/42145dc02a38469e8a838815f5d17689/files/2bbc459361a14417bfcd06f0b498e271.pdf。

蔡澍：《2017 年从化区政府工作报告》，http：//www.conghua.gov.cn/zgch/gzbg/201703/d7a4b06421314e58b06fe2a7a0b197b6.shtml。

杨再高等：《广州汽车产业发展报告（2016）》，社会科学文献出版社，2016。

B.13
2016年增城区汽车产业
发展概况及趋势

钟晓莺*

摘　要：　本文简要分析了2016年增城区汽车产业发展概况、面临问题
与不足，总结了增城区发展汽车产业的经验做法，结合国内
外汽车产业发展形势对增城区新能源汽车产业下一步发展进
行了展望，最后提出了有针对性的对策建议。

关键词：　增城区　汽车产业　北汽乘用车

汽车及零部件产业是增城区重要的支柱产业，2016年行业总产值（含
广本）约占全区规上产值的1/3，已发展为先进制造业的主导力量。增城区
是广州汽车产业东部板块的重要组成部分，也是全国少有的拥有完备汽车生
产体系的地区。未来几年，力争把汽车产业打造成千亿级支柱产业。

一　增城区汽车产业总体概况

（一）产业集群规模较大

全区共有3家整车生产企业，零部件生产企业125家，同时配套有汽车
租赁、研发中心、物流配送、汽车展示平台、汽车销售、专业市场等相关上

---

　* 钟晓莺，广州市增城区科技工业和信息化局主任科员。

下游企业，整个产业链涵盖 140 多家企业，形成完整的汽车产业链集群。目前，汽车整车合计年产能 51 万辆，"十三五"期间，整车生产能力规划将达到 102 万辆。广汽本田汽车销售公司、广汽本田汽车研究开发公司、中国汽车技术研究中心华南总部基地项目落户带动汽车产业链条从生产向销售、服务延伸，逐步实现价值链条增值。

（二）工业产值规模贡献大

在广汽本田增城工厂和北汽等龙头企业带动下，汽车及零部件产业主引擎作用更加凸显。2016 年整车产量为 41.49 万辆，占广州市整车产量（262.88 万辆）的 15.78%。规模以上汽车零部件企业 60 家，占规模以上企业总量的 6.53%。2016 年规模以上产值 734.64 亿元（含广本），同比增长 15.96%，占全区规模以上产值（含广本 2005 亿元）的 36.6%，占广州汽车制造业产值（4346.27 亿元）的 16.9%。

（三）各类车型齐全多样

增城区现有车企具备轿车、SUV、MPV、新能源车、特种车等车型生产（改装）资质，涵盖中高端级别市场。主要车型和品牌有本田轿车雅阁、冠道、歌诗图、凌派、飞度，本田 MPV 奥德赛，本田高端车型讴歌，本田混合动力车，广本自主品牌理念，北汽绅宝轿车和 SUV，北汽威旺 SUV，北汽新能源车，捷厉中警羊城特种车等。

（四）产业链体系逐步完善

增城区现有汽车零部件企业中，世界 500 强投资的零部件企业 9 家。骨干零部件企业包括福耀玻璃、中新塑料、海德拉索、立中锦山、驭风旭、新豪精密等，全区一级配套企业 6 家、二级配套企业 27 家、三级配套企业 11 家，主要配套汽车的发动机系统、车身系统（座椅、空调、玻璃、白车身、内外塑料饰件、轮毂等），并有一部分底盘配套（刹车控制、平衡轴、弹簧等）和电气配套（仪表、喷射系统、防盗报警系统、灯具等），配套对象遍及国内各大内外资整车企业。

（五）产业集聚发展态势良好

增城区按照"一区多园"发展模式，紧紧围绕国家级经济技术开发区，推动产业在空间上集聚，构建广州国际汽车零部件产业基地增城园区、广本研发创意产业园、广州东部（增城）汽车产业基地、新能源汽车电池华南生产基地四大集聚园区，其中广州东部（增城）汽车产业基地为汽车产业集群发展提供重要载体。广州国际汽车零部件产业基地增城园区是广州汽车零部件基地的先行区。

二 增城区汽车产业发展特点

（一）零部件高端化发展趋势明显

增城区加大招商引资力度，重点瞄准动力总成、变速箱、电子控制系统、金属及非金属部件、轻量化部件等高端零部件，通过汽车零部件项目引进，逐步向高端化方向发展，零部件生产企业产品从原来的车身及附件、电子零件、合金钢、汽车玻璃、汽车用品等，逐步拓展到发动机、刹车控制系统、底盘等高端零部件领域。近年来，分别引进广本发动机、日立汽车系统、华冠精冲等高端零部件生产企业。广本发动机项目落户增城区，进一步拉近配套半径，"地球梦"发动机生产线产能24万台。日立汽车系统有限公司主要研发生产汽车和新能源汽车配套的汽车发动机控制系统、行驶控制系统等核心零部件产品。华冠精冲是生产高精密冲压件的高端零部件生产企业。通过项目引进，核心高端零部件配套能力进一步增强。目前，广州国际汽车零部件产业基地增城园区将规划建设汽车核心零部件制造基地，有利于引进汽车高端核心零部件项目，形成集聚效应。

（二）设备自动化、智能化发展趋势明显

近几年引进的先进制造业汽车零部件项目逐步投产，带动产业自动化和智能化发展。智能制造快速推广，机器换人加快发展，2016年全区汽车零部件技术改造备案项目20个，主要涉及机器人应用、生产线自动化改造。智能制造、工业机器人和系统集成广泛应用于汽车及其零部件生产企业，自动化程度进一步提高，广汽本田增城工厂、北汽、广州电装等龙头企业大规模应用工业机器人实现自动化生产。数字技术和汽车加快融合，北汽、福耀成为两化融合贯标试点企业，积极推动电子商务、生产设计和经营管理等方面启动信息化应用。部分企业逐步进入"互联网＋"发展模式，雄兵汽车是增城区第一家汽车车联网生产企业，通过研究基于北斗兼容系统的智能车载信息终端、全球卫星定位系统（GPS）、无线通信传输技术、语音云平台技术等车联网相关核心技术，搭建车联网创新平台，对推动车联网及智慧交通事业发展具有重要的作用。雄兵发挥带动示范作用，推动更多企业进入智能汽车产业领域，围绕智能网联汽车新兴领域，孵化新兴技术。

（三）企业逐步重视研发创新

近年来，增城区汽车零部件企业与整车厂配套过程中，自主研发能力有所增强，零部件企业逐渐重视研发投入和技术进步。2016年，全区有汽车零部件高新技术企业16家、2家省级企业技术中心汽车类企业、5家广州市级企业技术中心汽车类企业、广州市和广东省级汽车零部件企业工程技术研究中心6家、广州市级研发机构汽车零部件企业4家。

（四）服务体系带动中间增值产业

近年来，增城区围绕传统汽车、新能源汽车、智能网联企业等新兴领域，引进建立各类研发监测服务机构，拓展产业链高增值环节。广汽本田汽车研究开发有限公司是第一家由合资公司自主投资建设的、以独立法人模式

运作的汽车技术研发公司，拥有汽车产品研究开发设施，建有功能齐全的试车跑道，已完成广本理念 S1、S2、雅阁混合动力等轿车的研发。2016 年，引进中国汽车技术研究中心华南总部基地项目，将在增城开发区建立以汽车及新能源汽车检验检测为核心的区域性总部，增强汽车产业及其上下游全产业链技术服务能力，包括汽车检测认证、技术咨询、汽车产业大数据、汽车及新能源汽车关键技术研发及产业化等功能平台，推动汽车及其骨干产业在增城集聚，该项目落户将有力地提高汽车零部件企业的研发创新能力。

（五）新能源汽车产业示范应用逐步普及

新能源汽车产业逐步应用推广，已建立广东省新能源汽车示范运用区，集聚美国赫兹、中国普天、德国 TUV、京兰汽车等知名企业和创新企业，打造全国首个由纯电动公共汽车负责园区通勤的国家级开发区，成为目前中国新能源汽车技术创新和商业模式创新基地。2015 年，北汽（广州）公司获得新能源汽车生产资质，奠定了增城区发展新能源汽车的基础，北汽新能源汽车于 2016 年实现整车投产并上市销售，为广州汽车板块增添一支新的生力军。广汽本田旗下的雅阁混合动力产品，有非常高的燃油经济性，在新能源汽车市场具有非常强的竞争力。

三　增城区促进产业发展的主要做法

（一）完善产业发展环境

产业方面，出台《增城区国民经济和社会发展第十三个五年规划纲要》《交通装备"十三五"发展规划》和《先进制造业"十三五"发展规划》等规划文件，确定从扩大广本和北汽整车规模、推动汽车关键零部件产业集群发展、加快推动新能源汽车示范推广应用和产业化、完善汽车全产业链四个层面做强汽车和新能源汽车。空间布局方面，制定了《增城市城市总体规划（2008～2020）》《增城区经济技术开发区总体发展战略》《广州东部

（增城）汽车产业基地控制性详细规划》，从南中北三大主体功能区发展规划到实施开发区带动战略，构建一区多园发展模式，进一步明确汽车及零部件产业空间布局规划。

（二）组建专业招商团队

抽调专业人员组建以汽车产业链为主的专业招商团队，负责以汽车零部件项目和以汽车商贸、物流、展览及汽车为主题的项目招商和投资促进工作，2016年，组织汽车零部件企业参加上海国际汽车零配件、维修检测诊断设备及服务用品展览会，为推介广州（增城）高端汽车零部件产业园开展招商引资工作。重点瞄准世界500强、国内外汽车零部件百强企业，为投资者提供汽车产业投资咨询及相关协调服务等，为发展汽车及零部件产业营造良好的营商环境。

（三）着力推动汽车产业链项目招商

瞄准国内外具有核心技术的有市场前景的汽车零部件企业，注重关键零部件项目招商；把重心放在发展技术含量高、附加值大、比较优势突出的产品上，推动整车企业与零部件企业加强合作，通过以商招商引进关键零部件项目；围绕汽车研发和贸易抓招商、做服务，充分挖掘汽车产业链价值，加快引进汽车生产服务类、汽车研发设计类项目，延长和丰富增城区汽车产业价值链。

（四）抢占新能源汽车产业集群制高点

瞄准新能源汽车产业链，把握当前新能源汽车产业蓬勃发展的契机，以北汽新能源汽车、广本混合动力车为招商平台，跟踪瞄准未来新能源汽车发展的技术方向，在新能源汽车产业链各环节领军企业快速扩张之际，围绕新能源汽车生产制造、新能源汽车运营以及充电网络三大环节，大力开展新能源汽车产业链招商，构建增城新能源汽车的产业生态，打造新能源汽车产业链集聚发展区。

（五）积极推动科技创新环境

出台"1＋4"科技创新系列政策（以《增城区加快实施创新驱动发展战略的若干意见》为纲，包括《增城区科技创新资金管理办法》《增城区孵化器及众创空间管理办法》《增城区促进科技与金融结合发展管理办法》和《增城区知识产权专利发展资金管理办法》4个子文件），明确对为本区科技创新和高新技术产业发展做出贡献的科技成果、活动和项目给予支持奖励，进一步优化创新创业环境，促进全区科技创新驱动发展。科技创新政策的出台有利于加快推动汽车及其零部件企业创新能力提升。

（六）扶持重点企业发展壮大

扶持现有汽车企业增资扩产，实现产能提升。推动广州电装、提爱思、华德弹簧项目实施易地搬迁，广州电装已于2014年投产，提爱思、华德弹簧搬迁项目已顺利投产。积极满足用地需求，积极推动福耀玻璃、众富机电、中警羊城、三泰汽车内饰材料等汽车零部件重点企业实施增资扩产。

四　存在问题

（一）零部件配套能力有待加强

汽车零部件本地配套率较低，企业种类少，配套覆盖面小，为整车配套服务的一级配套企业不多，为一级企业配套服务的二、三级配套体系不完善，没有形成完整的配套体系。产品技术含量不高，多数属于汽车关键零部件产品中技术层次较低的第二、第三类产品。

（二）技术研发水平有待提高

增城区汽车产业骨干企业主要是合资企业，核心技术主要依赖外方企业，缺乏自主品牌和知识产权。零部件企业研发投入相对不足，研发能力较弱，专业汽车研发配套缺失，缺乏公共技术服务平台。

五 增城区汽车产业下一步发展思路

（一）大力扶持汽车整车制造

扩大汽车生产规模，扶持两大整车企业发展，发挥广本增城工厂龙头带动作用，支持广本加快开发中高级运动型多用途汽车（SUV）、多用途汽车（MPV），引进讴歌高端品牌，形成系列产品。优先支持广本扩大产能，跟踪落实广汽本田增城第三工厂、第四工厂产能扩建规划。加快北汽产能30万辆乘用车华南生产基地建设进度，同时配合和引进汽车零部件企业，促成项目早日实现投产达产。

（二）创新产业招商引资工作

一是启动海外招商、上门招商、会展招商、渠道招商和信息招商，探索中介机构招商、互联网招商，把握汽车及零部件产业发展趋势，坚持引资、引技与引智相结合，围绕产业链、新业态、新服务、新模式，引进高成长性优质汽车零部件项目。二是利用中国广州国际投资年会、达沃斯论坛、广州国际汽车零部件及售后市场展览会、上海国际汽车零部件展览会等平台，积极引导汽车关键零部件、新能源汽车、智能网联汽车等龙头企业在增城落户。三是做好引技引智工作，吸引国内外汽车科研单位与本地企业共建研发中心，提升本地科研创新能力。四是加快规划建设广州国际汽车零部件产业基地增城园区，大力引进汽车核心零部件项目，打造招商引资平台。

（三）加快新能源汽车产业发展

促进新能源汽车示范推广，积极推动广汽本田增城工厂、北汽（广州）汽车有限公司研发生产新能源汽车车型，建设开放性新能源汽车应用示范平台。引进以研发设计、系统集成、动力电池等为主的新能源汽车产业，形成新能源汽车产业链。以中国汽车技术研究中心华南总部基地为龙头，组建汽车及新能源汽车研发检测平台。扶持两大整车生产企业，构建以新能源汽车检测认证、充电设施与运营服务、新能源汽车租赁平台为核心的公共服务体系。

（四）提升产业技术创新能力

一是鼓励汽车零部件企业开展工业设计相关基础研究，鼓励企业与国内外高等学校、科研院所和企业之间进行科技研发和创新创业合作，组织科技产业对接活动，推动新技术和产品产业化。二是发挥行业骨干企业主导作用，鼓励企业设立研发中心、技术中心、工程试验室等创新平台，推动企业申报国家、省级和市级高新技术企业和企业技术中心。三是依托广汽本田研发基地和中国汽车技术研发中心华南总部基地，围绕发动机、变速箱、动力电池等核心技术，建立区域公共技术服务平台。

（五）推进产业"两化"融合发展

一是推进制造过程智能化，推进汽车企业智能车间（智能工厂）建设，加快智能制造、智慧物流系统等技术和装备在生产过程中的应用，实现柔性制造。二是深化"互联网＋"融合应用，顺应汽车数字化、智能化发展趋势，加快推进移动互联网、云计算、大数据等与汽车产业相结合，加速推进智能网联汽车、汽车大数据平台等应用，在汽车行业率先开展物联网技术和产业化应用。

参考文献

广州市增城区发展改革和金融工作局：《增城区 2016 年全年统计数据》，http：//fgj. zengcheng. gov. cn/publicfiles/business/htmlfiles/fgj/tjsj2/201701/312145. html。

陈勇：《2017 年增城区政府工作报告》，http：//www. gz. gov. cn/gzgov/s2822/201701/c8e5fa51e4ef4b0b8f4b2872feff81a9. shtml。

杨再高等：《广州汽车产业发展报告（2016）》，社会科学文献出版社，2016。

B.14
花都区汽车产业集群发展概况及策略分析

邹仁才*

摘　要： 广州市整车及零部件产业是珠三角汽车产业的核心部分，近年来，花都汽车产业基地园区企业与广州市乃至珠三角的主要整车及零部件企业配套关系逐步加强，关联性企业的市场视野随之延伸到珠三角。2016年，广州市提出将建立"一地五园"的广州国际零部件产业基地，借此推动汽车产业链延伸，花都园区是其重要组成部分之一。因此，立足广州和珠三角汽车产业发展背景，研究花都零部件产业具有重要意义。

关键词： 花都　零部件　产业链分析

　　花都汽车产业基地是广州北部地区经济的引擎，是以东风日产整车为核心迅速带动而蓬勃发展起来的产业集群，汽车产业链中的整车厂与配套零配件厂具有较强的关联性。近年来，以整车厂带动零部件产业链迅速形成的发展模式，构建了稳健的先进制造业发展体系，工业总产值和地区经济贡献逐年稳步提升，整车厂东风日产在2015年实现产销量突破百万大关的基础上，2016年再次实现新的突破，合资品牌东风日产、自主品牌东风启辰、东风南方、新能源汽车整车及关键部件等领域迅速发展，取得了令人瞩目的成就。

---

* 邹仁才，广州花都汽车城发展有限公司办事员。

一 花都汽车产业基地2016年发展概况

（一）工业总产值保持较快增长速度

2016年，花都区规模以上工业企业累计完成工业总产值2370亿元，同比增长8.0%，汽车产业基地累计完成工业总产值1496.77亿元，同比增长11.9%，占全区工业总产值63.15%，超额完成全年目标的3.36%，其中东风日产累计完成工业总产值1218.49亿元，同比增长12.9%，汽车产业基地配套企业累计完成工业总产值278.28亿元，同比增长约7.9%。

（二）税收同比降幅逐步收窄

实现税收124.55亿元，其中，东风日产实现税收105.92亿元，占园区税收贡献的85%。

（三）固定资产投资趋缓

累计完成固定资产投资（建设改造）14.52亿元，同比下降9.9%，其中东风日产累计完成固定资产投资（建设改造）2.33亿元，配套企业累计完成固定资产投资（建设改造）12.19亿元，同比增长62.8%。

（四）龙头企业东风日产稳定增长

东风日产乘用车累计完成工业总产值1218.49亿元，同比增长12.9%，占园区工业总产值的81.41%，完成2016年度任务目标（1168亿元）的104.32%。东风日产从3月开始每月产销有明显提升，12月单月创13万辆的佳绩，并于12月26日迎来了第800万辆整车下线，提前完成了年产销量目标。2016年，东风日产整车累计完成产量113.95万辆、销量114.4万辆，同比均增长11%以上，超额完成年度目标任务（103万辆）10%以上。

2016 年，花都工厂累计完成产量 570629 辆，同比微增长 1.16%，占产量的总份额由上年同期的 55.30% 下降至 50.08%，下降 5.22 个百分点（见表 1）。主产四大系列车型，其中轩逸累计产量 367730 辆，同比增长 11.93%，占总份额的 32.27%，产量居各款车型首位；新蓝鸟自上年 10 月复产后，产销情况较好，产量份额达 6.92%（见表 2）。骐达、骊威等系列车型产量同比出现较大下降，同比分别下降 21.68% 和 66.01%。

表 1   2016 年东风日产四大工厂产量统计

单位：辆，%

各工厂产量	产量累计	同比	份额占比	2015 年产量	份额占比	占比
花都工厂	570629	1.16	50.08	564110	55.30	-5.22
郑州工厂	271768	34.88	23.85	201493	19.75	4.10
大连工厂	163888	67.01	14.38	98129	9.62	4.76
襄阳工厂	133197	-14.84	11.69	156408	15.33	-3.64
合　计	1139482	13.06	100.00	1020140	100.00	

资料来源：花都汽车城。

表 2   2016 年花都工厂主要车型生产情况

单位：辆，%

车型	当月产量	占当月总产量	累计产量	占当年总产量	占总产量次序
轩逸系列	43905	34.15	367730	32.27	1
蓝鸟系列	8814	6.86	78862	6.92	5
阳光系列	5870	4.57	74377	6.53	
骐达系列	7571	5.89	40514	3.56	
骊威系列	1060	0.82	8167	0.72	
小　计	67220	52.29	569650	50.00	

资料来源：花都汽车城 2016 年度统计数据。

（五）规上配套工业企业

2016 年，花都汽车产业基地规上配套工业企业（不含整车厂）累计完成工业总产值 278.27 亿元，同比增长 7.9%，占园区工业总产值的

18.59%，完成 2016 年任务目标（264.25 亿元）的 105.31%。规上零部件企业累计完成工业总产值 257.02 亿元，同比增长 9.1%，占规上工业企业（不含整车厂）产值总数的 92.36%。

二 规模以上零部件企业概况

（一）规模分布

受益于东风日产 10 年来的快速发展，花都区零部件产业经历了一个高速发展时期，基地目前已有日产 33 个一级配套供应商进驻。在 74 家规模以上零部件企业中：工业总产值在 10 亿元以上的企业有 4 家，分别是康奈可科技、优尼冲压、河西、红忠，累计实现工业超过 92 亿元，占规模以上配套工业总产值的 37.20%；工业总产值在 5 亿元～10 亿元的企业有 10 家，工业总产值超过 75 亿元，占规模以上配套工业总产值的 30.01%；工业总产值在 1 亿元～5 亿元的企业有 30 家，实现工业总产值 67.47 亿元，占规模以上配套工业总产值的 27.16%；1 亿元以下企业有 30 家，工业总产值 13.99 亿元，占规模以上配套工业总产值的 5.63%。可见，园区配套企业工业总产值比较集中，14 家企业完成的产值占规模以上配套工业总产值的 67.21%。

（二）产品结构分布

目前，汽车产业基地已形成较为完备的汽车零部件配套体系和产业集群，囊括了汽车四大总成：发动机、底盘（变速器、驱动桥面）、车身和电气等设备，基本涵盖了关键零部件的研发和生产。

第一，发动机方面，拥有东风日产发动机工厂、康奈可、阿尔发、日立优喜雅、佛吉亚、六和桐生、马勒等知名企业，产品涵盖发动机总成、控制系统、机体、进排气系统、点火系统、冷却系统等。

第二，底盘方面，拥有六和桐生、优尼冲压、优尼精密、川坂、大钧离合器、耐路志、日立优喜雅、盛旭、巴兹汽车系统、广州诺安制动配件有限公司等，产品涵盖制动盘、制动鼓、刹车片、离合器、减震器、变速器、控制器、转向系统、制动系统等关键部件。

第三，车身件配套部分，拥有优尼冲压、鬼怒川、日兴、法雷奥耐路志、海天、华思特、东洋佳嘉、泰极、泰极爱思、富士机工、泰李、延锋江森等一批优秀企业，区内还有东风江森、马瑞利等优秀企业，为东风日产、大众、广汽及其他整车企业提供车身冲压、内外饰件、座椅、调角器、座椅滑槽总成、扶手总成、头枕支杆、密封件、塑胶泥槽、边窗防水橡皮胶、中柱、后悬梁总成、树脂保险杠等。

第四，车用电子元件配件领域，拥有阿尔法、力知茂、耐路志电机、日立优喜雅、日信电器、佛达信号等一批知名配套企业，还有今仙电机、马瑞利等企业，产品涉及汽车电子装置的发动机控制系统、车身电子控制系统、电动助力转向系统、新型机电元件、光电开关、磁电机、起动电机感应器、控制器、车用电子、电线束、电磁阀、汽车音响、继电器、火线圈、高压包、电磁线、汽车空调器等关键部件。

此外，汽车产业基地内还有铸造件、锻造件、塑料件、橡胶件、机加工件等工艺横向件生产加工企业以及检具、模具、夹具、非标设配等工装设备以及皮革、摩擦材料、隔音材料、绝缘材料、钢材等原材料生产加工企业，拥有全产业链的配套和生产加工能力。

（三）市场开拓情况

花都汽车产业基地80%的企业主要配套东风日产，具有很强的依赖性。日系配套企业保持整车企业相对固定的订单供应，其抗风险能力单一的问题长期存在。东风日产近几年新上市的车型多属郑州、襄阳工厂出厂，花都工厂鲜有新车型推出。受东风日产花都工厂产量减少的影响，汽车产业基地内的零部件配套企业订单量有所下降。针对产能不饱和问题，部分企业在稳定东风日产的同时瞄准日产以外的整车厂和海外订单，加强与周边地区整车厂和部分一二级供应商的配套关系，以降低对东风日产的依赖度，增强抵御经营风险的能力。近年来，产值同比增长的企业得益于客户结构多元化，主要与大众、本田、五菱等合作。零部件企业"走出去"步伐显著加快，如红忠与长安、本田、丰田达成供货协议，三池增加雪铁龙项目，日立汽车部件与本田、福特达成供货协议，天纳克等部分零部件企业加强与广汽、大众、本田、丰田等的配套关系。为进一步掌握园区主要零部件企业市场开拓情况，笔者对汽车产业基地内47家重点企业进行了专项调研。

（四）客户分布情况

47家调查企业中，东风日产订单占比在80%～100%的企业有7家，工业总产值合计57.27亿元；东风日产订单占比在50%～80%的企业有16家，工业总产值合计64.15亿元；东风日产订单占比在20%～50%的企业有11家，工业总产值合计31.2亿元；东风日产订单占比在5%～20%的企业有3家，工业总产值合计2.78亿元；东风日产订单占比在5%以下的企业有10家，工业总产值合计8.23亿元。

数据显示，优尼冲压、康奈可科技、泰李、佛吉亚、众科、南条、东洋佳嘉7家企业东风日产订单的比重超80%。其中，优尼冲压部分订单转移到优尼总公司在郑州的子公司，近两年来工业总产值等经济指标皆呈下降趋势；康奈可科技产值税收随着东风日产整车情况而变化，2016年，前三季度经济数据呈上升趋势。

另外，园区零部件企业的客户趋向多元化，抗风险能力有望逐步增强，但短时间内难以改变对东风日产单相依靠的局面。大部分企业针对东风日产订单减少趋势，开始积极开发新客户，甚至拓宽海外市场，如佛吉亚目前东风日产订单份额达到90%，目前正增加与日产、大众周边的业务订单，新增菲亚特、雪铁龙订单项目，未来有望进一步增加对新项目、新产线的布局投入；天纳克目前东风日产订单份额为35%，除了日产外还有北汽、广汽、神龙、大众等，其产值增长速度在园区企业中保持引领状态，当前正积极开发欧美等海外客户，出口占比有望进一步上升，受国内环境影响相对较少。

（五）出口情况

目前，园区大部分企业主要配套东风日产整车厂，出口业务相对较少，少部分企业由于开拓海外市场或者对接国外关联企业，拥有不同程度的海外订单。如佛达信号主要生产信号灯、照明灯等灯具制品，产品分别出口至英国、美国、澳大利亚等欧美国家；泰极出口业务主要与日本泰极总公司对接，出口业务占总业务量的71%；必胜空调以空调系统配件为主要产品，出口占比达到70%。

（六）分支机构

2010年，东风日产郑州工厂投产，零部件配套企业异地设厂在2012~2013年达到高峰。根据初步调查了解，该47家企业中有15家设有分支机构，涉及子公司4家、分公司16家。2014年东风日产大连工厂投产，相应零部件企业加紧配套步伐，康奈可科技、鬼怒川、康奈可电子、天纳克已于2014年相应在大连设立分公司，配套东风日产大连工厂。

三　机遇和挑战

（一）机遇

2016年初，国务院在广州市城市总体规划批复中指出，广州是国家历史文化名城、重要的中心城市、国际商贸中心和综合交通枢纽中心。在建设枢纽型网络城市计划中，广州将建设世界级空港、海港和铁路网络。其中，花都占据航空、铁路、内河港口三席重要交通资源，是广州构建国际航空枢纽和建设"三中心一体系"的重要战略节点，被定位为"一带一路"中国南部枢纽和广州先进制造业基地，是广州建设国际航运中心、物流中心、贸易中心的先行区。受益于此，未来花都在大交通战略背景下，还将赢得更大的战略机遇期。

第一，从大环境上看，随着近年来广州的国际地位的不断提升，国家自主创新示范区建设和枢纽型网络城市建设不断加快，广州在全球资源配置的能力显著增强。作为广州市大交通战略的核心节点，花都的区位交通、战略纵深和后发潜力正在凸显，区域发展活力将显著增强，新的动力源和增长极将会加快形成。依托白云国际机场的核心枢纽优势，花都与全球各大主要城市的对接更加频繁和便捷；广州北站成为综合交通枢纽的重要组成部分，汽车产业基地正在申报国家级开发区，汽车产业基地有望从偏僻的西部一跃成为花都新一轮发展的核心区域和战略要地。地铁九号线、广佛环线、广佛肇城轨、广清城际以及纵横交错的高速公路将构成的立体交通网络，将加快与珠三角地区的对外联系。万达文化旅游城的建成开园，将带动相关联的现代服务业、娱乐业，汽车产业基地对外的知名度、影响力、吸引力将显著增强。

第二，从战略空间看，广州具有国际化大都市、国家中心城市、商贸中心、国际交通枢纽的背景。在具备一定规模的汽车产业体系中，广州汽车产业已有较强的技术竞争、市场环境和产业集群等优势。花都具有良好的区位交通、生态环境和战略纵深，与其他区相比，花都在自然生态环境、交通体系、土地资源储备等方面仍具有显著优势。西部拥有巨大的产业发展拓展空间，东风日产的市场地位进一步巩固，产能和销量稳步提升。紧邻的佛山一汽大众二期投产后将达到60万辆产能，地缘上与佛山一汽大众的配套关系进一步密切。在广州市国际零部件基地"一地五园"中，花都园区作为新能源汽车及其核心部件和智能网联汽车发展的核心载体，借力广州零部件汽车产业基地发展的战略机遇，将更好地融入大广州汽车产业格局，将获得广州市层面更多的政策、资金、市场等方面的支持，构建更加广阔的战略平台。同时，将加快与其他四个园区在科技研发、园区运营、产业联动、零部件企业市场互补等方面的合作。

第三，从市场环境看，国内汽车产业经过长达10年的高速发展，进入新一轮转型调整期。近几年来，国内汽车市场已进入平稳增长区间，随着人民消费水平的提高，汽车消费需求有所上升。过去一年受益于购置税减半的带动，东风日产全年销量达到 114 万辆，比上年同期增长 13%，其中，NISSAN 品牌 2016 年累计销量近 100 万辆，启辰品牌累计销量超过 10 万辆。随着东风日产前端体系能力一步步落地，东风日产正在从产品驱动转变为全价值链体系驱动型企业。东风启辰在花都区注册落地后，还将会拥有更大的发展空间。

近年来，一汽大众、东风标致雪铁龙、比亚迪、广汽、广丰、广本纷纷加快广州周边地区布局，整车的高增长带动零部件持续稳定增长，花都汽车产业在同业竞争压力面前赢得了广阔的机遇。同时，"走出去"战略成为花都区零部件产业经济增长的新动力、新模式和新常态。通过产品"走出去"和技术"引进来"，汲取一批优势科技和信息资源，为企业转型升级提供技术支撑，有效解决了零部件产业发展抗风险能力单一、市场空间狭窄等难题。

第四，从发展趋势上看，虽然近年的全球经济步伐放缓，但全球汽车产销量依旧保持稳步增长态势，且未来这一趋势有望得以延续。未来 5 ~ 10 年，国内汽车产销规模有望继续保持增长，但增速将逐渐放缓。电动化、智能化是汽车产业转型的主要方向，但受消费习惯、核心技术、基础设施等因素的影响，新能源汽车成长过程依然漫长，传统汽车及其零部件在一定阶段内仍将是汽车消费的主流。经过多年的发展，花都区零部件企业的产业结构不断优化、产业链不断延伸，规模效应已经得到巩固。"走出去"战略有利于进一步增强花都区汽车产业在国际国内市场的知名度和竞争力，有利于在细分领域的强链、补链方面加快新项目的对接，从而培育零部件企业的行业龙头，逐步形成整车与零部件并驾齐驱的双核动力。2016 年 1 ~ 11 月，汽车产业基地规模以上零部件企业实现工业总产值 228 亿元，同比增长 7.6%，扭转了下行趋势，这表明零部件企业在市场格局调整中抗风险能力逐步增强，具备了良好的深挖潜力和发展前景。

第五，从影响力优势上看，一是花都汽车产业紧紧抓住国内汽车产业发展的黄金机遇期，以高速增长势头在业内具备了广泛的知名度。二是花都背靠广州，处于珠三角经济、交通、工业基础相对较好的地区，且机场、北站在区内，综合优势明显，被投资者普遍看好。三是花都在广州市几个主要发展汽车产业行政区内，土地资源和产业拓展的战略空间相对充足，具备接纳大项目的能力。四是近几年的对外宣传成效显著。通过对一线城市驻点招商、举办中国论坛、与 G20 企业闭门招商会、参加中国工博会等形式，花都的产业基础和发展优势得到全面宣传，影响力得到全面提升，花都在珠三角汽车产业体系的地位和作用逐步被业内认同，这为新一轮发展创造了机遇。

根据《广州国际汽车零部件产业基地建设实施方案》，花都成为"一地五园"的重要组成部分，重点发展智能网联和新能源汽车及其核心部件。广州市将设立 100 亿元以上的广州汽车产业创新发展基金，重点支持自主品牌汽车、新能源汽车、智能网联汽车的发展。到 2020 年，广州将实现关键零部件本地化配套率达到 80%，形成涵盖广泛、产业链条较为完备的产业体系。由此可见，从广州市发展战略高度看，无论是先进装备制造业领域还是花都区汽车产业链的提质和延伸，随着西部先进制造产业园区和广州零部件基地花都园区开发建设进入实质性阶段，西部优势都正在凸显。

（二）挑战

1. 产业单极对稳增长的风险仍然存在

零部件对东风日产的单一配套模式，对企业发展和抗风险能力具有一定的制约性。国内整车企业经过"黄金十年"高速发展后，普遍进入缓慢增长期。随着零部件行业的标准化建设步伐不断加快，技术创新能力不断提升，企业跨区域、跨品牌合作成为当前汽车产业发展的新常态。近年来，东风日产对其零部件配套体系也进一步放开，配套订单的减少导致产业基地零部件企业工业总产值下降。虽然部分零部件企业呈现增长势头，减缓了汽车产业基地企业工业总产值的整体降幅，但对汽车产业基地整体经济态势的影响有限。

在新能源汽车领域，花都区新能源汽车虽然起步较早，但仅有启辰晨风进行了示范运行，产能规模依然较低，在核心部件方面，引进了东风日产电池国产化项目，但在电机、电控领域还没有重要招商成果。

2. 零部件龙头企业规模偏小

近年来，虽然花都区在汽车产业集聚能力上迅速发展，吸引了140多家零部件企业，但总体上规模偏小，除优尼、康奈可等少数企业外，引进国内外大型零部件企业集团较少。相对于其他地区而言，交通优势及在珠三角汽车产业集群中的突出地位，使花都区在引进大型零部件企业方面应该更具有竞争优势，而这种优势还没有得到完全释放和展现。

3. 招商策略偏向保守

随着交通和物流体系进一步完善，整车厂与零部件企业配套关系趋向开放，零部件企业可选择的投资地不再具有很强的局限性。加之近年来经济呈下行趋势，企业投资更加趋向谨慎，在国内各地区竞争性招商不断推进的大环境下，花都区的传统招商模式面临较大压力。国内多地在招商中采取"优惠政策＋资本运作＋股权投资＋专业招商团队＋激励机制"等叠加策略的优势开始显现。汽车产业基地招商模式相对传统，且在项目落地过程中的决策空间和权限过小，导致部分优质项目在落实相关程序中贻误最佳时机，特别是在优惠政策的谈判中，缺乏一定范围的决策和支配空间，在与其他地区的竞争中失去机会，这从客观上造成了部分项目长期悬而未决。

4. 本土零部件企业缺乏竞争力

本土零部件企业在设备设施、资金投入、研发人员、研发能力等方面与外资企业相比存在较大差距。目前，本土零部件企业制造技术仍处于中低水平，一些高新技术和核心技术仍由国外厂商主导，本土零部件企业自主创新能力不足，技术水平未取得长足进步。多数内资企业处于模仿生产零部件的发展阶段，功能性的零部件产品的生产处于初步发展阶段。

5. 企业生产经营压力较大

近几年宏观经济持续下行，原材料和人工成本不断上升，企业生产经营压力不断增大。一方面，整车压缩利润空间。整车配套企业普遍反映，鉴于车市竞争性降价压力，整车厂逐年压缩配套商的利润空间，这直接影响了企业的生存发展。另一方面，受人民币贬值影响，企业进口成本增加，钢铁和塑料树脂等汽车原材料价格不断上涨，企业经营压力不断增大，投资意愿与增资扩产需求受到抑制。

6. 集聚人才的硬软件设施有待升级

人才是企业得以持续稳健发展的重要基础，也是企业遴选投资项目的重要选择依据。花都区虽然区位交通优越，又具备一线城市背景，但适宜高端人才聚集的创业环境与其他发达汽车产业城市相比还存在较大差距。汽车产业基地在产城融合方面还存在生活配套设施缺乏、产业人才政策落后、创新创业氛围不浓等问题，留不住人才从客观上对高新优质企业的引进造成了障碍和门槛。

7. 产业发展载体和平台还比较落后

花都区汽车产业虽然已迈入百万产销、千亿产值规模，但能够吸引企业落户、培育产业集群核心竞争力的平台还未完全建立，零部件依赖于东风日产供求关系集聚，区位优势、产业集群、交通环境的便利还没有充分放大，以至于产业单极化问题长期未得到解决。在智能制造装备领域，同样依托围绕汽车制造领域的自动化制造装备，在科技研发技术平台、资源共享合作渠道、产业引导带动等领域还缺乏强有力的平台来增强汽车产业基地的吸引力、辐射力和承载力。

四　对花都汽车零部件产业发展的思考与建议

东风日产产销双双突破百万辆大关，主要表现在大连、襄阳、郑州工厂产能迅速提升，花都工厂鲜有新车型投放，围绕东风日产花都工厂配套的主要零部件企业已基本布局完毕。近年来，园区企业面临东风日产订单逐步减少、与区外同类企业形成竞争的压力，这对研究和思考如何保持零部件企业"稳增长"动力提出新课题。

任学峰书记曾经一针见血地指出，花都要依托现有产业基础抓平台建设，引导制造业集聚发展。未来花都区要依托产业平台做大汽车产业，带动关联性新能源汽车、零部件创新、智能制造装备等产业的迅速发展，就要把平台建设和竞争力水平的提升放到更加重要和突出的位置。

（一）增强企业服务和政策施行的灵活性

参照国内其他地区做法，在企业增资扩产、地区贡献奖励、科技创新扶持、招商引资政策门槛等方面出台优惠政策。每年安排一定规模的产业发展引导基金，用于重点项目引进和贡献较大零部件企业的奖励扶持，推动项目尽快落地，同时科学有效、灵活便捷地激励园区企业提升发展品质。

（二）继续扩大产业基地对外交流与合作，增强品牌效应

发挥政府平台优势，创新政务服务和政策扶持，提升汽车产业基地零部件产业发展的内生能力和抗风险能力。政府通过携手零部件企业共同举办展会、论坛，参加行业学术交流，增强花都区汽车产业集群对外宣传的立体感和说服力，展现全产业链发展活力，为零部件企业开拓市场、创造机遇。每年安排一定的时间，组织重点企业赴国内外考察技术和市场，支持企业做好宣传和开辟市场的工作，着力解决企业产品"走出去"面临的现实难题。在深化 2016 年赴法国、日本、以色列招商和驻点招商的基础上，持续开展对外交流与合作，着力把花都汽车产业优势转化为业内广泛共识，为争取国内外零部件企业的细分行业龙头招商赢得战略先机。

（三）推进新能源汽车及智能制造装备创新产业园建设

花都西部先进制造产业园既有依托机场、北站的辐射优势，又有接壤佛山南海和三水、紧邻广州白云、对接肇庆的地理优势，具有引进大项目的良好战略纵深和拓展空间，未来产业基础和发展潜力巨大，可以选择的发展空间较多，且周边具有良好的先进制造业专业人才聚集规模和条件。西部先进制造产业园区的建设应立足广州作为国家重要的中心城市、国际空铁联运综合枢纽的定位，对标国际先进制造业最新发展水平，在基础配套、产业体系、人才政策、创新环境方面高起点建设西部先进制造产业园，为引进世界先进制造业领域一流企业赢得战略先机。

（四）进一步完善产业链，提升产业发展内涵

要深入分析目前汽车产业基地零部件产业链分布特征，参照周边主要整车厂布局变化，以建链、强链、补链为目标，在招商引资遴选企业时，把意向企业目标向多元化、总集成转变，突破单纯机械产品圈子，向机电一体化产品转变。瞄准细分行业龙头，在发动机零部件、电子类零部件、车身及其附件、底盘零部件、通用零部件等方面选择一批优质企业进行专项主攻。推动汽车产业基地现有企业与其他有实力的业内企业机构做好建链、强链、补链，加快产业链上下游优质资源在花都区的植入，增强产业链整体缝合能力和精细化布局水平，注重完善产品线和提升高配置、优效率、强系统的配套能力，齐步发展满足现代汽车生产要求的安全、节能、环保等功能性零部件和汽车化工等相关产品。借助产业集群，完善产业链，推动存量企业转型升级和持续健康发展。

（五）开创对外宣传新形式、挖掘新亮点

近年来，面对国家层面的宏观经济政策调整加快，省、市、区三级的发展重点也产生了细微变化，要持续关注和重点把握广东省、广州市最新发展动向和区域定位，在建设枢纽型网络城市的大环境下，主动顺应大形势的变化方向，把花都汽车产业主动纳入大广州背景下寻找发展定位，特别是要结合广州市在汽车产业发展的整体布局，参考佛山、深圳等地产业发展动向和市场趋势，站在新的战略高度，提升对外宣传层次，增强对全球优质资源的吸引力。

（六）研究零部件企业引进新模式

参照省、市有关政策框架，结合花都区实际，研究灵活便捷的招商引资政策。在股权合作、融资租赁、资本运作等方面进行创新性尝试和探索，针对外资企业运营朝轻资产化方向发展的变化，尝试代建厂房，以土地和厂房作为股本等方式创新招商模式。

（七）学习江浙、佛山在产业集群方面的经验，形成花都区零部件产业自有特色

花都区零部件产业集群既要与关联性产业保持联动，形成持续稳定发展周期，又要形成自有特色。在广州国际零部件产业基地"一地五园"中形成突出优势，有效整合和兼顾整车、智能制造装备发展，瞄准江浙和佛山等地在"专业镇"发展方面的经验，高起点规划和布局，探索西部先进制造业基地自有的发展特色。

参考文献

花都区发展改革局：《2016 年花都区 1~12 月经济运行情况简要说明》，http：//www. huadu. gov. cn/xxgk/tjxx/jjyxqk/201703/t20170316_ 412475. html。

叶志良：《2017 年花都区政府工作报告》，http：//www. huadu. gov. cn/xxgk/ghjh/zfgzbg/qzfgzbg/201703/t20170327_ 413539. html。

杨再高等：《广州汽车产业发展报告（2016）》，社会科学文献出版社，2016。

企业篇

B.15
以供给侧结构性改革促进
汽车产业创新发展研究

冯兴亚　欧阳惠芳[*]

摘　要： 为满足国内消费者日益多元化的用车需求，广汽集团积极开
展供给侧结构性改革，通过优化产能提高有效供给，研发适
销对路的产品满足消费者需求，提升产品技术确保供给质量，
加大销售力度减少产品库存，发展战略性新兴产业加快企业
转型升级，极大地促进了汽车产业创新发展。各项重点工作
取得长足进展，各项主要经济指标创历史新高，规模和效益
实现高速增长。全年广汽集团实现汽车产销分别为 166 万辆
和 165 万辆，同比分别增长 30.28% 和 26.96%，增速高于汽

---

* 冯兴亚，广州汽车集团股份有限公司总经理；欧阳惠芳，广州汽车集团股份有限公司教授级
高级工程师。

车总体市场 15.7 个和 13.26 个百分点；实现营业收入 2780
亿元，同比增长 25.9%，确保了"十三五"开局之年实现
"开门红"。2016 年，广汽集团连续第四年入围世界财富 500
强，居第 303 名，排名比上年上升 59 位。

关键词：　供给侧结构性改革　优化产能　有效供给　减少库存　转型
　　　　　升级

在"十三五"开局之年，广汽集团主动适应国家经济发展新常态，抢
抓汽车行业发展新机遇，积极推进供给侧结构性改革。通过增加有效产能、
淘汰落后产能提高有效产品供给，开发适销对路的产品满足消费者用车需
求，提升产品技术确保供给质量，创新销售体系减少产品库存积压，发展智
能网联新能源汽车等战略性新兴产业加快企业转型升级，极大地促进了汽车
产业创新发展。各项重点工作取得长足进展，各项主要经济指标创历史新
高，规模和效益实现高速增长。2016 年广汽集团实现汽车产销分别为 166
万辆和 165 万辆，同比分别增长 30.28% 和 26.96%，增速高于汽车总体市
场 15.7 个和 13.26 个百分点；实现营业收入 2780 亿元，同比增长 25.9%，
确保了"十三五"开局之年实现"开门红"。2016 年，广汽集团连续第四
年入围世界财富 500 强，居第 303 名，排名比上年上升 59 位。

一　供给侧结构性改革概述

（一）供给侧结构性改革提出背景

近年来，中国经济发展经历了从出口、投资、消费"三驾马车"并驾
齐驱到消费在国民经济所占比重越来越大的演变，对"经济结构性改革"
的要求越来越高，既要注重经济结构的优化，又要避免潜在增速的大幅下

滑。中国经济发展进入新常态，经济主要矛盾发生变化，以"投资出口占比太大，消费占比太小"为特点的经济发展形势正在发生积极改变。习近平总书记在多个重要场合发表了有关供给侧改革的理念，其中在 2015 年 11 月 10 日召开的中央财经领导小组会议上提出："在适度扩大总需求的同时，着力加强供给侧结构性改革，着力提高供给体系质量和效率"，接着在 2015 年 11 月 18 日召开的亚太经合组织（APEC）工商领导人峰会上发表演讲时表示："要解决世界经济深层次问题，单纯靠货币刺激政策是不够的，必须下决心在推进经济结构性改革方面做更大努力，使供给体系更适应需求结构的变化"，在 2016 年 1 月 26 日召开的中央财经领导小组第十二次会议上强调供给侧结构性改革的根本目的是提高社会生产力水平。总体上看，从国内到国外，从中央到地方，习总书记及中央相关领导都在各种场合反复强调"供给侧结构性改革"，表明在当前世界经济增长乏力、国内外需求疲软的宏观大环境下，着力提高供给体系质量和效率成为中国改革的优选项。

（二）供给侧结构性改革概念

供给侧结构性改革就是从供给、生产端入手，去产能、去库存、去杠杆、降成本、补短板，通过解放生产力，提升竞争力促进经济发展，是一种寻求经济新增长新动力的新思路。具体而言，一要积极消化低利润、高污染的过剩产能，避免过剩产能占据人力、资金、土地等资源；二要积极开拓市场，采取多种营销手段来提高产品销售量，利用互联网、大数据等新技术生产满足个性化需求并与市场直接对接的产品，降低库存；三要在提高企业生产效率、推动经济增长中改善企业债务结构，通过行政力量与市场手段并举，逐步解决企业发展资金的杠杆问题；四要通过技术创新、提高设备性能或批量生产等方法，降低各个环节的成本，提高经济效益，增强企业市场竞争能力；五要提高企业整体资源配置效率，通过补短板增强企业平衡市场供需关系的能力。

（三）汽车产业供给侧结构性改革

供给侧结构性改革提出去产能、去库存、去杠杆、降成本、补短板等方面的要求，为推进汽车产业提质增效指出了方向，汽车产业应围绕供给侧结构性改革的要求来推进汽车转型发展，促进汽车产业长期稳定发展。目前，我国千人汽车保有量仍然低于全球平均水平，随着我国经济社会的持续发展，加上中国城镇化水平的不断提升，预计在五年内近亿人要进入城市，消费升级的潜力将得到释放，汽车需求量将逐步增加。特别是消费者对于新技术、新产品，特别是新能源汽车的消费需求正不断扩大，为汽车产业的持续发展打下物质基础。为更好地满足广大人民群众的需要，汽车产业必须抢抓供给侧结构性改革创新发展的新机遇，提质增效控制和优化产能，开发适销对路的产品，提高产品技术能力，加大市场销售力度，发展新能源汽车和智能网联汽车，充分利用资本市场，加快企业发展。通过供给侧结构性改革，促进汽车产业的创新发展和转型升级，为国家制造业领域供给侧结构性改革取得成功提供支撑。

二 广汽集团推进供给侧结构性改革促发展的研究

在全球一体化发展环境下，各种资源的供求按市场化规则运作，整合全球资源以我为主、为我所用，是一种手段，也是一种能力。汽车产业围绕供给侧结构性改革，减少无效和低端供给，扩大有效和中高端供给，增强供给结构对需求变化的适应性和灵活性，加快企业结构调整和转型升级，从而实现产业创新发展。必须充分利用全球资源，研发自主品牌产品，申请自己的知识产权保护，掌握真正的核心技术，培养自己的核心竞争力，才能掌握推进供给侧结构性改革促进企业创新发展的主动权。广州集团积极参与全球化市场竞争，主动适应国家经济发展和汽车行业发展的新常态、新机遇，在全产业链各环节积极推进供给侧结构性改革，从提高供给质量出发，推进结构调整，以高品质满足市场需求。广汽集团汇集自身及全球的优势资源，构建了以广汽全球研发网、广汽生产方式及全球供应链体系等为核心的世界级造车体系，在品质、安全等核心特性上坚持"加法"战略，通过构建智能制造体系，优化产能提高供给能力；提供适销对路产品，有效满足用车消费需求；提高产品技术能力，确保汽车市场供给质量；提升销售服务能力，减少汽车产品库存积压；发展新能源汽车，促进实体企业转型升级。在核心技术领域和工业设计方面不断突破，实现产能效率和产品品质不断提升，产品竞争力和技术竞争力不断增强，极大地促进了全集团各投资企业协调创新发展。

（一）构建智能制造体系，优化产能，提高供给能力

广汽集团充分利用全球优势资源，加大供给侧结构性改革力度，加快优化产能结构，提升有效产能，淘汰低效产能。2016年大力推进重点项目建设，投资各类项目374个，年度投资278亿元，重点构建智能制造能力和体系，提高供给能力。在自主品牌发展中，构建了以广汽全球研发网、广汽生产方式及全球供应链体系等为核心的世界级造车体系，形成优质高效的生产能力，创造高品质的产品，引领汽车市场新消费。在合资合作过程中，充分利用合资各方的优势资源，开展的生产方面构造改革，建设智能制造及智慧工厂，提升合资企业的生产效率。自主品牌和合资合作高效运作的产能建设，大大增强了广汽集团的整体产能优势，提高了有效供给能力。

1. 提升自主品牌有效产能

广汽集团从2005年开始谋划自主品牌项目，2006年7月广汽研究院成立，承担自主品牌项目的产品和技术研发工作。2007年，广汽集团成立自主品牌项目领导小组和工作组，正式启动自主品牌战略。2008年成立广汽乘用车公司，作为自主创新和自主品牌建设的实施载体，历经八年建设，实现了跨越发展。从2010年底推出首款自主品牌传祺开始，销量从2011年的1.7万辆发展到2015年的19万辆，以年复合增长率80%的速度位于中国品牌增速排名第一。2016年传祺更是以销售38万辆超额完成销量目标，并以196%的增速位居中国品牌榜首，实现了优质高速发展。广汽乘用车在中国车企销量的排名已从2011年的第42位、2015年的第26位，跃居到2016年的第20位，成为国内增长最快的汽车企业。

从2015年开始，广汽乘用车自主品牌产品供不应求，急需扩大有效产

能。经过努力，第二生产线于 2016 年 6 月 12 日比计划提前三个月全线贯通。该生产线建设通过整合全球优势资源，充分发挥自主品牌工程师的智慧，依靠自主设计，全面整合先进的工艺布局理念，采用现代化先进水平的工艺设备，构建输送距离最短化、布局模块化、改造成本最小化的柔性生产方式，整车和发动机工厂达到世界先进水平。

第二生产线新建冲压、焊装、涂装、总装车间及发动机生产线，以广汽生产方式为核心，大力发展智能制造技术，打造智能工厂，实现了智能生产和智能物流。在保证自主品牌传祺系列产品世界级高端品质的前提下，创造了中国汽车的传奇速度，实现了品牌的跨越发展，为消费者提供高品质用车体验。

第二生产线大量使用智能化设备，实现运用机器人操作完成复杂的工艺流程。在任意质量管理环节都设置了系统管理标准，确保做到零瑕疵；严谨的实时监控确保自主品牌传祺世界级高端品质，实现在必要的时间生产必要的高质量产品。第二生产线还成功实现同产品平台可开发、生产多款不同车型，不仅降低开发不同零部件的数量和研发成本，更可促进汽车更新换代的周期，快速布局产品谱系。

第二生产线在建设过程中充分考虑 SSC 原则，SSC 的第一个 S 就是小型（small），即所有资源空间最小、设备小型化；第二个 S 是简练（simple），就是除去浪费，打造简练的人群最佳工位布局；第三个 C 是紧凑（complete），以追求小、近、短、轻，最合适的为自动化、模块化。广汽乘用车通过对生产方式进行工艺优化、流程再造、生产组织方式创新，在保证品质的前提下大大提升效率，有效降低了成本。冲压主线和涂装面漆基本实现 100% 自动化，焊接线自动化率提高 10%，总装线自动化率提升 8%，整车直接合格率提升至 90%，发动机装配线一次合格率接近 99%，零部件库存减少 70%，厂房可利用面积增加 30%，质量成本降低 30%，VOC 排放量降低 95%，投资降低 15%，库存资金减少 50%，传祺单台汽车制造成本下降 44%。自动化率、人员效率、生产线开动率、一次产品合格率都比第一生产线提升 20%。在同等规模装备的前提下，投资成本仅相当于合资品牌的一半、其他自主品牌的 70%。

未来自主品牌传祺将以广汽生产方式为核心建立信息物理融合系统，进一步发展智能制造技术，打造智能工厂，实现智能生产和智能物流水平全面提升，践行《中国制造 2025》。

2. 提升合资企业生产效率

2016 年，广汽本田、广汽丰田、广汽菲克等合资企业通过改革，提高整车和发动机生产线效率，优化提升有效产能，合资合作建设出现新局面。

（1）广汽本田第三工厂暨发动机工厂于 2015 年底落成，发动机工厂和第三工厂以 Smart-SSC 为理念同步建设，力争建设为资源占用最小（Min）、效能发挥最大（Max）的"智慧集约型环保工厂"。在先进性、生产效率、节能环保等方面，都位居本田全球工厂的前列，是本田全球 24 万辆年产能工厂中面积最小的工厂。工厂建设充分活用各种资源，焊装车间自动化率达到 100%，涂装车间首次在本田全球范围内采用 U 形摆杆吊架前处理电泳线。总装车间通过有效和无效车体输送工位数的减少，令输送线长度减少了350 米。车间占地面积减少了 45.5%，投资减少了 26%，跟第一、第二工厂相比，能源使用减少了 29%，成本节约了 21%。发动机装配车间也是目前本田全球据点同等规模中占地面积最小、生产线长度最短的工厂，生产线整体呈环形布局，主要生产设备 38 台，设备国产化率达到 100%，可以柔性共线生产多种机型。充分体现了"省资源、上水平、练队伍、增实力"的建设成果，成为集整车与发动机生产、采购于一体的智能制造及智慧工厂。

（2）广汽丰田作为一家成熟型汽车生产企业，第一生产线和第二生产线合计产能为 38 万辆，2015 年全年实际产量超过 40 万辆，生产线已满负荷运行。为应对产能不足，2016 年广汽丰田积极开展构造改革，结合其现有的第一生产线和第二生产线的产能，在工厂中开展生产方面构造改革，提升产能利用率。

构造改革从最关键、最基础的制造环节入手，开展生产管理创新，从制造轴、供需轴、采购轴出发，实现全员参与，利用构造改革改变每一位员工的工作意识，充分调动员工的积极性、创造力，取得了良好的成果。员工精益制造和创新意识得到了全方位的提升，管理体系与生产流程更为完善、合理。通过构造改革，上下游产业链竞争力也得到了大幅提高，生产效率和产品品质进一步提升，工人总数减少 1600 人，单台产品不良率降至 0.01%，一次性合格率提升到 98% 以上，高于行业平均水平近 10 个百分点，同时生产效率大幅提升了 13.3%。

在 2016 年丰田全球工厂出货品质监察中，广汽丰田第一生产线和第二生产线同时获得了"零缺陷率"的最高评价，这在丰田全球也是首次出现，创下丰田全球工厂新纪录。广汽丰田还计划未来几年把不良率降低到 0.005 件/台，进而彻底生产免检产品。

（3）广汽菲克广州工厂于 2016 年 4 月 18 日正式落成投产，整车产能 16 万辆/年，工厂建设从一开始就按 SSC 理念进行，与广汽乘用车共享资源，项目投资节约 17%。作为具备先进制造水平的现代化工厂，拥有冲压、焊装、涂装、总装四大工艺车间。冲压车间拥有达到行业一线水平的全自动冲压生产线，冲压线所使用的模具采用了 5 工序设计，其生产节拍最快可以达到每分钟 12 件，而自动更换模具的时间也仅仅需要 3 分钟。焊装车间采用了国内最先进的门盖激光焊接技术，焊装过程全部由 440 台焊装机器人和 6 台在线测量机器人完成，自动化程度达 100%。涂装车间采用先进的免中涂工艺和环保水性涂料，有效降低车身涂装工艺环节的能源消耗，减少有毒有害物质排放，面涂喷涂实现 100% 自动化。总装车间的车身与底盘合车工序采用全自动的柔性合车线，每一个岗位都配备 NPL 系统，集合了车型信息查询、扭力紧固数据及重要零件追溯、生产异常报警、品质信息监控等主要功能，大大提升了 JEEP 产品的生产效率。

3. 改革重组淘汰低效产能

随着市场形势的变化，且受制于品牌知名度及营销能力，广汽吉奥的经营难以为继，2015 年广汽吉奥全年汽车销量仅为 1.14 万辆，同比下降 55.43%，产能利用率不到 10%，连续两年亏损，企业经营陷入困境。2016 年 3 月，广汽集团港股发布公告："广汽乘用车拟收购浙江吉奥控股持有的广汽吉奥 49% 股权，并进行后续生产改造、建设，项目总投资为 37.51 亿元。其中，收购广汽吉奥 49% 股权的投资金额约为 2.62 亿元，后续改造建设投资总额约为 34.88 亿元。"这一重大重组项目是广汽集团响应中央号召，去库存、淘汰低效产能迈出的重要一步，项目完成收购后，广汽集团和广汽乘用车分别控股 51% 和 49%。

2016 年 4 月，广汽吉奥的工商注册名正式变更为广州汽车集团乘用车（杭州）有限公司，9 月，广汽乘用车杭州改造项目开工，原广汽吉奥工厂改造为广汽乘用车杭州工厂，总投资 80 亿元人民币，项目按照"以市场为导向、一次规划、分步实施、小投入、快产出、滚动发展"的原则，规划产能 20 万辆/年，计划于 2017 年 10 月建成投产，广汽乘用车收购广汽吉奥开展技术改造后，去除无效产能，协调利用广汽吉奥的闲置产能，为势头正旺的广汽乘用车增加有效产能资源。

（二）提供适销对路产品，有效满足用车消费需求

汽车市场的发展表明，企业只有理解消费者需求，提供高品质适销对路的产品，才能真正解决汽车市场供需错配的结构性矛盾，才能满足消费者日益增长的用车需求，才能在不断变化的汽车市场竞争中获得更好的生存和发展空间。广汽集团正是用供给侧结构性改革的思路，从提高供给质量出发，加快新产品研发，推进产品结构调整，走出了一条有广汽特色的快速发展道路。2016 年广汽集团实施新产品开发项目共 226 项，年投入 26.6 亿元。2016 年全集团汽车产销分别为 166 万辆和 165 万辆，同比分别增长 30.28% 和 26.96%，增速高于汽车总体市场 15.7 个和 13.26 个百分点，超额完成全年产销计划。

1. 加快新产品开发步伐

广汽集团各整车企业抓住 SUV 爆发式增长的风口，加快新产品开发和引入步伐。广汽乘用车、广汽本田、广汽丰田、广汽菲克、广汽三菱等整车企业除组织多车型、多系列汽车产品的销售外，还向市场推出全新车型，部分产品因市场火爆成为中国汽车市场的明星产品，如自主品牌传祺 GS4、广汽丰田汉兰达、广汽本田缤智、广汽菲克自由光等产品可靠性强、品质性能

优越、外观颜值高，深受消费者的喜爱，市场持续热销，产品一直供不应求，广汽品牌汽车单车的价值也得到有效提升。新上市的车型如传祺 GS8、冠道、欧蓝德、讴歌 CDX 等，凭借精致的设计、高品质和前瞻的科技、非常符合消费者口味的外形及内饰，一经推出就受到市场的欢迎，许多省市消费者排队等候购车。这些产品的热销和新上市，既协调了汽车市场的供求关系、满足了消费者用车需求，也提升了广汽集团的企业价值，促进了企业的良好发展，广汽集团产品力持续增强。

2. 不断完善产品矩阵结构

广汽集团不断强化产品矩阵和技术实力，通过产品改款和技术升级，产品开发和引入速度加快，2016 年五大整车厂均有新产品和改款车型投放，产品结构得到不断完善。

自主品牌传祺首款高端 C 级轿车 GA8、首款七座高端 SUV 传祺 GS8 先后上市，与旗下的 GS4、GS5、GS5 Spuer、GA3、GA3S、GA5、GA6、GA5 PHEV 等 SUV、轿车和新能源汽车一并形成了完整的高中级系列车型结构。

广汽本田全新大型豪华 SUV 冠道和新雅阁混动版投放市场，首款国产 SUV 讴歌 CDX 上市，与旗下的雅阁、奥德赛、歌诗图、凌派、飞度、锋范、理念、缤智等 SUV、轿车及混合动力汽车形成高中级系列车型结构。

随着全新致炫的上市销售，广汽丰田旗下形成了凯美瑞、汉兰达、雷凌、逸致、凯美瑞和雷凌双擎等 SUV、轿车及混合动力汽车高中级系列车型阵容。

广汽菲克 Jeep 自由侠、Jeep 指南者先后在广州工厂下线，充实了产品系列，与自由光构建起更为完备的产品矩阵。广汽三菱欧蓝德上市，与劲炫 ASX、帕杰罗劲畅一起增强了企业产品竞争力。

3. 快速发展自主品牌传祺

自主品牌传祺坚持正向开发、坚持国际标准、坚持世界品质，秉承为"亲人造好车，让世界充满爱"的理念，通过低成本、高品质、高效率的价值流向市场提供适销对路的产品。适销产品通常包括品质可靠性高、产品性能好、外观颜值高三个层面，其中，可靠性是高品质的基础，性能是高品质产品的终极阶段，而外观颜值高是连接二者的纽带。2016 年中国新车质量研究报告中，传祺品牌以 94 分荣膺中国品牌第一，2013～2016 年广汽传祺连续四年获得中国品牌第一名。传祺品牌 GS4 自上市以来累计销量已经超过 45 万辆，月销最高超过 3.4 万辆；传祺 GA8 为 G20 峰会官方指定用车；另一"爆款"GS8，上市三个月销量就达 9418 辆；GA6 连续多个月月销量超过 2000 辆。自主品牌传祺全年产销超 38 万辆，同比增长 96%，实现了快速发展。

（三）提升产品技术能力，确保汽车市场供给质量

产品技术能力是新产品研发的重要基础，是保证汽车产品供应的源泉，更是市场供给质量的重要支撑。广汽集团高度重视产品技术能力的提升，从人财物等各方面大力支持各投资企业引进、消化、吸收国际产品先进技术，引导开展产品技术变革，大力支持和鼓励技术创新，打造企业自身的技术体系，增强技术研发实力。

1. 自主研发实力不断增强

在研究开发方面，广汽集团自主品牌整合全球优势，并在美国硅谷建立首个海外研发中心，充分利用国外的资源开展研发工作，在平台技术、发动机、变速器动力系统领域掌握关键技术，打造企业自身的技术体系。

2016 年广汽研究院深化产品正向开发，积极推进近 20 项常规车型项目、6 项新能源车型项目，开展发动机、变速器、电池系统、机电耦合系统等若干项核心系统/部件开发项目，以及智能汽车、石墨烯材料制备及应用等 30 多项技术创新项目研究。基于广汽"跨平台模块化架构（G-CPMA）"的深入应用，已形成同时主导 3 个车型和多款发动机、变速箱等核心部件的自主开发能力，自主品牌传祺系列车型开发周期平均 30 个月；搭建了 G、GS 两大发动机平台；开发的 G-MC 机电耦合系统可实现纯电动、增程、混动等多种驱动模式，广泛用于增程式/插电式电动汽车；构建具有自主知识产权的汽车电子基础软件平台（XCU），实现动力总成级别汽车电子零部件硬件自主开发与生产能力；自主研发的智能汽车已能实现城市工况限定区域

内任意预设两点的无人自主行驶。2016 年新增专利申请 450 件，累计申请专利 1970 件，已授权 1211 件，自主知识产权规模不断扩大。获得多项行业、省、市科技奖项，包括传祺 GA8 获得中国工业设计红星奖金奖、传祺 GS8 项目获"省长杯"工业设计大赛最高荣誉钻石奖、"乘用车底盘性能开发关键技术研究及应用"项目获得广东省机械工业科学技术奖特等奖等等。在国内 1100 家研究机构中，广汽研究院名列第 10。

2. 导入新环保动力技术

中国汽车市场经过"黄金十年"的高速发展，逐渐步入消费结构升级的科学增长时代。面对日益激烈的竞争围城，广汽本田不断感知消费者的梦想，以"梦"为原动力，立足于三大产品平台，以强化科技创新特色和潮流先端地位为切入点，率先进行技术革新和先进产品布局，逐步完成全新品牌价值在消费者各项触点的渗透。

作为中高级轿车市场的"常青树"，雅阁 2016 年再次进化，凭借"科技价值全武装"的产品实力，为响应新一代精英消费者注重环保兼需运动驾驶乐趣的期待，广汽本田导入搭载本田最新环保动力技术的新雅阁锐混动，进一步增强雅阁的市场竞争力，也让广汽本田这位节能减排的"优等生"功力更上一层楼。

伴随着新车型、新技术的持续导入，广汽本田完成了覆盖直喷自然吸气、混合动力、涡轮增压的全擎动力最强布局。与此同时，面对消费者渴望智能化、网联化的汽车梦想，广汽本田也在积极行动，将 FUNTEC 的安全技术 Honda SENSING（安全超感）、舒适技术 Honda CONNECT（智导互联）等先进技术导入到多款车型上。

3. 积极开展产品技术变革

广汽丰田技术变革也是供给侧结构性改革的内容之一，凯美瑞双擎混合动力在燃油经济性方面搭载广汽丰田诸多新技术，搭载的 E-CVT 变速箱与传统 CVT 变速箱相比结构更简单，在没有钢带等因素制约的情况下，E-CVT 可以直接承受大扭矩，最大可达 213Nm。另外，E-CVT 变速箱将发动机产生的动力进行分离并传递到车轮，同时通过连接发电机的"动力分割机构"，增大电动机扭矩的减速齿轮，让电动机和电机智能切换，达到最佳互相协作状态，实现低油耗和高驾驶传动效率。

凯美瑞双擎混合动力采用电量密度高的镍氢蓄电池，为大功率的电动机提供合适的电量，电池单元始终保持在 30%～70% 充放电，借鉴丰田多年研发混动车型的经验，避免了细分市场中容易出现的充电过量和电量不足的情况，有效延长电池使用寿命。多项产品技术变革促进了混合动力汽车产品的有效供给，2016 年广汽丰田销售混合动力汽车 3.1 万辆，创历史新高。

（四）提升销售服务能力，减少汽车产品库存积压

部分汽车企业忽略市场的真正需求，特别是细分市场的动向，盲目追求上产能、拼产量、压销售，致使产品库存压力不断增加，经销商产品逐渐积压，也造成厂商与经销商的关系日趋紧张。为适应市场需求，广汽集团把调整产品结构、提升网络盈利能力、优化库存结构、提升销售网络执行力和售后服务水平、提升客户满意度作为全年核心工作。

1. 产业链协同齐心促销售

广汽集团产业链上下游联动，统筹协调内部资源的共享与整合，合力推进汽车销售和服务。研发团队派出设计人员参与并配合新产品上市促销计划，开展知识营销助力新产品销售。广爱保险经纪为合作主机厂提供派驻及服务的店数达 540 家，众诚保险与广汽品牌销售店合作签约率近 100%，合作平均份额超过 23%，他们围绕汽车客户需求提供保险服务及风险管理服务，为经销商产品销售保驾护航。广汽汇理加大经销商库存融资和零售贷款支持力度，根据消费者的具体情况，提供量身定做的产品，为经销商推出库存融资和新车消费信贷的金融联动业务，为终端客户提供高品质的汽车金融产品。让经销商既不担心资金问题，又能节省融资成本，解决经销商面临的库存融资资金来源的燃眉之急和后顾之忧。

2. 自主品牌销售活动创新

自主品牌传祺凭借高品质产品满足消费需求，以高效、低耗的发展模式储备发展动力。产品营销始终坚持市场导向，创新开展各项销售活动，经销

商加盟速度也同步逆势增长，逐步构筑市场、研发、供应、制造、营销各方协调机制，自主品牌传祺库存大幅降低。

3. 客户至上，提供优质服务

汽车是一个特殊机电一体化产品，服务环节的创新与改革是促进产品销售的重要一环。特别是在产业互联网的时代，需要将服务以各种形式融入产品售前和售后的各个环节。广汽集团建立大圣车服汽车互联网生态平台，充分利用互联网技术和模式，协同共享产品营销和服务资源，探索适合汽车互联网的发展模式。车生活平台涉及配件商城、用品商城、社区服务连锁等多个业务平台，有效满足车主服务、数据应用、商家需求和O2O服务等，通过用户直接在线交易和转化，促进汽车销售。

4. E 动未来系统响应渴望

广汽本田在营销方面，以更年轻的形象，展现出诚意和创意，更好地与消费者互动。全新冠道的尖端体验营销活动及新雅阁锐混动的实证营销陆续推进，让消费者充分体验产品魅力。广汽本田还强化售后服务的基础流程，加快喜悦快修店的建设，将 E 动未来系统加速导入各业务领域，更快速对应顾客需求，响应顾客渴望，高质量提供更优质的产品和服务。

5. 开展销售领域构造改革

随着国内汽车市场增速放缓及成本不断攀升，汽车制造商及销售商面临的成本问题愈发严峻。广汽丰田尝试依靠整个供应链的协作，将产业链的关系转变为制造商与经销商协同驱动的"动车组"模式，首先在技术、管理和新的商业模式上帮助供应商寻求新的发展空间，在确保零部件品质前提下，提升效率、减少浪费，通过降低采购成本，让用户获得价廉物美的产品，促进销售。其次，在销售方面开展构造改革，广汽丰田与经销商一起共同应对竞争激烈的市场环境和利润下降、库存周期长与资金压力大的压力，对经销商进行资源支援，对他们的盈利模式进行改善，逐步提升售后收益，稳定他们的经营状况，调动经销商的积极性和能动性，广汽丰田的经销店库存基本保持在 0.6 ~ 0.8 个月，销售业绩得到很好的提升。在 2016 年 J. D Power 经销商满意度的评选中，广汽丰田第三次获得全国第一。

（五）发展新能源汽车，促进实体企业转型升级

在我国汽车产业中，燃油汽车已出现结构性产能过剩，新能源汽车处于发展初期，需要减少燃油汽车中的无效供给，推动新能源汽车发展真正成为有效供给。习总书记曾明确提出"发展新能源汽车是迈向汽车强国的必由之路"，减少无效供给、扩大有效供给，也需要更好地引导消费者认识和接受新能源汽车。汽车产业的供给侧结构性改革需要做好"加减乘除"，减和除的是燃油汽车中的无效供给，而加和乘的增长是新能源汽车，电动化、智能化、网联化是未来汽车技术发展的三大趋势。2016 年中国生产新能源汽车 51.7 万辆，销售 50.7 万辆，比上年同期分别增长 51.7% 和 53%。超过美国成为世界第一大新能源汽车市场。因此，汽车行业正在发生一个重要的变化，电动化、智能化、网联化是最重要的变革方向，我国汽车行业迎来了实体经济转型升级的新机遇。产品端和应用端是当前智能网联新能源汽车推广应用的瓶颈。广汽集团积极稳步推进电动化、国际化、网联化工作，到 2016 年 10 月底，广汽集团发布定增预案，计划以 20.23 元/股的价格非公开发行不超过 7.41 亿股，总筹资金额不超过 150 亿元，主要用于智能网联、新能源汽车与前瞻技术、关键零部件以及自主品牌发展，以进一步提升企业的核心竞争力。

1. 全面推进新能源汽车产业化

为抢占未来汽车产业发展新高地，广汽集团充分利用传祺 GS4、GS8 的成功经验，重点打造几款新能源乘用车畅销产品，逐步实现电池包、电控、机电耦合系统等关键核心零部件的开发。广汽乘用车已完成自主电池 PACK 线的建设，可实现 2 万台套的多种动力电池混线生产，有利于降低三电成本。经过几年的发展，广汽集团的新能源汽车产品涵盖了混合动力、插电式混合动力、增程式纯电动、纯电动四大系列，2016 年重点推出 GA3S PHEV、GS4 EV 和 GS4 PHEV 三款新能源车型。在新能源汽车充电配套设施建设方面，广汽集团参与投资了广州新能源充电公司的设立，加速电动汽车推广应用。

2.向合资企业输出新能源技术

广汽集团已经逐步实现向合资企业输出新能源整车产品及技术，广汽研究院已协助广汽丰田开发出了纯电动车产品 GT03，下一步将陆续向投资的合资企业输出广汽集团自主品牌新能源车型及技术。广汽集团向合资车企导入技术与车型，实现资源共享和应对新能源积分政策，意味着广汽集团的合资合作迈入了一个全新的时代。

3.加快发展智能网联新能源汽车

智能化和网联化是未来汽车发展的主流方向，汽车电动化是智能化和网联化的一个最佳载体。2016 年 2 月广州市人民政府印发的《广州制造 2025 战略规划》对此提出了明确发展目标，而广汽集团已制定《智能网联新能源汽车的发展规划》，加快发展智能网联新能源汽车。目前，广汽集团已经完成智能汽车、无人驾驶等关键技术的研发，完成了集环境感知、决策规划及线控执行于一体的第二代智能汽车的开发及路试，具备全开放环境、多路况条件下的 A-B 点全自主行驶能力，为广汽集团的下一步发展奠定了坚实基础。

4.加强先导技术跟踪研究

围绕汽车低碳化、智联化、轻量化等重点领域，广汽集团不断加强持续跟踪研究，开展无线充电技术、车辆－电网双向逆变技术、新一代动力总成、新一代高能电芯等关键与前瞻性技术研究，加强对车联网、智能驾驶、车网充电等关键技术的创新。

三 结论

广汽集团供给侧结构性改革的实践表明，在中国汽车产业增速放缓、消费市场需求不断升级、资源制约以及结构性产能过剩的情况下，汽车产业开展供给侧结构性改革势在必行、刻不容缓。因此，汽车企业必须紧贴消费者的需求，提高研发响应速度，及时适应市场的变化，积极推进"三去一降一补"，即去产能、去库存、去杠杆、降成本、补短板。根据消费者需求研发适销对路的产品，优化有效产能并淘汰落后产能，开展高效率、高品质生产，积极创新销售体系和手段，科学组织产品营销，扩大有效供给，改善供给质量，更好地满足广大人民群众的需要。同时，要加快新能源汽车的研发和推广速度，跟踪行业新技术、先导技术的发展趋势，提前布局智能网联新能源汽车技术的研发和储备，加快产业化步伐，促进产业结构转型升级，实现企业的创新和可持续发展。

参考文献

王元地、杨雪、胡园园、李艳佳：《"供给侧改革"解读及其政策影响下的企业实践》，《中国矿业大学学报》（社会科学版）2016 年第 3 期。

龚刚：《论新常态下的供给侧改革》，《南开学报》（哲学社会科学版）2016 年第 2 期。

任泽平、冯赟：《供给侧改革去杠杆的现状、应对、风险与投资机会》，《发展研究》2016 年第 3 期。

杨再高等：《广州汽车产业发展报告（2016）》，社会科学文献出版社，2016。

B.16
我国自主品牌盈利模式分析

—— 以广汽集团为例

李新宇　欧阳惠芳*

摘　要：　盈利模式是指企业通过市场竞争形成的盈利商务结构及相应的业务结构。2016年广汽集团自主品牌销售汽车达38万辆，以196%的增速位居中国品牌榜首，盈利能力大幅提升，对广汽集团盈利的贡献度已经排到了第一位，也大幅提升了广汽集团的整体盈利水平。本文从广汽集团自主品牌包括研发、采购、生产、营销等各价值链组成的业务结构出发，研究了其在市场竞争中盈利模式逐步形成的过程，具体分析了广汽集团自主品牌如何建立研发盈利模式，阐明了该成功盈利模式表现出的广汽自主品牌不同于其他企业的独特性。

关键词：　广汽自主品牌　全球研发网　盈利模式　集群网络营销

广汽集团自主品牌于2006年正式起步，2010年推出第一款车，2013年开始实现盈利，2016年销售汽车达38万辆，以196%的增速位居中国品牌榜首，其对广汽集团盈利的贡献度已经排在了第一位。从销量上看，广汽集团自主品牌还没有达到长安、长城、吉利、奇瑞的销量高度，但如果从盈利能力上分析，广汽集团自主品牌却已经在短短的十年间，建立起了满足商务

---

* 李新宇，广州汽车集团股份有限公司助理工程师；欧阳惠芳，广州汽车集团股份有限公司教授级高级工程师。

结构需要的企业内部从事的包括研发、采购、生产、营销等业务内容，打造出组合业务的盈利模式，表现出惊人的盈利水平，在国企汽车集团中处于领先地位。其突飞猛进的发展不仅带动了广汽集团销量的增长，也大幅提升了集团的盈利水平。广汽集团自主品牌靠什么赚钱？其盈利模式有什么特色？正是本文需要研究分析的重点。

一 盈利模式概述

盈利模式，又称商业模式，是管理学的重要研究对象之一。盈利模式是企业在市场竞争中逐步形成的企业独特的商务结构及对应的业务结构，盈利模式可以分成自发的盈利模式和自觉的盈利模式两类。成功的盈利模式一般有3个共同特点，第一个是要能提供独特价值，第二个是胜人一筹的盈利模式，第三个是脚踏实地，把盈利模式建立在对客户行为的准确理解和假定上。总之，成功的盈利模式必须能够突出一个企业不同于其他企业的独特性，而且各个部分要互相支持和促进。

广汽集团自主品牌的盈利模式属于自觉的盈利模式，在研究消费者的需求和偏好、分析汽车市场竞争态势的基础上，选择中高级汽车产品和服务为主要业务去吸引消费者。通过有效配置研发、采购、生产、营销等内部资源，创新产品和服务独特性的组合，向消费者提供额外的价值，让消费者用更低价格获得同样利益，或者用同样价格获得更多利益。

二 广汽集团自主品牌盈利模式的形成

广汽集团自主品牌由广汽研究院和广汽乘用车两大部分组成，广汽研究院承担产品的研发，广汽乘用车负责采购、生产、营销等业务。经过十多年的发展，广汽集团建成了以广汽全球研发网络、广汽生产方式、全球供应链体系等为重点的造车体系，形成由研发、采购、生产、营销等各个价值链组成的业务结构，在企业经营理念的指导下，各业务之间的资源不断进行整合，在市场竞争中逐步发展成为广汽特有的赖以盈利的商务结构，该模式表现出了不同于其他企业的独特性。

（一）发展历程

早在 2005 年广汽集团就开始对自主品牌项目的谋划，广汽研究院于 2006 年 7 月成立，为自主品牌产品和技术研发提供支撑。广汽集团于 2007 年正式成立自主品牌项目领导小组和工作组，随后在 2008 年成立广汽乘用车有限公司，作为广汽集团自主创新和自主品牌建设的实施载体，历经八年运作，实现了跨越发展。广汽乘用车于 2010 年底推出了第一款传祺品牌轿车，传祺的销量从 2011 年的 1.7 万辆快速增至 2015 年的 19 万辆，年均增速明显高于其他自主品牌。2016 年广汽集团自主品牌以销售汽车 38 万辆超额完成年度目标，并以 196% 的增速位居中国品牌榜首，实现了优质高速发展。在发展过程中，广汽自主品牌的研发、采购、生产、营销等业务逐步成熟，形成了独特的盈利模式。

（二）经营理念

广汽集团自主品牌秉承"人为本、信为道、创为先"的理念，坚持"以智慧和不懈努力，铸就世界品质和社会信赖的卓越企业"的目标。奉行"融合欧美及日本管理经验，构建以 6C：Challenge（勇于挑战）、Change（积极变革）、Creative（创新思维）、Communication（有效沟通）、Cost（成本递减）和 Continue（持续改善）"为特征的企业文化环境，塑造"有序分工协调作战的卓越团队，铸造世界品质和社会信赖的卓越企业"的企业文化。推行"国企的平台、民企的效率、合资的流程"的企业管理，坚持正向研发产品，推行广汽采购方式，打造广汽生产方式，开创集群网络营销服务新模式。

（三）盈利模式的形成

广汽自主品牌通过确立自己"正向开发、全球供应、精益生产、精准

营销"的独特风格，对消费者悉心研究（界定客户需求和偏好）、对市场
细心分析（界定消费者和竞争者）、对产品智能制造（广汽生产方式）、对
营销精心策划、对业务开展脚踏实地调研，把盈利模式建立在对客户行为
的准确理解和假定上，形成了自己独特的研发、采购、生产、营销业务盈
利模式。

1. 研发模式

广汽研究院在经营理念的指导下，坚持以市场、消费者为导向的正向研
发，为把好设计变成好产品。建立了广汽全球研发网，创建了拓展性良好的
广汽跨平台模块化架构（G-CPMA），建成了富有特色的自主研发体系，规
划了产品布局，同时加速在动力总成技术、新能源技术、智能互联、无人驾
驶等基础领域和前沿技术上的研发和产业化布局，拥有了一大批技术创新成
果和专利技术，获得了国家企业技术中心认定，形成了自主品牌研发的核心
竞争力，产品开发周期缩短，研发成本有效降低，为支撑广汽集团自主品牌
的盈利模式打下了坚实的基础。

2. 采购模式

广汽乘用车按照零库存管理要求，建立国际视野、高品质、低成本，国
内领先、国际先进的全球供应链体系，推行广汽采购方式。全球化的零部件
配套、及时交货期、先进的零部件制造工艺及质量控制体系，保证了自主品
牌传祺产品的研发水准和产品品质，为扩大企业盈利效果奠定了基础。

3. 生产模式

所谓生产，就是以规定的成本、规定的工时，制造出品质均匀、符合标
准的产品。广汽乘用车遵照经营理念的要求，借鉴丰田的精益生产方式，建
立广汽生产方式，其包括三大核心内容："止、呼、待"、零库存管理和标
准作业。"止、呼、待"就是在生产过程中，通过设备发现问题并产生呼
叫，同时软硬件设备自动让生产线停下来，等待处理，确保生产线不带病
作业，保证产品安全和人身安全，确保产品品质，降低制造成本。零库存
管理就是以市场为导向消除一切浪费，并借此开展有计划的采购、有节奏
的销售等业务，企业库存量大幅度下降，运输成本不断降低。标准作业，

就是将每一操作程序和每一动作进行分解并标准化，工人按一个工序所需的周期时间，按标准化的程序和动作要求完成作业，有效保障生产过程中不出或少出废品，大幅度降低产品的不良率和生产成本。广汽生产方式为广汽集团自主品牌降成本、增效益打下坚实基础，企业整体盈利能力不断提升。

4. 营销模式

广汽乘用车按照产成品零库存管理的要求，充分吸收国内优秀经销商的成功经验，开创"4S 店 + S 卫星店"的集群网络营销服务新模式，销售渠道下沉，紧贴市场和消费者。在中心城市呈集群建立 4S 店，周边地区密集布局 MS 及卫星店，形成网络集群。推广"加分服务"品牌，以"专业、周到、创新、信赖"理念获得消费者满意度。通过构建最低渠道成本、最高销售效率、最快传播节奏和最大顾客满意、独特的广汽营销方式，制造商和销售商盈利能力共同得到提升。

三 广汽集团自主品牌盈利模式分析

2016 年广汽集团实现汽车产销分别为 166 万辆和 165 万辆，同比分别增长 30.28% 和 26.96%，增速高于汽车总体市场 15.7 个和 13.26 个百分点，销量增幅位居国内六大国有汽车集团之首。其中，广汽集团自主品牌2016 年销售汽车达 38 万辆，以 196% 的增速位居中国品牌榜首。2016 年自主品牌对广汽集团盈利的贡献度已经排在了第一位。其突飞猛进的发展不仅带动了集团汽车销量的增长，也大幅提升了集团的盈利水平。

广汽集团自主品牌 2006 年正式起步，2010 年推出了第一款车，2013 年开始实现盈利。从销量上看，广汽集团自主品牌还没有达到长安、长城、吉利、奇瑞的销量高度，但如果从盈利能力上分析，广汽集团自主品牌却已经在短短的十年间锻造出惊人的盈利水平，在国企汽车集团中处于领先地位，这得益于广汽集团自主品牌"十年磨一剑"创建的研发盈利模式、采购盈利模式、生产盈利模式以及营销盈利模式。

（一）正向开发、中高端起步、共享平台，建立了研发盈利模式

广汽集团为保证自主品牌事业的成长，每年按营业收入6%～7%的比例向广汽研究院投放自主研发费用。截至2016年，广汽集团自主品牌研发总投资达120亿元。2016年10月，广汽集团正式发布150亿元的定向增发，用于新能源汽车与前瞻技术、工厂与车型、关键零部件等项目。得益于对广汽研究院的巨大投入，广汽集团自主品牌立足国际视野，坚持正向开发思路，确立中高端起步思想，实施共享平台战略，走出了一条"引进、消化、吸收、再创新"的发展道路。广汽集团自主品牌已经形成了国内行业领先的产品研发实力，开始进入收获期。

1. 正向开发提升盈利能力

广汽研究院通过购买意大利阿尔法·罗密欧166四门轿车平台，2009年开始了第一款车型的开发，通过快速消化吸收，开发出第一款传祺GA5车型。与此同时，广汽集团注重人才培养，从研发第一款车开始就派了很多技术人员到国外学习，让他们快速积累经验。在第二款车型传祺GS5的集成创新研发上，广汽研究院自己研发团队承担了大部分的工作，发挥了重要作用。同时，广汽研究院通过快速的消化吸收和创新实践，高度凝练自主正向开发汽车系列产品战略和开发思路，总结出了"基于跨平台模块化架构"（CPMA）的汽车正向开发技术，构建起自主品牌传祺家族的跨平台模块化共享架构（G-CPMA），并充分利用全球优势资源打造广汽全球研发网。从传祺GS4开始，广汽研究院完全实现了正向开发。GS4当年在"北美车展"首秀便获得了"未来创新"大奖，上市后单月销量最高超过3.4万辆；传祺GA6作为"10万级完胜座驾"，2016年12月销量同比增长273%，连续多个月月销量超过2000辆；传祺GA8被誉为"中产精英座驾"，2016年成为G20峰会官方指定用车；另一"爆款"传祺GS8一经亮相就获得了权威媒体的高度评价——"成熟得不像自主品牌"，上市仅3个月销量达9418辆，销量跃升至中大型7座SUV细分市场第二位。

目前，广汽集团自主品牌已拥有一套完整的研发体系，构建了一支结构

合理的研发队伍，形成了涉及整车制造、动力总成、车身、底盘等多个核心技术领域的开发能力。经过 10 年的发展，广汽研究院的整体研发实力在国内所有行业中的 1100 多家技术研究机构中排名居前 10 位。广汽集团自主品牌构建的正向开发体系已经成为自主事业盈利的重要依托。后续将给广汽乘用车源源不断地提供优秀的产品，计划在 2017 年推出共计 9 款新车，其中包括 4 款全新燃油车、3 款全新新能源车以及 2 款改款车型。广汽集团自主品牌的实践表明，正向开发虽然在前期投入大，但产品销量上去后，企业能够很好地控制开发成本，盈利能力持续提升。

2. 中高端起步确保单车利润

广汽集团自主品牌在初创阶段就确立了"定位高端、品质优先、创新驱动"的发展路径，通过导入阿尔法·罗密欧平台 166 中高级车平台，依靠广汽集团的技术、资金、人才优势，凭借合资车型雅阁、凯美瑞打下的坚实基础，选择中高级车起步，车型的起售价都高于 10 万元，其中，传祺 GS4 是传祺的明星车型，主销价格在 12 万元左右，且价格稳定。2016 年，传祺 GS4 在自主品牌传祺销量中的占比超过 80%。给自主品牌带来了可观的销售利润。后续推出的传祺 GA8 和 GS8 两款中高级车型，传递出广汽自主品牌不断向上冲击的信心。中高端 SUV 传祺 GS8 迅速得到市场认可，上市后第 3 个月销量达近万辆。此外，定位于高端 MPV 的 GM8 将随后上市，届时广汽自主品牌将形成轿车、SUV 和 MPV 的完整高端车型布局。GA8、GS8、GM8 三款车型同属于 C 级高端平台，一方面满足了消费者对高端产品的需求，推动中国品牌持续向上，另一方面充分展示了广汽自主品牌平台化、智能化、高端化的体系实力。

中高端汽车产品具有较高的价值和品质，其附加值高、单车利润空间大。广汽集团自主品牌 GA6、GS4、GA8、GS8 等多款中高端产品的成功热销，大大增强了企业整体盈利能力。

3. 平台化战略降低开发成本

如果说快速消化吸收为广汽集团自主品牌争取了时间，正向开发、中高端起步提供了盈利空间，那么平台化研发战略则是广汽集团自主品牌发展和提升盈利的重要手段。传祺 GS4 是 A/A0 级平台上的重要车型，它的热销摊薄了这个平台的成本，该平台上其他车型的研发及生产成本也明显降低。GS8 作为 B/C 级平台上最重要的车型，它的月销量近万辆，这个平台的成本也大幅降低。这两大平台上都有一款走量车型，很好地摊薄了整个平台的研发及生产成本，企业的经营效益大幅提升。平台化战略可以实现同产品平台开发、生产多款不同车型，丰富了车型谱系，缩短了产品家族的开发上市周期，有效降低了产品开发及生产成本，为广汽集团自主品牌的发展和盈利奠定了基础。

（二）全球配套、广汽采购方式、六大体系，成就了采购盈利模式

一辆乘用车由 1 万多个零部件组装而成，用标准化、规范化打造供应链体系也是企业降低成本、提升盈利能力的重要方式。广汽乘用车的供应链体系融合了欧美、日韩两大国际主流供应链体系的优势，并逐渐培育一批国内优秀供应商成为中坚力量，目前国内供应商占比已达到 50%。全球十家顶级供应商以最新的技术、最优的品质、最优惠的价格与广汽乘用车开展深度的战略合作。

1.全球配套商国内外拔尖

要生产高品质的汽车产品必须从选择优秀的零部件供应商开始，广汽乘用车在充分融合欧美和日韩体系优势的同时，以自身技术优势，着重培养国内优秀供应商，创建"国际视野、高品质、低成本"世界级水准的全球供应链体系。目前，广汽乘用车全球配套的供应商中，40% 是欧美系企业，20% 是日韩系企业，40% 是国内顶级的零部件供应商。全球十大顶级汽车零部件供应商都为自主品牌传祺产品配套，其他不少国际优秀汽车零部件供应商也不断提出配套合作的意愿。为与国内供应商一起推动中国汽车产业的发展，在与国内供应商合作时，由广汽研究院主导零部件产品开发过程中的关键技术指标，广汽乘用车派驻技术人员与供应商协调开展产品品质提升。依托高水平的全球供应链体系，广汽乘用车能够及时调整产能，实现供应保障能力和供应品质的大幅提升，快速有效地应对市场的变化，向市场打造出更

多的深受消费者喜爱的高品质产品。

2.广汽采购方式确保品质

广汽集团自主品牌在零部件采购中打造了技术最优、品质最佳、成本最低和供应最及时的广汽采购方式。广汽采购方式的核心是筛选和管理供应商、严控零部件质量，通过完整的体系充分挖掘供应链的潜力，将供应商的价值最大化，更好地服务于广汽集团自主品牌的研发和生产。通过标准化、规范化的供应链管理，确保汽车产品的品质持续稳定在高水平。

3.六大体系严控产品质量

六大体系是广汽采购方式严控零部件质量的重要措施。通过"资格认证体系"三方会审发挥各方的专业技能精挑细选供应商；通过"配套选择体系"公平甄选供应商，避免暗箱操作鱼目混珠；通过"考核评价体系"一票否决精选供应商，确保供应商的质量；通过"培育改善体系"助供应商自我提升，满足技术创新的需求；通过"价值工程体系"提升供应商的竞争力，应对激烈竞争的市场环境；通过"战略合作体系"使整车企业和供应商融为一体，齐心协力创造共赢局面。六大体系严控零部件供应品质，用标准化、规范化打造健康、活力的零部件生态圈。

（三）"止、呼、待"、零库存管理、标准作业，打造了生产盈利模式

广汽集团自主品牌为满足顾客的需要，追求以最少的投入获取最佳的运作效益，提高对市场的反应速度。在生产线建设上充分考虑资源空间最小、设备小型化、操作工位简练、工艺布局紧凑的原则，实现了整车一次合格率超90%，发动机装配线一次合格率接近99%，零部件库存减少70%，质量成本降低30%，投资降低15%，库存资金减少50%，传祺单台汽车制造成本下降44%。在保证品质的前提下大大提升了生产效率，有效降低了产品的制造成本。同时，充分借鉴了广汽丰田和广汽本田的造车与管理经验，并根据自身情况进行调整，形成一套高效实用、精益求精的生产体系，称之为广汽生产方式，并于2013年开始运行。广汽生产方式主要包括三大核心内容："止、呼、待"、零库存管理和标准作业。

1. "止、呼、待"保安全、降成本

"止、呼、待"就是在生产过程中，有设备达不到要求，设备发现问题并产生呼叫，同时软硬件设备自动让生产线停下来，或员工发现异常，采取措施立刻停下生产线，以防止次品流入下一道工序，等待工程师检测，异常问题处理后，再恢复生产，确保生产线不带病作业，保证产品安全和人身安全，提高产品品质，降低制造成本。

2. 零库存管理除库存、增效益

零库存管理就是以市场为导向消除一切浪费，所谓的零库存，是指包括原材料、半成品和产成品等物料在一个或多个经营环节中，尽量以周转状态替代传统的仓库存储形式，并借此开展有计划的采购和配送到生产线，准时制生产，有节奏地销售，消除中间库存，企业库存量大幅度下降，运输成本不断降低，企业生产率和盈利能力不断提高。

3. 以标准作业降低产品不良率

通过标准作业将每一操作程序和每一动作进行分解并标准化，工人按一个工序所需的周期，根据标准化后的程序和动作要求，按作业者能够最好地生产合格品的生产作业顺序，完成周期时间内的标准作业，确保生产过程中不出或少出废品，大幅度削减产品的不良率，降低成本。生产中，工人按标准作业要求，实施自工序完结，并坚持"三不原则"，即"不接收、不制造、不流出"不合格品，让每个岗位都成为质量检查岗位，保证所有产品在所有工序内100%合格，运用关卡前移的方法使问题点远离顾客。标准作业保证了产品的废品率和不良率得到了大幅度削减，企业整体效益得到不断提升。

（四）集群网络、创新营销策略、加分服务，开创了营销盈利模式

拥有高品质的产品仅是第一步，在高度市场化的大背景下，营销策略对于产品销量的提升起到了至关重要的作用。广汽集团自主品牌借鉴广汽丰田、广汽本田的营销策略和渠道体系上积累的丰富经验，并总结了国内外经

销商先进的运作经验，创新推出了"4S店+S卫星店"的网络集群营销服务新模式和以"专业、周到、创新、信赖"为四大核心理念的"加分服务"品牌，大大提高了产品的销量。

1. 集群网络营销

广汽集团自主品牌推出的"4S店+S卫星店"网络集群营销服务新模式，就是在中心城市呈集群建立4S店，结合不同地区的情况进行渠道布局，在周边地区密集布局MS及卫星店，加快渠道下沉，经销网络逐渐覆盖三四线城市，实现区县乡镇全覆盖，形成集群，着力打造30公里~50公里服务范围，提供便利的销售及售后服务，构建最低渠道成本、最高销售效率、最快传播节奏和最大顾客满意度的广汽营销方式。同时，积极运用"互联网+"创新模式改变营销方式，加强电商布局，实现互联网与实体店的有效融合。以扩大汽车销售量，降低销售成本，提高制造商和销售商的经济效益。

2. 创新营销策略

广汽集团传祺品牌通过各种有效途径获得顾客需求及购买力等相关信息，制定一系列有特色和针对性的营销策略，如通过心驰圣地、冰雪试驾活动和祺乐无比自驾游活动等特色试驾活动不断增强用户体验。在娱乐营销方面，在《变形金刚4》（好莱坞影片）、《一年级》（综艺娱乐节目）、《电影新青年》栏目（央视节目）和《碧海雄心》（影视剧）等节目中植入广告来提升品牌影响力，满足多元化购车服务需求，让消费者对广汽集团自主品牌充满信心。特别是策划广汽集团自主品牌传祺"上春晚"的活动刷爆了汽车界和媒体的朋友圈。在以"大美中国梦，金鸡报春来"为主题的央视春晚开场视频中，广汽传祺与高铁、大飞机共同展示中国智造的新气息，并独家冠名"@春晚"网络直播，成为"上春晚"的中国汽车品牌，并取得了良好的营销效果。

3. "加分服务"让客户满意

销量是衡量一款车是否成功的重要标准，但高销售量的背后，势必离不开车辆的高品质、高质量和完善的服务。一款车如果质量不过关、售后服务差，即使再便宜也无济于事。广汽集团自主品牌早在2010年就发布了"加分服务"品牌,以"专业、周到、创新、信赖"四大核心理念超越用户对自主品牌传祺品质的期待。在2016年度中国汽车售后服务客户满意度调查中,自主品牌传祺以87.14的高分名列榜首;2016年由中国质量协会、全国用户委员会开展的中国汽车行业用户满意度测评(简称CACSI)中,传祺以78分(平均成绩75分)荣登中国品牌销售满意度排行榜榜首。

广汽集团自主品牌在产品营销上,秉承"顾客第一"的宗旨,以不断超越顾客期待为目标,获得了消费者的信赖,2016年生产和销售获得全面成功,传祺品牌特约经销商100%实现盈利,有许多经销商正排队申请成为传祺特约经销商。

四 小结

广汽集团自主品牌由广汽研究院和广汽乘用车两大部分组成,广汽研究院承担产品的研发,广汽乘用车负责采购、生产、营销等业务。经过十年的发展,广汽集团自主品牌在研发方面建成了广汽全球研发网,在采购和生产方面创立了以全球供应链体系及广汽生产方式为核心的世界级自主品牌造车体系,在营销方面创新推出了"4S店+S卫星店"的网络集群营销服务新模式,形成了由研发、采购、生产、营销等各价值链组成的业务结构。在企业经营理念的指导下,各业务之间的资源不断优化整合,逐步形成了广汽特色的商业架构,并在市场竞争中逐步发展成为企业特有的赖以盈利的商务结构,即盈利模式。该盈利模式成功地运作,大幅提升了广汽集团自主品牌的盈利水平。广汽集团自主品牌盈利模式的不断实践,积累和形成了其盈利模式特有的内涵,表现出了其独特性,可为中国自主品牌汽车的发展提供借鉴。

参考文献

邢斌:《华晨汽车自主品牌营销策略研究》,硕士学位论文,沈阳大学,2016。

陈力华、杨亚莉：《中国自主品牌汽车发展战略研究》，《技术经济与管理研究》，2009 年第 5 期。

李刚：《我国自主品牌汽车的市场营销策略研究》，《上海汽车》，2009 年第 6 期。

赵倩：《提升中国自主品牌汽车的品牌力》，《上海汽车》，2006 年第 1 期。

杨再高等：《广州汽车产业发展报告（2015）》，社会科学文献出版社，2015。

B.17
基于产融结合战略促进
产业链协同发展研究

洪云　黄坚*

摘　要：　产融结合是产业资本发展到一定程度，寻求经营多元化并提
升资本运营效率的产业发展新趋势。广汽集团 2006 年开始探
讨建立产融结合战略，采用"由产而融"的形式发挥自身产
业链的协同优势，通过合资合作开展汽车产业与金融产业的
结合，在内部上下游企业开展汽车保险、汽车金融等业务组
合，释放出上下游企业发展新动能，有效促进了主业的发展。
2006 年广汽集团销售汽车 35 万辆，实现销售收入 693 亿元，
到 2016 年销售汽车达 166 万辆，实现销售收入超 2780 亿元。
产融结合战略促进了广汽集团产业链协同发展并取得了可喜
的成果。

关键词：　产融结合　由融而产　由产而融　产业链协同

一　产融结合概述

产融结合是指产业与金融业在经济运行中为了共同的发展目标和整体效
益通过参股、持股、控股和人事参与等方式而进行的内在结合或融合，是产

---

* 洪云，广州汽车集团股份有限公司经济师；黄坚，广州汽车集团股份有限公司工程师、经济
师、PMP。

业资本与金融资本间的资本联系以及由此产生的人力资本结合、信息共享等的总和。欧美产融结合历时 1 个多世纪，经历了"由融而产"到"由产而融"的过程。通常产业集团利用自身高评级和低利率优势，为上下游提供金融服务，其发展的初期往往呈现爆发之势，如通用汽车、UPS 等在最初的 5 年金融业务保持 30% 以上的年均复合增速。但这一优势并非无限延伸，从通用汽车、UPS 的案例来看有三个特点，一是产融结合的发展往往先经历内部梳理，再到外部输出；二是通过合理的业务组合保证自身健康的现金流，在此基础之上才能为外部提供资金和金融服务；三是不以超额利润为核心，而是通过金融业务推动主业的发展。

中国目前处于"由产而融"发展初期，前些年经济增速放缓，不少企业融资困难，银行更加惜贷，部分优质的企业无法通过融资来发展壮大，为"以产带融"产业链金融模式创造了发展契机。中国由于政策规定银行业不能投资实业，银行资本就难以与产业资本结合，产融结合的发展方式无法沿着"由融而产"的路径发展，现阶段中国的产融结合多为产业集团采用"由产而融"的形式开展，利用产业集团发挥产业链的协同优势，先对内部上下游开展合理的业务组合，从而降低违约率和资金成本，保证自身健康的现金流，在此基础上才考虑对外部提供资金和金融服务。产业集团通过金融业务推动主业的发展，这种"由产而融"的产融结合真正利好实业。

二 广汽集团产融结合模式的形成

广汽集团成立于 1997 年，主营业务是整车及零部件研发和制造、汽车销售与服务。经过多年的发展，2006 年全年销售汽车 35 万辆，完成销售收入 693 亿元。随着汽车市场竞争加剧、自身业务规模的不断扩大，产业链上游的配套企业建设资金融资能力不足，下游的汽车销售业务相关配套服务如车辆保险、汽车消费信贷、库存融资等存在诸多环节的限制，产业链运营成本不断增加，集团自身在汽车保险、汽车金融和资本运作方面缺乏强有力的支撑，一定程度上制约了产业的发展。作为一家注重实体产业发展的传统大型汽车企业集团，为更好地支持实体产业的发展，急需在国家政策的扶持下，探讨建立产融结合战略，寻求产业资本与金融机构合作，申请相关金融牌照，通过发起设立或合资合作等方式积极探讨产融结合的经营模式，开展汽车保险经纪、汽车保险和汽车金融等业务，先后成立了广爱保险经纪、众诚保险、广汽汇理、广汽资本等公司，拓展多元化经营，推动产业链各环节健康协同发展，提升广汽集团资本运营的质量。同时，保险和金融机构融入汽车产业，可以获得稳定的汽车金融业务，迅速提升业务质量。

（一）成立广爱公司

为尝试汽车产业与保险机构的融合，更好地促进汽车产业的发展，在国家相关政策的扶持下，2006 年，广汽集团与日本爱和谊保险公司合资组建全国性的广爱保险经纪公司（下称广爱公司），于当年 5 月 8 日获中国保险监督管理委员会批准成立。广爱公司成立后，通过产融结合，结合外资保险公司的业务经验和广汽集团深厚的产业背景，以广汽集团旗下乘用车品牌遍布全国各地的 4S 店为平台，开展具有广汽特色的汽车保险经纪业务，并围绕汽车保险，扩展至企业保险等其他保险领域。目前，公司的业务已覆盖全国 50 多个大中城市。

（二）成立众诚保险

为完善汽车产业链结构，进一步开发专业汽车保险业务，广汽集团在积累广爱公司开展保险经纪业务经验的基础上，2011 年，发起成立了众诚汽车保险股份有限公司（下称众诚保险），主营业务有各种机动车辆保险业务、与机动车辆保险有关的其他财产保险业务等。经过五年的经营，凭借良好的业绩和实力，2016 年众诚保险成为国内首家挂牌新三板的专业汽车保险公司（证券代码：835987）。众诚保险立足专业化经营，充分发挥保险功能，凭借广汽集团及汽车产业链的技术资源、客户信息、销售网络优势，专注车险，积极打造专业的全流程用车风险管理服务。

（三）成立广汽汇理

汽车产业与保险业的结合为广汽集团的汽车销售提供了保障，而资金的支持对汽车销售更不可或缺。2010 年，广汽集团携手法国最大的银行——法农集团旗下东方汇理个人金融股份有限公司合资设立了华南地区首家中法合资的广汽汇理汽车金融有限公司（下称广汽汇理），作为专业的汽车金融公司，广汽汇理致力于为广汽集团相关品牌的汽车终端客户和经销商提供高品质汽车金融服务，推出库存融资、平衡信贷、随心贷、开心信贷、百灵信贷、360 计划以及差额保全服务等金融产品，利用大数据，精准定位，细分客户人群，创新推出多样化的产品，提升消费者满意度。

（四）成立广汽资本公司

2013 年 4 月广汽集团全资成立广汽资本有限公司（下称广汽资本），致力于塑造"视野全球化、机制市场化、投资专业化"的产融结合典范，依托强大的股东背景开展资本经营，通过战略投资、设立及参股有限合伙基金和资产管理的业务模式，充分运用汽车产业链资源，聚焦汽车新能源、新材料、智能化及互联网等汽车产业链关键领域，同时深挖战略性新兴产业领域的投资机会，缔结多方战略合作伙伴，携手发展。通过独立管理、共同发起设立、合作跟投、杠杆式撬动社会资本等市场化运作方式，支持广汽集团产业结构调整和转型升级，助力广汽集团在多元化发展中实现价值共享。

三 广汽集团产融结合促进产业链协同发展

广汽集团 2006 年开始探讨建立产融结合战略，先后成立了广爱公司、众诚保险、广汽汇理、广汽资本等金融企业，发挥自身产业链的协同优势，在集团内上下游企业中开展汽车保险、汽车金融、资本运作等业务组合，从两个层次推动了产融结合向纵深发展，释放出了上下游企业发展新动能，并取得了很好的效果。

一是从汽车产业与保险机构融合的角度推进产融结合。广汽集团早期投资保险业的初衷是为了支持汽车产业的发展，经过多年的发展，广汽集团旗下的金融业与汽车产业形成了相互促进的良好局面，金融业与汽车产业的融合更加紧密。

二是从汽车产业与金融机构融合的角度推进产融结合。随着企业经营规模的扩大和发展阶段的变化，对资金也提出了更加多样化的要求，融资、信贷等金融工具成为企业解决资金问题的重要手段。以满足汽车产业综合金融需求为目的，金融机构不断开展产品创新，有效地促进金融业和汽车产业的融合发展。

广汽集团推行及深化产融结合的战略取得了可喜的成果。2006年广汽集团销售汽车35万辆，实现销售收入693亿元，到2016年销售汽车达166万辆，实现销售收入超2780亿元。

（一）实现产业与保险机构结合

广汽集团的保险业务分为汽车保险经纪和汽车保险，两者互为依存又互为补充。广爱公司作为众诚保险的经纪公司，也兼担其他专业保险公司的经纪业务。一方面，开展众诚保险的经纪业务，协助众诚保险在广汽集团各整车企业4S店开展保险推广业务。另一方面，为满足消费者对不同专业保险公司业务的选择，及时补充其他专业保险公司经纪业务，既满足了各品牌顾客对不同专业保险公司的保险业务需求，又促进了各品牌汽车产品的及时销售。众诚保险则充分发挥其专业保险公司的特点，开发更多的产品，满足广汽集团众多汽车品牌的需要。

经过多年的发展，广爱公司在全国已设立21家分公司及营业部，业务网络已覆盖至全国200多个大中小城市，为合作主机厂提供派驻及服务的店达540家，2016年营业收入1.2亿元。众诚保险公司已开设了广东、深圳、上海、浙江、湖南、山东分公司和宁波中心支公司共7家总公司直管机构，在有分支机构覆盖的地区，其资本实力不断提升，偿付能力达到420.06%，2016年实现保费收入10.5亿元，营业收入9.69亿元。广汽集团汽车保险经纪和汽车保险业务的开展，大大促进了各品牌汽车的销售量，取得了很好的效益。

（二）产业与金融机构相结合

作为资金密集型行业，汽车产业虽然在生产周期上比房地产短，但也同样存在巨大的融资需求。汽车企业为了能按期扩能、按时组织生产、及时满足整车企业对零部件配套，在产品研发、设备改造、工厂建设等方面需要金融机构的大力支持。另外，汽车销售等产业链下游的汽车经销商企业为规模化开展营销，加快汽车销量速度，减少商品库存，在库存融资、零售贷款和网络销售及服务等方面需要金融机构的支持。汽车产业链上下游企业面临的资金需求，为广汽汇理提供了巨大的业务空间。广汽汇理在有效防范和控制风险的前提下，一是通过融资租赁手段为相关零部件企业提供业务帮助和资产融资租赁支持，确保零部件企业产能扩建项目按期完成。二是通过加大经销商库存融资和零售贷款支持力度，帮助各品牌汽车经销商企业扩大营销规模，及时销售汽车产品，减少商品库存，提高经济效益。

2016年，广汽集团经销商总数达1867家，广汽汇理开通业务的经销商达1670家，零售贷款业务覆盖了90%的广汽集团经销商，全年完成库存融资发生额800亿元、贷款金额150亿元。广汽集团产业与金融机构结合大大促进了汽车制造主业的发展。

（三）产业与资本运营相结合

广汽资本公司背靠汽车产业，积极开展资本运作，运用基金管理、股权投资等形式，先后设立了上海星巢创业投资中心基金，重点关注新媒体、影视及艺术品平台；广州盈锭产业投资基金合伙企业基金，主要投资汽车产业链上下游、先进制造业、大消费和金融服务等战略性新兴产业，同时关注优秀国有企业混合所有制改革的投资机会，投资阶段侧重成长期、成熟期和未上市成长性企业的股权投资，及上市公司定向增发、并购重组、新三板挂牌企业的股权投资等；深圳广证盈乾创新技术产业壹号投资基金，以汽车产业链上下游为主，重点关注新能源汽车核心技术和智能驾驶先导技术，同时关注工业 4.0、供给侧改革、消费升级等领域，投资阶段覆盖 A 轮之后的 VC 投资和 PE 投资，及上市公司定向增发、并购重组、新三板挂牌企业股权投资等；广州智造创业投资企业基金，投向以汽车产业链上下游为主，重点关注工业 4.0、智能制造、汽车智能驾驶等领域，投资覆盖后 VC 及 PE 阶段，关注新三板挂牌企业股权投资机会。这些基金的设立，一方面为广汽资本树立起汽车产业链上下游的投资理念，另一方面也推动了公司在其他战略性新兴产业领域投资的多元化发展。基金项目的推进，积累了经验、培养了人才、锻炼了队伍，为集团扩大资本运作打下了基础。

（四）做好产业与统筹资金相结合

2016 年，广汽集团着力做好资金统筹管理工作，强化风险管理。深入开展"存 + 贷"业务合计 29 亿元，积极发挥结算中心功能，累计归集资金 555 亿元，顺利开展资金结算业务 3 万笔，给相关投资企业发放委托贷款 12.5 亿元。并根据企业资金需求及项目开展情况，全年对投资企业增资共 66.83 亿元，提高了企业可持续发展能力。委贷续期展期资金 7.81 亿元，有效缓解了企业资金周转压力。另外，支持广汽研究院研发投入 13.2 亿元、新能源项目 5.2 亿元，给集团自主创新事业提供强有力的资金支持。集团统筹资金并集中管理，大大提高了资金使用效率和经济效益，促进了产业链的快速发展。

（五）推动产业与股权融资相结合

为了抓住智能网联新能源汽车新一轮的发展机遇，确保资金的投入，广汽集团在产融结合模式上作出了新的探索——发起非公开发行计划，募集总额不超过 150 亿元的长期稳定发展资金，募投的项目包括智能网联新能源汽车与前瞻技术、工厂与车型和关键零部件等方面，覆盖了从研发到生产的全过程，涵盖了整车及关键零部件等多个品类。项目研发支出主要包括平台开发费用、乘用车整车产品开发费用、关键零部件开发及产业化开发费用、前瞻技术研究费用等。这些项目具有良好的市场发展前景，项目建成投产后，将有助于提高公司的生产和研发实力，进一步加强自主品牌体系建设，拓宽产品谱系，加快延伸产业价值链。通过提升研发能力，进一步巩固核心竞争优势，有利于在新的产业价值链中快速抢占领先地位。同时，也将有效提升公司的资金实力和资产规模，提高公司整体核心竞争力，促进做大做强，实现广汽集团"十三五"战略规划目标，早日成为先进的汽车集团。

四　小结

参照欧美产融结合发展的三个特点和现阶段中国的产融结合多为产业集团采用"由产而融"的形式开展业务的趋势，结合广汽集团产业与保险机构、产业与金融机构、产业与资本运营、产业与统筹资金以及产业与股权融资相结合的探索与实践，可以看出，利用产业集团产业链的协同优势，通过产业资本与金融资本融合，可为产业链上下游企业提供优质高效的符合实体经济需求的资金和金融服务，可帮助相关企业扩大营业规模，减少商品库存，并大大提高资金使用效率和经济效益，促进产业链的整体和快速发展。同时金融资本与产业资本融合，可以获得稳定的为产业服务的金融业务，迅速提升金融产业的业务质量，提高市场竞争能力。因此，产业集团采用"由产而融"的产融结合形式开展金融业务，不仅利好于产业链整体健康发展，而且有助于金融业做大做强。

参考文献

袁艳平：《战略性新兴产业链构建整合研究》，硕士学位论文，西南财经大学，2012。

魏然：《产业链的理论渊源与研究现状综述》，《技术经济与管理研究》2010 年第 6 期。

邵昶：《产业链形成机制研究》，硕士学位论文，中南大学，2005。

杨再高等：《广州汽车产业发展报告（2016）》，社会科学文献出版社，2016。

B.18
广汽集团合资合作新内涵研究

黄 坚 赵尚科*

摘 要： WTO 以来，中国汽车产业开展的合资合作为整个产业快速发展提供了强大的推动力，随着汽车产业进入新的发展阶段，合资合作需要创新发展才能保持其生命力。本文重点研究了广汽集团合资企业股东方从销售体制改革及销售网络模式创新、产品布局及合资企业规划、股东方品牌融合及自主技术输出等方面为合资企业注入新内涵的实践。2016 年广汽集团合资企业汽车销售占全集团汽车销售总量的 77.36%，成为汽车销售的主力军，标志着广汽集团合资合作事业进入健康稳定的发展时期。

关键词： 合资合作产销分离 销售网络模式 广汽

2016 年广汽集团销售汽车 1650095 辆，同比增长 29.96%，实现销售收入 2725 亿元，同比增长 26.2%，。其中广汽本田销售汽车 638791 辆，同比增长 10.12%；广汽丰田销售汽车 421800 辆，同比增长 4.64%；广汽菲克销售汽车 146439 辆，同比增长 270.84%；广汽三菱和本田汽车（中国）分别销售汽车 55888 辆和 11547 辆，基本与 2015 年持平。合资企业共销售汽车 1276266 辆，占广汽集团汽车销售总量的 77.35%，成为汽车销售的主力

---

* 黄坚，广州汽车集团股份有限公司工程师、经济师、PMP；赵尚科，广州汽车集团股份有限公司经济师。

军，标志着广汽集团合资合作事业进入稳步发展时期。这些合资合作成果的取得，得益于合资企业股东方积极寻求合资合作的新内涵，从产销分离的体制改革、扩充企业产品阵容、创新销售网络模式、推进股东方品牌融合、制定合资企业中期规划等方面推进合资合作深入开展。

一　合资合作的意义

有专家认为，WTO 以来，合资合作在给中国汽车产业带来资金的同时，也带来了先进的制造技术与管理经验，增加了国家和地方的税收收入，扩大了劳动力就业，特别是为中国汽车产业培养了大批的供应商、大量的汽车行业技术及管理人员，促进了自主品牌汽车的发展，为中国汽车产业快速发展起到了积极的促进作用。合资合作激活了中国汽车产业的生命力，实际上，合资企业好比沙丁鱼群中的鲶鱼，给自主品牌汽车生产企业带来了危机意识，也刺激自主品牌汽车生产企业提高生存能力，自主品牌创新步伐加快，汽车产业结构升级提速，为中国汽车产业快速发展提供了强大的推动力。当前汽车产业的发展进入新常态，在产业发展重点由数量增长向质量优化提升转变的全新发展阶段，合资合作被赋予了全新的内涵和要求。因此，中国汽车产业在合资合作新的发展阶段发挥的作用应该是：推动实现从合资造车到合作开发的转变；创新各合资主体之间的多元合作模式；抢占新能源汽车等新兴领域发展制高点等。因此，新常态下合资合作为中国汽车产业的发展赋予了新的历史意义。

二　广汽集团合资合作的发展

成立于 1997 年的广汽集团，在中国改革开放的前沿阵地广州，积极参与到合资合作、自主创新的改革大潮之中，走出了一条颇具特色的发展道路，带动了广州汽车工业的崛起。尽管在合资合作的历程中，经历了广州标致项目由于种种原因最终失败，以及相关零部件配套产业整体沦陷，但在总结经验教训的同时，广汽集团不忘初心，踏实进取，奋勇前行。广汽本田的合作项目盘活了广汽集团的原有资产，使广汽集团成功走出广州标致失败的阴影。经过广汽本田项目的历练，广汽集团培育出了一支经验丰富的产业队伍，引进了当时与世界同步的先进产品和技术，特别是"少投入、快产出、滚动发展"的"广本模式"至今仍是业界发展的一个经典案例。广汽本田项目创造了多个"第一"：第一家汽车行业合资企业外方和中方股比为50：50；第一家汽车行业首创4S店销售模式引起业界效仿；第一家汽车行业内合资企业外方占大股建立本田汽车（中国）；首开汽车合资企业引进技术、产品、管理与世界同步的先河；首开汽车行业合资企业发展自主品牌的先河等。凭借大胆创新，广汽集团走出了一条与众不同的合资合作发展道路，在随后的广汽丰田、广汽菲克、广汽三菱等合作项目中广汽集团不负众望，获得了业界有目共睹的发展成就。目前，广汽集团合资合作事业进入了稳步发展时期。

合资合作对广汽集团的快速发展，特别是对广汽自主品牌传祺的快速发展具有关键意义，可以说没有合资合作就难有广汽集团今天的发展局面，也难有广州汽车工业现在的发展格局。

三 广汽集团合资合作新内涵的研究

为主动适应国家经济发展新常态，抢抓汽车行业发展新机遇，广汽集团积极推进合资合作深入发展，以新的视角、新的理念、新的领域和新的模式，从改革销售体制、全面布局产品、共享服务资源、推进品牌融合、制定中期规划、输出自主技术等方面探讨合资合作的新内涵。

（一）改革销售体制，全面成立销售公司

一直以来，广汽集团的合资合作企业均实行产销一体的体制，即在公司设置不同职能部门分别负责生产与销售业务，生产部门与销售部门包括销售部、市场部和售后服务部等同属于一个法人，由公司统一管理。这种体制存

在一定的弊端：销售管理为二级层次，决策效率和政策执行效率相应降低；公司决策层既管生产又管销售，容易影响销售公司的营销策略和政策的制定，激化生产与销售的矛盾；因生产与销售业务存在差异，通常在同一公司设置两种分配体制容易引起内部矛盾，增加管理难度等。随着汽车市场环境、市场规模、市场竞争、消费结构等一系列市场因素的不断变化，为了更好地接近消费者，贴近市场，拥有越来越多的用户，更有利于拓展市场，服务好消费者，经合资股东方协商，推进销售体制创新，改产销一体体制为产销分离体制。

产销分离体制的核心是产销各自成为经营实体，利用分工优势，各司其职，减少管理层次，提高决策效率和政策执行效率，调动各自的积极性和创造性。为适应汽车市场的变化，广汽本田、广汽丰田、广汽菲克、广汽三菱先后进行了产销分离体制改革，成立了具备独立法人的销售公司。

首先，广汽本田在广州新成立了拥有100%股权的广汽本田汽车销售有限公司，全面改善广汽本田的销售体制，进一步提升广汽本田的销售和售后服务各事业的效率，更好地把握市场动向，更加快速、高效地为顾客提供优质的产品和服务。下设的广汽 Honda 品牌的事业本部负责 Honda 和理念品牌产品的销售及售后。北京分公司则负责国产 Acura 品牌产品的销售及售后，此外北京分公司还接管了由本田技研工业（中国）投资有限公司从事的 Acura 产品的进口销售业务。

其次，广汽丰田在广州南沙注册成立了广汽丰田汽车销售公司，新公司正式投入运营后，进一步规范和理顺了销售机制和管理体制，根据市场需求快速调整供需关系，制定差异化的商务政策，持续提升销售渠道价值链业务水平。积极指导销售店开展品牌和促销包装活动，引导销售店之间相互协同、相互监督，稳定销售市场和销售价格。搭建完善的自媒体营销平台体系，重新定位电网销工作，探索创新合作方式。同时，完善二手车零售业务，强化销售店自主营销能力。

再次，广汽菲克在湖南长沙注册了广汽菲亚特克莱斯勒汽车销售公司，全面负责 Jeep、克莱斯勒、菲亚特三大品牌进口和国产车在中国的产品规划、市场推广、销售管理、售后服务、网络开发和财务管理等业务，进行销售网络的整合和优化，将原有销售网络全部纳入新的销售公司网络中，未来经销商的发展将开启多业态化、模块化发展模式。销售公司在合资管理模式上进行了突破性的尝试，启用职业经理人团队，建立"业绩导向"的绩效考评体系，采用分级授权管理，改变现行人员派遣模式。这一创新架构确保了合资企业能够充分借助双方母公司的实力，对中国消费者的需求做出更积极快速的响应。

最后，广汽三菱进一步深化内部调整，通过重组三菱进口汽车销售业务项目，收购三菱汽车销售（中国）有限公司100%的股权，成立广汽三菱汽车销售有限公司，管理进口销售公司业务，整合网络资源，统合制定商务政策，提高销售网络的全国覆盖率，不断完善营销服务网络，开展国产车、进口车并网销售，为提升营销力提供更大的空间。销售公司进一步优化管理机制以应对激烈的市场竞争，保持产销联动优势；进一步提高广汽三菱专业化销售管理水平，提升销售效率，打造广汽三菱市场营销的有力支撑点；拓宽产品销售渠道，更精准地把握市场动态，建立以用户为中心的市场销售体系，为广汽三菱的发展注入新的生机。

（二）全面布局产品，扩充企业产品阵容

广汽本田、广汽丰田成立初期均以中高端产品起步，如雅阁和奥德赛、凯美瑞和汉兰达，获得了巨大成功，雅阁和凯美瑞车型均多次获得中国中高端车型月销售冠军，满足了当时中国汽车市场的需求。随着中国汽车市场需求不断变化，为满足消费者需求多元化和多样化，合资企业开始了从中高端产品到高中低产品、从传统产品到混动/电动产品系列的全面布局。

目前，广汽本田量产车型包括讴歌、冠道、雅阁、雅阁混合动力、奥德赛、缤智、凌派、锋范、飞度、歌诗图、理念等系列。广汽丰田量产车型包括凯美瑞、凯美瑞混合动力、汉兰达、雷凌、雷凌混合动力、逸致、致享、致炫等系列。广汽菲克量产车型包括致悦、菲翔、Jeep指南者、Jeep自由侠、Jeep自由光等系列。广汽三菱量产车型包括劲炫、劲畅、欧蓝德等系

列。各合资企业的产品全面布局，大大扩充了广汽集团合资企业的产品阵容，增强了广汽集团整体的市场竞争力和抗风险能力。

（三）共享服务资源，创新销售网络模式

目前，汽车销售普遍采用"四位一体"4S店销售方式，包括整车销售、维修服务、零件供应、信息反馈四大功能。出于销售品牌建设的考虑，4S店均按前店后厂的固定模式建设，前面用作产品展示和销售，顾客接待及办公，后面则是汽车维修工厂。为满足这些功能，通常单个4S店建设资金高达几百万元甚至几千万元。随着经济的发展和互联网科技的快速应用，汽车售后服务和维修模式多元化、选择多样化，4S店汽车维修工厂的业务普遍不足，如今汽车销售利润趋薄，这种前店后厂的固定模式面临挑战。

经合资企业双方股东的协商，广汽集团从合资企业层面率先突破，探索4S店服务资源共享，开展服务资源共享的销售网络建设模式的创新。首先在新疆喀什疏附县授权建设"五合一"4S店，经营包括广汽本田、广汽丰田、广汽传祺、广汽菲克、广汽三菱五个品牌的产品销售和服务。统一规划的五个品牌4S店，前面建设各自独立品牌的产品展示、销售、顾客接待及办公等场所，后面共享一个维修工厂。这种模式既保持各品牌的独立性，又避免了4S店维修工厂的重复投资，有利于降低运营成本。广汽集团还在包括佛山、广州、长沙等城市推进广汽菲克、广汽三菱和广汽传祺三个品牌服务资源共享的销售网络建设模式。广汽集团服务资源共享的销售网络建设模式，已成为国内汽车行业首创的新模式，将为中国汽车未来的发展提供一种新思路。

（四）推进品牌融合，实现股东共享共赢

根据合资企业商标许可协议的要求，合资企业使用外方的授权商标。随着合资双方的优势资源对合资企业的品牌建设发挥的作用越来越大，在2016年车展上，广汽集团旗下广汽丰田、广汽三菱两家合资企业，均宣布正式启用全新企业标识，其他合资企业的新企业标识也在推进之中。广汽丰

田新标识是在原本仅有一个丰田"牛头"LOGO 的基础上，在左侧增加了广汽品牌 LOGO，同时"广汽丰田"字样的字体由银色立体式设计改为了红色扁平式设计。广汽三菱发布的由广汽品牌 LOGO 与三菱品牌 LOGO 各占半边天的全新企业标识，表达出了广汽三菱股东方平等合作、融合发展、互利共赢的共同意愿。广汽集团合资企业新标识的启用，体现了股东双方强强联合的意愿。

（五）制定中期规划，奠定未来发展基础

与中国自主品牌企业制定五年发展规划的习惯相比，跨国品牌在国内的合资公司，则对五年发展规划制定问题一直持谨慎的态度。为适应中国汽车市场发展的特性，奠定合资企业未来的发展基础，经各合资企业股东方协商，广汽本田、广汽丰田、广汽菲克、广汽三菱先后制定并发布了公司中期规划。

首先，按照规划，2020 年广汽本田年产销汽车将达到 100 万辆，进入本田、理念和讴歌三品牌运营阶段，涵盖了大众化、合资自主和豪华三个领域。面向 2020 年，广汽本田还将进一步完善产品阵容，推进新技术、新产品战略，导入节能和新能源车型，争取提前达成极其严格的 2020 年企业平均燃料消耗量目标，为中国消费者提供更加多样的"绿色出行"选择。广汽本田全细分市场的规划布局，可以积极争取不同类型的新顾客，扩大合资企业的市场占有率。

其次，广汽丰田发布了中期规划，计划至 2020 年，形成由 10 款以上产品组成、覆盖所有主流细分市场的产品阵容，导入更多中小型车，在更多细分市场导入混合动力产品，并加大推广普及力度，推动混合动力从技术领先走向市场领先；形成逾 800 家经销店的销售网路，挑战年产销量 100 万辆；实施微笑战略与 TNGA 战略，在下车身大量使用共通化零部件的基础上，对上车身进行自主开发，进行更深度的定制，提升产品魅力；通过推进零部件的共通化，将在确保品质的前提下有效降低成本，为消费者带来更高性价比的产品。同时，广汽丰田构筑 ONLY ONE 渠道品牌，打造一支具备车型开

发能力的研发团队，加快推进自主品牌车型研发，专为中国顾客打造，最大限度地实现本土化开发。对现有生产线的生产体系进行变革，灵活应对需求变动，保持高效率、高品质，制订产能提升计划。

再次，广汽菲克公布的未来 5 年规划，调整了在中国市场的产品计划，2020 年底前将在中国推出 10 款新车，强化 SUV 布局，提升 Jeep 品牌的 SUV 产品投放数量，未来 Jeep 品牌在中国的产品线将覆盖从小型 SUV 到全尺寸 SUV 各个细分市场，形成业内最丰富的 SUV 产品线。

最后，广汽三菱发布了未来车型导入计划，到 2020 年，广汽三菱将连续为中国市场引入 10 款三菱新车型（含改款车型），继续坚持"SUV + 新能源"的战略，未来的产品主线仍将是由 SUV 担当，为未来发展奠定坚实的基础。

（六）输出自主技术，解决企业车型不足问题

广汽自主品牌传祺经过十年的发展，人才、技术、软硬件条件以及研发能力不断提升，产品开发综合实力不断增强，陆续推出的 GS5、GS4、GA8、GS8 等竞争性自主品牌产品，深受消费者喜爱，在行业的地位也得到不断提高。目前，国内市场竞争特别是跨国汽车公司之间的竞争日趋激烈，随着广汽集团综合实力，特别是技术实力、配套能力和管理能力的全面增强，在合资企业车型引进、市场定位、产品规划等方面的主动性和话语权有所增加。通常合资企业根据双方签订的技术协议的规定，从合资的外方导入车型，即使是合资自主模式，也是导入合资公司的车型，这样的合资合作模式将随着国内汽车产业逐渐走向成熟而逐渐发生改变。广汽研究院还协助广汽丰田开发了纯电动车产品 GT03，未来更多车型将导入合资企业，这种合资合作模式将更有利于合资双方利益最大化。

四　小结

广汽集团推进合资合作发展的历程证明，合资合作不仅激活了汽车产业

的生命力，并为汽车产业快速发展提供了强大的推动力，随着汽车产业的发展进入新常态、新阶段，合资企业的股东方必须以创新的理念为合资合作注入新的内涵。本文重点从合资企业改革销售体制成立独立法人的销售公司，提高企业销售体系的核心竞争力；导入系列产品全面布局，扩大合资企业产品阵容满足消费者多元化和多样化需求；合资企业间共享服务资源创新销售网络模式，降低4S销售店的投资成本和运营成本；推进合资股东方品牌融合，统一品牌形象，实现股东共享共赢；共同制定并发布中期发展规划，奠定合资企业未来的发展基础；输出广汽自主品牌新能源车型及技术，帮助合资企业解决新能源车型不足的问题等六个方面，研究了广汽集团深化合资合作的新内涵。广汽集团合资合作事业的创新实践，有的方面还是国内汽车行业首创的新模式，希望能为中国汽车产业的合资合作发展事业提供一种新思路。

参考文献

门峰、王今：《我国汽车产业合资合作与自主发展策略研究》，《汽车工业研究》，2013年第2期。

宁星华：《浅析合资合作的风险与防范》，《中国外资》2012年第15期。

梁松涛、肖洪钧：《中国汽车行业对外合资合作策略实施的分析研究》，《大连理工大学学报》（社会科学版），2000年第3期。

杨再高等：《广州汽车产业发展报告（2016）》，社会科学文献出版社，2016。

B.19
广汽传祺零部件配套战略的研究

许睿奇　欧阳思*

摘　要： 从汽车制造产业链的角度看，零部件产值占整车产值的50%～70%，车辆的质量问题，90%来自零部件，零部件质量是整车质量的重要保障。2016年广汽传祺凭着GS4、GS8等明星车型持续热销，以销量38万辆超额完成年度销量目标，同比增长196%，增速居自主品牌榜首。在J.D.Power发布的中国新车质量研究报告中，广汽传祺连续四年获得中国品牌第一，体现出广汽传祺世界级研发、采购、制造、营销体系构筑的全方位品质保证。本文对广汽传祺零部件配套战略进行了研究，从全球配套体系的建立、整车与零部件企业的战略关系、零部件配套战略理念、零部件供应商的选择及管理、战略合作关系等多方面分析了其战略实施的实践，对整车企业开展零部件配套战略制定和实施工作具有一定的借鉴意义。

关键词： 配套战略　全球配套体系　广汽采购方式　六大系统

2016年，中国汽车市场迎来了一波高增长。其中，自主品牌乘用车共销售1052.9万辆，同比增长20.5%，占乘用车销售总量的43.2%，比上年同期提高2个百分点，迎来难得的发展机遇。广汽传祺凭着GS4、GS8

---

* 许睿奇，广州汽车集团零部件有限公司内刊编辑、经济师；欧阳思，广州汽车集团零部件有限公司经济师、会计师。

等明星车型持续热销,取得了行业瞩目的成绩,以销量38万辆超额完成年度销量目标,同比增长196%,高出市场总体增长180个百分点,增速位居自主品牌榜首,实现了优质高速发展。随着GA8、GS8、GM8三款高端车型的陆续推出,广汽传祺也将引领中国汽车品牌不断向上突破。在高速发展的过程中,广汽传祺始终坚持中高端品牌定位,坚持国际标准和正向开发,坚持全球采购配套战略,其供应商零部件不良率为22ppm(即100万个零部件中只有22个不良件),远低于国内主流自主品牌供应商零部件不良率,甚至超越许多主流合资品牌。在2016年J. D. Power发布的中国新车质量研究报告中,广汽传祺荣获中国品牌四连冠,且在全行业总排名中进一步上升至第5位,获得中国汽车技术研究中心"C-NCAP十周年安全技术进步奖"。广汽传祺产品深受广大消费者的喜爱,走出了一条"定位高端,品质优先,创新驱动"、具有广汽特色的自主品牌发展道路,取得了中国自主品牌历史性的突破。未来,广汽传祺为自己定下了更苛刻的要求——供应商零部件不良率降至10ppm,也表达了其对品控的决心和信心。这种信心,来自全球配套体系的建立,来源于广汽传祺零部件配套战略的有效推进。

一 整车与零部件配套关系概述

零部件伴随汽车工业的发展而成长,是汽车工业发展的基础和重要组成部分,汽车零部件的不断成长将保障汽车工业的健康发展。目前,汽车产品较为成熟的开发模式是整车企业将整车设计理念、技术要求、主要参数等提交给已选定的零部件企业,在双方签订的合作协议下由零部件企业进行研发和创新,零部件企业初步产品如能满足整车设计要求就进行小批量生产,再次测试合格后就进行批量配套。因此,整车企业必须建立完善的零部件采购管理体系,确保引入众多具有优质零部件供应能力的协作伙伴,从而有效保证整车质量。但在行业中,往往整车企业都会有一种居高临下的心态,作为整车企业应该放下身段,用平等的身份与配套供应商交流,相互建立好感和信任。另外，整车企业对配套供应商的吸引力决定着供应商对企业的忠诚度，因此企业应该在市场竞争中不断提升品牌知名度，做好研发、生产、营销及品牌等方面的建设，扩大产销规模，逐年增加零部件采购量，提振零部件供应商的信心。由此可见，在当前自主品牌快速崛起的环境下，整车与零部件企业应该建立真正的紧密合作的战略合作伙伴关系，有利于我国自主汽车产业的创新能力得到整体提升。零部件和整车企业之间强强联手，形成长期和谐的合作伙伴关系，保持产品质量稳定、价格合理，整车企业也不需要四处找零部件供应商进行多轮的比价，双方的利润点都可以保持透明和恒定。成功的整零合作伙伴关系是加快产品开发、降低整车成本、降低采购成本、提高企业核心竞争力的有效途径。

二 广汽传祺零部件配套战略

（一）零部件配套战略

战略最早是军事方面的概念，指军事将领指挥军队作战的谋略，而具体到零部件配套战略，一是整车企业以转化研发成果，制造出高品质汽车产品，实现企业良好的经营业绩为战略规划目的；二是按 QCD 的要求，以建立起稳定的零部件供应网络，采购高品质、低成本的配套产品为基本方针；三是以选择合适的配套供应商，有效地管理配套供应体系为措施，保障零部件配套战略的实现。

（二）广汽传祺零部件配套战略

汽车行业里有一句老话："好的产品从选择靠谱供应商开始"，优质的供应商、优质的零部件资源是一辆汽车品质的基本保障。广汽传祺从起步开始就制定零部件配套战略。

1. 战略目的

广汽传祺造车战略理念是"国际视野、中高端起步、品质至上"，在建

253

设世界级工厂的前提下，采用严格的质量检测标准从源头把关产品品质。以高质量的产品获得消费者的信赖，为实现企业良好的经营业绩而努力。

2. 战略方针

坚持 QCD 的原则，在全球范围选择和培养优秀的零部件供应商，用标准化、规范化打造健康、活力的零部件配套生态圈，与世界顶级配套供应商建立长期的战略合作伙伴关系，形成稳定的零部件供应网络，采购高品质、低成本的零部件配套产品，确保整车产品的市场竞争力。

3. 战略措施

配套战略的核心是供应商的选择和管理。广汽传祺创立广汽采购方式，推行"六大体系"，严控供应商入门资格，加强供应商评价，持续打造核心供应链体系，保障零部件配套战略的实施。

三　广汽传祺零部件配套战略实施

广汽传祺能够在 J. D. Power 中国市场新车质量研究排名中连续四年获得自主品牌第一名，主要是借助科学高效的零部件配套战略。广汽传祺采用严格的质量检测标准，创立了广汽采购方式，推行"六大体系"，严控供应商入门资格，加强供应商评价和培育，充分挖掘供应链的价值，不断完善战略合作模式。在建设世界级工厂的前提下，与国际顶级零部件配套商合作构筑世界级的全球供应链体系，确保产品品质。在这个体系中，欧美系零部件企业占 40%，国内零部件企业占 40%，日韩系零部件企业占20%，全球前十位的供应商都为广汽传祺提供配套。在配套战略实施中，随着广汽传祺产销规模的快速提升，与国际顶级零部件企业谈判时可以占据更多的话语权，由此形成了更有利于广汽自主品牌发展的整零双方共赢发展的良性循环。

（一）建立全球供应链体系

零部件质量是整车质量的重要基础，整车企业必须高度重视采购系统的布局和建设。广汽传祺零部件配套战略的第一步就是规划建立一流的全球供应链体系。全球体系包括欧美、日韩跨国零部件企业、国内技术领先的零部件企业，他们的管理先进、技术领先、产品质量高。广汽传祺按国际通行的QCD原则在全球范围选择优秀的零部件供应商，有效地管理配套供应体系，通过与他们建立战略合作伙伴关系，形成稳定的零部件供应网络，确保整车产品的市场竞争力。目前，传祺与世界排名前十名的供应商均开展了紧密合作，其中博世公司为传祺配套了 ESP 车身稳定系统，行车过程中为车辆保驾护航。TRW（天合）公司提供的 EPS 电动助力转向系统，让传祺车辆拥有汽车操纵的稳定性和舒适性。大陆公司生产的制动真空助力器，反应敏捷且阻力小。DELPHI（德尔福）公司的汽车线束成为传祺身上的"神经与血管"。FAURECIA（佛吉亚）公司拥有全球第一的排放控制技术，其发动机排气歧管可减少一氧化碳排放，还能提升发动机的性能。Johnson Controls（江森自控）公司的蓄电池性能稳定、寿命长，为传祺提供保障。ZERO FLAG（采埃孚）公司提供的动力转向油泵，能有效减轻驾驶员操作强度，提高整车可操作性的作用。MAGNA（麦格纳）公司为广汽传祺提供寿命持久、操作灵敏顺畅的玻璃升降器，给车主提供最贴心的呵护。AISIN（爱信）公司为传祺提供优越性能的变速箱，操纵轻便，降低高速噪声。传祺选择 DENSO（电装）公司的汽车空调系统，它能对阳光的影响或周围温度的改变进行自动补偿，维持驾乘者预先所设定的温度。这些国际顶级供应商为广汽传祺起步发展阶段做出了应有的贡献。

（二）创立广汽采购方式

广汽传祺在零部件采购实践过程中创立了目标明确、技术最优、品质最佳、成本最低和供应最及时的广汽采购方式，通过确立供应链配套的战略目标，建立标准化、规范化的供应链管理，按产品规范和技术标准严控零部件供应质量，构建完整的全球供应链体系，充分挖掘供应链的潜力，将供应商的价值最大化，确保汽车产品的品质持续稳定在高水平，更好地服务于广汽传祺的研发和生产。广汽采购方式的核心是采购管理包括"资格认证、选择配套、价值工程、培育改善、考核评价和战略合作"的"六大体系"。

（三）推进六大体系

广汽传祺严格控制零部件产品品质，推进采购管理的"六大体系"，在选择和管理零部件供应商上，国内外供应商无一例外按管理要求执行。只有质量管控体系规范和稳定下来，零部件供应品质才会更有保证，供应商也会更积极响应广汽传祺高品质的零部件要求，才能给消费者提供品质一致的优质产品。

一是"资格认证体系"。在潜在供应商的选择上，广汽传祺从源头开始严格把控，建立供应商评价标准，采取多种方式对潜在供应商进行多重考察才确定入围供应商初步名单。采购部门会同技术、质量部门三方"会审"圈定供应商入门资格和范围，为符合标准的供应商颁发资质证明。然而，并不是所有通过资格认证的供应商都能直接供应零部件，需要再进行配套选择。

二是"配套选择体系"。为选择合适的供应商，广汽传祺建立起全面的供应商综合评价指标体系，采购部门通过公平、公开的项目投标，在研究各供应商提交的建议书和报价之后，按"QCD"，即质量、成本、交付并重的原则，综合考虑供应商的业绩、人力资源开发、质量控制、设备管理、成本控制等可能影响供应链合作关系的方面，对供应商做出全面客观的评价，同时通过竞争有效降低零部件供应成本。

三是"价值工程体系"。广汽传祺不仅要管理供应商、严控零部件质量，还要通过完整的体系充分挖掘供应链的价值，将供应商的价值最大化。广汽传祺在设计阶段就引导供应商介入，共同开发符合质量与成本要求的产品，提升效率，消除供应链每一个环节的浪费，保持供应链竞争力。通过参与设计，供应商可以有效帮助广汽传祺降低成本，从本质上提升成本竞争力。

四是"培育改善体系"。广汽传祺在培养供应商方面，不光要"管"，还要"养",这个"养"就是培养和融合。广汽传祺将主机厂的理念、文化、管理方式、技术标准不断向供应商输出,为供应商提供相互学习、借鉴的机会,促进供应商形成自我提升的环境和机制,广汽传祺与供应商通过培养与融合,形成了优质互信的关系。

五是"考核评价体系"。整车企业与供应商建立战略伙伴关系、控制双方关系风险、制定动态的供应商评价体系是汽车行业普遍关心的几个问题。广汽传祺将"红牌制度"作为推进品质至上、严格考核、坚决淘汰的一大重措,把控零部件供应商质量以及整车质量。红牌制度,如同市面上消费者选车一样,广汽传祺采购与质量部门手中握有"红"牌,会同包括研发工程师、相关专家顾问、质检人员、生产人员等,对供应商的零部件质量"一票否决",以控制和实施供应商评价,严格把控零部件品质,2~3年之内,这些被亮"红牌"的供应商不能参与任何项目的配套。

六是"战略合作体系"。广汽传祺建立战略合作评选委员会,对战略合作供应商进行评定,持续打造核心供应链体系。广汽传祺在产品设计阶段就让供应商参与进来,把用户的价值需求及时地转化为供应商产品的质量与功能要求。同时,供需双方经常开展互访,保持良好的合作氛围,带动整个供应链水平的持续提升。供应商在产品研发前期与研发设计团队融为一体,为广汽传祺提供更科技、更前瞻的技术,保障产品从开发阶段就处于技术领先地位。

四　总结

从汽车制造产业链的角度看,零部件供应是汽车产品质量保证的重要基础之一,因此,汽车企业在建立明确的产品质量战略、构建并不断完善质量体系、严格执行质量控制的同时,必须高度重视零部件配套战略。本文对广汽传祺零部件配套战略进行了研究,从整车与零部件企业的战略关系,零部件配套战略理念,零部件供应商的选择及管理,特别是从资格认证、配选择套、价值工程、培育改善、考核评价、战略合作等多个角度分别论述其战略实施的实践，这对汽车企业特别是中国品牌的汽车企业如何做好零部件配套商的选择和管理工作具有很强的借鉴意义。

广汽自主品牌传祺零部件配套战略的实践也表明，只要整车与零部件企业齐头并举、并肩提高，持续开展技术升级和质量提升，共同面对越来越激烈的市场竞争，就一定能不断推动中国汽车产业质量水平的提升，中国汽车强国战略目标最终也将会实现。

参考文献

刘雅坤、洪琪：《汽车零部件企业成功配套策略》，《汽车工业研究》2017年第3期。

苏碧丹、戴康：《从家电行业的发展历程看汽车零部件配套行业的发展趋势》，《企业改革与管理》2016年第19期。

宋涛、赵权伟：《整车企业零部件本地配套率影响因素研究》，《市场论坛》2013年第11期。

杨再高等：《广州汽车产业发展报告（2016）》，社会科学文献出版社，2016。

梅富国：《简述汽车零部件配套体系的发展》，《科技创业家》2013年第12期。

附　　录

Appendix

B.20

广州国际汽车零部件产业
基地建设实施方案

广州市人民政府

汽车产业是我市工业第一大支柱产业。为进一步加快我市高端汽车零部件产业集聚发展，培育新的经济增长点，提升产业内生竞争力，打造国际汽车零部件产业基地，制定本实施方案。

一　总体思路和发展目标

（一）总体思路

以延伸汽车产业链、丰富价值链、提升竞争力为重点，战略引领资源要素集聚，强化平台载体建设，加大政策支持力度，优先发展符合整车企业发展需求、本地化配套的汽车关键零部件,战略布局新能源汽车、智能网联汽车关键零部件,实现全球产业链供应,带动配套装备、试验检测等上下游产业链整体提升,促进汽车零部件产业集聚、集约、集成发展。

(二)发展目标

到 2020 年,力争汽车零部件产业基地新增产值 2000 亿元,实现关键零部件的本地化配套率达到 80%。汽车零部件出口额达 50 亿美元,比 2015 年增长 1 倍。年营业收入超 100 亿元汽车零部件企业 4 家,超 10 亿元汽车零部件企业 50 家。形成涵盖内燃动力汽车、新能源汽车和智能网联汽车关键零部件,产业链条较为完备的产业体系。

二 布局及定位

按照"153"战略(一个基地、五个园区、三个重点)构建广州国际汽车零部件产业基地,打造国际高端汽车零部件制造和出口基地、国家级新能源汽车零部件产业集聚区和国家级智能网联汽车零部件产业集聚区。按照差异化发展原则,在现有产业基础上选址番禺、增城、花都、南沙和从化建设新产业园区。围绕传统汽车整车企业,发展配套的动力总成、变速器、电子控制系统、轻量化部件等高端零部件。前瞻布局新能源汽车及智能网联汽车零部件,重点发展动力电池、驱动电机、电控系统、车载光学系统、车载雷达系统、高精定位系统、车载互联终端等。以制造与服务相结合为目标,建设技术研发、检验检测、产业孵化、金融服务、商贸物流及生活配套等公共设施,完善基地功能。

五个园区新增规划用地面积 40 平方公里,近期启动番禺园区、增城园区筹建工作,优化提升花都园区、从化园区,适时启动南沙园区建设。

番禺园区选址在广汽番禺汽车城西南部的 F 地块,位于番禺区石楼镇与化龙镇交界处,东至南大干线、南达莲花大道、西及金湖工业区、北到金山大道东延段,规划用地面积 5 平方公里。重点构建自主品牌、欧美系及新能源乘用车等多元化汽车零部件基地（含汽车整车研发制造）。

增城园区选址在广汽本田增城工厂以北和以西区域，北至永宁大道，西至新和北路，南至创强路，东至沙宁路，前期开发规划用地面积 10 平方公里。重点构建汽车核心零部件、新能源汽车关键零部件生产基地，发展智能多车型共线柔性汽车生产装备，建设汽车及高端零部件研发、检测、出口基地。

花都园区选址在广州花都（国际）汽车产业基地，东至天马河，西至中洞水库，南至西二环高速，北至 114 省道，规划面积 10 平方公里。重点构建汽车核心零部件、新能源汽车关键零部件、零部件再制造、智能网联汽车测试与示范基地、国际汽车创新谷。

南沙园区选址在中国（广东）自由贸易试验区广州南沙新区片区万顷沙保税港加工制造业区块，规划用地面积 10 平方公里。重点构建新能源汽车及关键零部件基地，打造区域零部件出口基地（含汽车整车研发制造）。

从化园区选址在从化明珠工业园，规划用地面积 5 平方公里。重点发展商用车及新能源汽车零部件产业。

除发展上述五大园区外，逐步拓展肇庆市、梅州市辐射区，依托肇庆（高要）汽车零部件产业园、广州（梅州）产业转移工业园，重点发展传统汽车零部件，承接珠三角汽车整车配套零部件项目转移。

三　组织架构

按照"企业＋园区"模式构建广州国际汽车零部件产业基地开发建设三级架构。

（一）基地协调机构

1. 成立广州市汽车及零部件产业发展领导小组。由分管市领导任组长，市工业和信息化委、基地所在区政府主要领导任副组长，市发展改革委、工业和信息化委、科技创新委、财政局、人力资源和社会保障局、国土规划委、环保局、交委、商务委、质监局、金融局及相关区政府分管领导为成员，统筹协调全市汽车及零部件产业发展的全局性工作，研究审议促进汽车及零部件产业发展的重大规划、重大政策和重要工作安排，协调解决汽车及零部件产业发展中的重大问题。

（二）园区管理机构

2. 完善园区管理机制。有关区政府建立完善园区管理工作联动机制，明确园区规划建设、政务管理服务、招商及运营管理、企业筹建服务、社会事务管理等工作的具体分工，推进落实我市有关汽车及零部件产业发展的工作部署和要求。

（三）园区开发运营公司

3. 设立园区投资开发公司。各区成立园区投资开发公司（重资产公司）作为园区的开发主体，负责园区道路、供水、排水、供电、供热、燃气、通讯等基础设施及公共设施建设。市财政通过转移支付方式，对每个园区所在区予以总共5亿元的支持，分两年安排，专项用于园区土地收储、基础设施建设。

4. 设立园区运营管理公司。支持有关区政府与专业运营商、招商机构及整车企业合资设立园区运营管理公司（轻资产公司），负责专业招商、公共服务平台建设、研发检测服务、市场开拓及金融服务等。

四 主要任务

（一）加强规划引领

5. 规划编制。以产城融合为方向，按照"产业社区"模式开展基地总体规划、产业发展规划和控制性详细规划编制，开展环境影响评价，并按有关规定报市政府审批，统筹园区土地收储，实行一次规划、分步实施。（牵

头单位：市工业和信息化委，配合单位：市国土规划委、环保局，有关区政府）

（二）强化用地保障

6. 落实建设用地规模和指标。广州国际汽车零部件产业基地新增用地总规划面积40平方公里，需调整完善广州市和相关区土地利用总体规划，优先保障广州国际汽车零部件产业基地新增建设用地规模。对于符合条件的用地，在编制年度土地利用计划时予以足额保障建设用地指标。其中，由省专项安排给广汽集团的建设用地规模和指标1.67平方公里（2500亩）在2017年6月前解决。（牵头单位：市国土规划委，配合单位：市工业和信息化委、有关区政府）

7. 土地储备。抓紧编制土地储备开发建设项目计划，完善园区土地储备开发项目的立项手续，推进土地征用、拆迁及安置等工作，确保在2017年6月前完成征地拆迁安置工作。（牵头单位：市国土规划委，配合单位：有关区政府）

8. 土地开发及供应。按照"完善配套、内外互通"一体化综合配套原则，统筹推进市政及公共配套设施建设。力争2017年底完成园区土地"七通一平"开发，2018年8月起实现逐步交付用地。将具备出让条件地块纳入当年度土地供应计划，按照"成熟一宗、推出一宗"的原则，及时纳入今后年度供地计划。（牵头单位：市国土规划委，配合单位：有关区政府）

（三）开展国际化引资引技引智

9. 制定招商目录。制定广州市汽车零部件重点发展目录，建立招商目标企业库，每年调整一次，重点引进节能环保汽车发动机、自动变速器等核心部件及附加值高的汽车电控、汽车电子等高端零部件及关键共性技术，动力电池单体、电池系统、永磁电机、电控等新能源汽车关键零部件，车载光学系统、车载雷达系统等智能网联汽车关键零部件。（牵头单位：市工业和

信息化委，配合单位：有关区政府）

10. 实施靶向招商。完善招商引资奖励办法，不断拓展多层次的招商网络，创新招商引资方式，实施靶向招商。利用"中国广州国际投资年会"、"达沃斯论坛"、上海国际汽车零配件展览会、广州国际汽车零部件及售后市场展览会等平台，大力推介广州国际汽车零部件产业基地投资环境，引进一批汽车零部件领域的世界500强、中国500强、中央企业和龙头企业来穗投资创新发展。重点在动力总成、变速器、汽车电子、动力电池、驱动电机、智能汽车系统等领域，引进一批高端零部件配套企业。（牵头单位：市工业和信息化委，配合单位：有关区政府）

11. 抓好引技引智工作。吸引国内外汽车行业领军级科研单位来穗与本地企业共建研发中心或实验室，提升本地科研创新能力。用好用活中国留学人员广州科技交流会、中国创新科技成果交流会等高端平台，着力引进国内外专业研发人才和高端管理人才落户。（牵头单位：市人力资源和社会保障局，配合单位：市工业和信息化委、商务委）

12. 引进一批国际公共技术服务和研发机构。重点引进国际检验检测认证机构入驻园区，提升新一代汽车零部件试验检测验证能力。鼓励国内外知名企业、研发机构在基地设立或合作设立高水平研发机构和技术转移中心。积极开展地区之间的人才交流和技术合作，深化拓展与国内外高等学校、科研院所、企业间科技研发和创新创业的合作。（牵头单位：市工业和信息化委，配合单位：市科技创新委、质监局、商务委，有关区政府）

（四）创建国家智能网联汽车测试与示范运行基地

13. 建设智能网联汽车国家测试验证中心。建设国家智能汽车测试与示范运行基地，打造集共性技术研发、产品技术测试、通讯协议及标准制定、企业孵化创新、示范运行等功能的产业发展平台，开展智能汽车及相关产品技术测试标准的研究制定工作和第三方测试评价，积极推动智能汽车逐步由试验场区封闭、半封闭场景到开放交通环境的测试及试验示范工作。（牵头单位：市工业和信息化委，配合单位：有关区政府）

14. 开展智能网联汽车运行环境研究、应用示范以及智能网联汽车在大型物流公司、城市智能公交系统、智慧公共移动系统、城市共享用车等方面的专项研究与应用示范，为具有辅助驾驶、部分自动驾驶、自动驾驶功能的汽车陆续实现商业化应用，以及相关法律法规的适用研究、制定奠定基础。（牵头单位：市工业和信息化委，配合单位：市交委、有关区政府）

（五）提高国际化发展水平

15. 推进国家汽车及零部件出口基地建设。加强与"一带一路"沿线城市合作，积极推动国际产能合作。组织汽车零部件企业参加国际展览会，积极开拓新兴市场。鼓励汽车零部件企业与国外企业合资合作，开展国际交流合作。支持企业设立境外生产、维修、研发、营销网络体系等，扩大出口规模，推动服务本地化、提升服务品质，加快走出去步伐。（牵头单位：市商务委，配合单位：有关区政府）

五　政策措施

（一）加强金融支持

16. 设立广州汽车产业创新发展基金。由广州市工业转型升级发展基金、广州产业转型升级引导基金出资，吸引整车企业及社会资本参与，形成100亿元以上的广州汽车产业创新发展基金，支持我市汽车产业发展。基金采用股权投资等市场化方式，投资基地内汽车上下游产业链的企业，重点支持自主品牌汽车、新能源汽车、智能网联汽车的发展。其中，投资于广州汽车零部件企业的投资金额比例不低于20%。（牵头单位：市工业和信息化委，配合单位：市发展改革委、财政局、金融局）

17. 支持以园区投资开发公司为主体，申报国家重大建设项目、国家专项建设基金、广东省专项建设基金股权投资支持。（牵头单位：市发展改革委，配合单位：有关区政府）

（二）加大用地支持

18. 优先将广州国际汽车零部件产业基地列入省、市重点建设项目，在项目立项、规划、用地报批等方面给予绿色通道支持。（牵头单位：市发展改革委，配合单位：有关区政府）

19. 广州国际汽车零部件产业基地各园区工业项目用地报批方案由区政府报市政府同意后，由市国土规划委上报省国土资源厅，公开出让方案由区政府审批。（牵头单位：市国土规划委，配合单位：有关区政府）

20. 对落户基地的属于省、市优先发展产业且用地集约的工业项目，在确定土地出让底价时，可按不低于所在地土地级别相对应工业用地基准地价的70%，且不低于实际土地取得成本、土地前期开发成本和按规定应收取的相关费用之和的原则确定。（牵头单位：市国土规划委，配合单位：市工业和信息化委、有关区政府）

（三）加大招商支持

21. 鼓励引进汽车零部件制造项目。对标国内外一流汽车零部件企业开展"靶向招商"，新引进的汽车零部件制造项目，对实缴注册资本2000万元以上的，并承诺自工商登记之日起10年内注册及办公场址、税务征管关系不迁离本市的企业，按实缴注册资本的5%给予奖励，每家企业最高奖励5000万元，市、区财政按1：1比例负担。支持本地骨干龙头汽车零部件企业集团按照市场化原则兼并收购国际汽车关键零部件企业，并将注册地迁入我市，对成功迁入的，额外给予一次性奖励300万元。各有关区政府应制定配套的汽车零部件产业招商政策并确保政策及时到位。（牵头单位：市工业和信息化委，配合单位：市商务委、财政局，有关区政府）

22. 鼓励引入招商载体。对园区运营管理公司以及招商机构、依法注册成立的行业协会商会引进汽车零部件产业项目的给予奖励，奖励标准为：引进的汽车零部件新项目，首个入统年度实现产值或营业收入5000万元及以上的，按项目首个入统年度产值或营业收入的1‰给予奖励，最高200万

元，市、区财政按 1∶1 比例负担。（牵头单位：市工业和信息化委，配合单位：市财政局、有关区政府）

23. 鼓励我市整车及零部件生产企业积极开拓国际市场，市支持外经贸发展专项资金等进一步加大对广州国家汽车及零部件出口基地的支持力度。（牵头单位：市商务委，配合单位：市财政局）

（四）鼓励开展核心技术研发攻关

24. 鼓励汽车关键零部件及核心技术攻关。支持整车企业加强与掌握汽车关键零部件核心技术的企业、科研院所开展合作，攻关关键汽车零部件及核心技术，市科学技术经费给予支持。对成立关键零部件研发制造中心的，按实缴注册资本的 10% 给予奖励，每家中心最高奖励 2000 万元，市、区按 7∶3 比例负担，市工业和信息化发展专项资金给予重点支持。（牵头单位：市科技创新委，配合单位：市工业和信息化委、财政局，有关区政府）

25. 支持汽车零部件企业开展研发创新活动。对企业上一年度研发经费投入采取奖励性后补助方式，按照支出额度小于 1 亿元、大于 1 亿元小于 5 亿元、大于 5 亿元小于 10 亿元、大于 10 亿元四个标准予以补助，最高可达研发支出额的 5%。市、区财政按 1∶1 比例负担。（牵头单位：市科技创新委，配合单位：市财政局、统计局、国税局、地税局，有关区政府）

26. 鼓励引进和建设汽车零部件新型研发机构。对新型研发机构的科研建设发展项目，可依法优先安排建设用地，有关部门优先审批。市、区政府按照《广州市人民政府办公厅关于促进新型研发机构建设发展的意见》对新型研发机构建设与发展提供资金投入和政策支持，新型研发机构聘用本科以上专业技术人员、管理人员及海外留学人员，按规定享受相关经费资助及补贴。（牵头单位：市科技创新委，配合单位：市人力资源和社会保障局、工业和信息化委、财政局、国土规划委）

27. 支持汽车零部件企业依托产业链优势环节开展内部创新，通过内部裂变产生新企业。对裂变新成立的汽车零部件企业，按实缴注册资本的 10% 给予奖励，每家企业最高奖励 2000 万元，市、区财政按 7∶3 比例负

担，市工业和信息化发展专项资金给予重点支持。（牵头单位：市工业和信息化委，配合单位：市财政局、有关区政府）

28. 市工业和信息化发展专项资金、市战略性新兴产业发展专项资金、市科学技术经费加大支持汽车零部件产业发展，不足部分由相关部门报市政府追加专项资金规模。鼓励现有汽车零部件企业技术改造，支持企业扩产增效或设备更新项目申报省、市工业和信息化发展专项资金。争取国家、省对广州国际汽车零部件产业基地在科技攻关、产业技术创新等方面的扶持以及各项政策优惠支持。（市工业和信息化委、发展改革委、科技创新委、财政局按职能负责）

（五）支持公共服务平台建设

29. 鼓励园区运营管理公司提升公共服务能力。完善园区公共服务平台及配套设施，建设基础设施完备、服务水平先进、产城融合发展的汽车零部件产业园区。对园区运营管理公司公共服务平台建设、配套设施建设项目给予不超过投资额30%补贴或贷款贴息，单个项目金额不超过500万元。（牵头单位：市工业和信息化委，配合单位：市财政局、有关区政府）

30. 鼓励发展公共技术服务平台。对新建或迁移至广州国际汽车零部件产业基地内、具有规模型及创新型的检验检测中心、行业标准发展中心、科技创新孵化中心、汽车行业人才培训机构、二手车交易平台、汽车零部件商贸或电子交易平台、国家智能网联汽车检测及示范运营基地等公共技术服务平台，最高按实缴注册资本的30%给予奖励，每家机构最高奖励5000万元，市、区财政按7∶3比例负担。对行业协会、中介机构等单位开展社会公共服务的汽车全生命周期大数据管理平台，按实际投资额的30%给予补助，最高不超过300万元。（市工业和信息化委、科技创新委、商务委、财政局，有关区政府按职能负责）

31. 鼓励园区企业使用公共服务平台。对园区企业使用园区内公共服务平台的，经认定，给予其使用费30%的补贴，每家企业每年最高100万元。（牵头单位：市工业和信息化委，配合单位：市财政局）

32. 鼓励园区企业、机构开展智能网联汽车相关的标准化、法规体系建设，对主导制定国家智能网联汽车标准、法规或参与制定国际智能网联汽车标准、法规的企业、机构，经认定，每个项目最高给予80万元的补贴。（牵头单位：市工业和信息化委，配合单位：市质监局）

（六）深化人才支持

33. 落实集聚产业领军人才"1+4"政策。组织实施国家"千人计划"、省"珠江人才计划"、"羊城创新创业领军人才支持计划"，重点实施新能源汽车、智能网联汽车领域人才培育、引进及保障工程，大力培养、引进汽车产业领军人才和团队，加快壮大专业技术人员队伍。支持符合条件的人才享受我市有关人才经费资助、支持奖励、人才绿卡和住房保障等方面的政策。（牵头单位：市科技创新委，配合单位：市人力资源和社会保障局、工业和信息化委）

34. 设立广州市汽车及零部件产业"人才绿卡"专项指标。经市工业和信息化委会同市人力资源和社会保障局认定的汽车产业高端人才可给予发放"人才绿卡"指标，每年汽车产业高端人才专项指标不少于100个。（牵头单位：市工业和信息化委，配合单位：市人力资源和社会保障局）

（七）广泛宣传推广

35. 联合专业策划机构对基地进行整体包装，充分发挥媒体的中介作用，通过组织推介会、论坛、网络宣传等活动，提升基地影响力。面向国内外高端汽车零部件企业、行业协会开展基地宣传推介工作，积极引导国内外高端汽车零部件企业入园。充分发挥行业协会、已入驻企业等在招商引资中的作用，综合运用基础设施配套、人才引进、公共服务等各种政策手段，着力引进一批带动性强、辐射范围广、经济效益高的龙头企业。（牵头单位：市工业和信息化委，配合单位：有关区政府）

如政策中资助项目与其他政策重复，按照从高不重复原则处理。

B.21
2016年广州汽车大事记

广州汽车产业研究中心

2016年1月4日

广州市消委会发布广州市汽车售后服务与维修消费者满意度调查结果，近六成（59.6%）消费者认为售后与维修服务价格高、不合理，其中表示"很不合理，严重偏高"的为14.2%，"不太合理，有点高"的为45.4%。

2016年2月2日

广州首批50台双擎混合动力出租车正式投入运营。广州丽新汽车服务有限公司与广汽丰田汽车有限公司举行雷凌双擎出租车交付及发车仪式。

2016年3月27日

广州市汽车租赁行业协会成立，100多家汽车租赁和相关企业成为首批会员。广州目前从事汽车租赁业务的企业达2000家，租赁车辆超过2万辆。

2016年4月18日

广汽菲亚特克莱斯勒汽车有限公司广州工厂落成投产，首款SUV（Jeep自由侠）下线。广汽菲克广州工厂由广汽集团和菲亚特克莱斯勒汽车集团以50∶50的比例共同投资建设，年产能规划16万辆，预计可实现工业产值281.7亿元。至此，广汽菲克已拥有长沙和广州两个生产基地，同时满足菲亚特品牌和Jeep品牌的车型生产。作为广州工厂下线的首款产品，Jeep自由侠是专为追求高起步生活方式的年轻一代打造的人生第一台专业级SUV，首批推出多款1.4T+7DDCT车型及2.0L+9AT车型。凭借Jeep纯正的家族血统和广州工厂业界领先的制造工艺、严格的质量检测体系，Jeep自由侠将成为20万元以内专业级SUV的品质标杆。

270

2016年4月18日

广州市委书记任学锋会见来穗参加鞍钢广州汽车钢有限公司新工厂落成仪式的鞍钢集团董事长唐复平一行。鞍钢广州汽车钢有限公司新工厂位于番禺区，总投资约14亿元，生产高强度汽车板及高档家电板、高档建筑板，为广汽以及东风日产、一汽大众、比亚迪等主机厂提供国际一流质量的钢材产品。

2016年7月15日

"2016中国（广州）国际新能源、节能及智能汽车展览会"在保利世贸博览馆开幕。同日，新能源汽车及产业链发展趋势高峰论坛举行。本届展会共有百余款新能源汽车产品参与展出。参展企业包括一汽、东风、长安、北汽、广汽、上汽、江淮、比亚迪、梅赛德斯－奔驰、宝马、沃尔沃、奥迪、雷克萨斯、特斯拉、广汽丰田、福田汽车、苏州金龙、中国中车、广汽比亚迪、上汽大通、厦门金旅、查特深冷、凌云智能等新能源及智能车企；此外参与展出的还有国家电网、中国普天、中国电器院、车联网联盟、电机电控联盟、天津力神、中航锂电、有研总院、上海航天电源、比克电池、宁德时代、山东威能、威凯检测、堆知科技等新能源及智能技术相关企业。产品种类涵盖轿车、SUV、MPV以及公交车、商用车等，其中不乏广受消费者喜爱的明星车型。一汽红旗PHEV，东风风神A60EV，长安逸动EV，北汽新能源EU260和EX200，广汽传祺GS4，上汽荣威e950，比亚迪秦、唐，宝马i8、i3，沃尔沃XC90，雷克萨斯和广汽丰田的混动轿车、SUV等多款新能源热销及即将上市车型均亮相车展现场。

2016年7月20日

美国《财富》杂志发布2016年世界500强企业名单，广汽集团以344.4亿美元的营业收入位居第303位，比2015年排名上升59位，连续第四年入围财富世界500强，呈现良好的发展态势。

2016年8月30日

广州市委书记任学锋在穗会见东风汽车公司董事、总经理李绍烛。任学锋对李绍烛一行表示欢迎，并介绍广州经济社会发展情况。汽车产业是广州的支柱产业之一，其中东风日产公司年产销量已过百万台，为广州稳增长、调结构做出了重要贡献。希望东风汽车公司进一步优化在穗业务布局，广州将一如既往地为其提供良好服务。李绍烛对广州长期以来给予东风汽车公司的支持表示感谢。他说："广州产业配套完善，市场辐射力强，营商环境好。东风汽车公司正推进全面深化改革，将进一步拓展新兴业务，为广州经济发展做贡献。"

2016年9月12日

广州市社科院发布《广州蓝皮书：广州汽车产业发展报告（2016）》。《报告》指出，在"十二五"时期，广州汽车产业总体上保持相对较快的发展趋势，其中汽车产量在2015年首次突破200万辆，达到220.99万辆；年均增速达到10.13%，高于同期全国7.4%的平均增长水平。广州已发展成为国内第五个产量突破200万辆规模的特大汽车城市。对于广州汽车产业发展现状，主动适应国内汽车产业发展新趋势，《报告》建议，广州应加快"十三五"规划中汽车大项目的实施推进，发挥政府对汽车产业的扶持引导作用；做强做大龙头企业，坚持自主创新；加快新能源汽车产业发展；大力发展汽车服务业；加快实施汽车产业"走出去"战略。

2016年9月18日

"2016广州国际汽车零部件及售后市场展览会"（AAG）在保利世贸博览馆开幕。展会吸引了1600家海内外的知名行业品牌齐聚参展，展出范围覆盖汽车零配件、汽车用品、汽车维修、保养、美容、改装、汽车机器人、"互联网＋"等多个领域，产品展示种类涵盖一辆汽车组成所需的数万种零部件。重汽集团、五十铃、东风、法士特、博世、一汽、上汽、长安、北汽、中国兵器、金麒麟、冠盛、正裕、全兴精工、汇润电机、环球滤清器等业界知名品牌重装亮相，带来汽车后市场行业前沿技术，产品展示种类涵盖一辆汽车组成所需的百万种零配件。

2016年11月27日

第十四届中国（广州）国际汽车展览会落幕，本届广州汽车展总规模达22万平方米，共展出车辆1130辆，概念车19辆，全球首发车56辆，其中跨国公司首发车 7 辆，新能源汽车 146 辆。媒体日当天共举行了 69 场新闻发布会，2412 家海内外媒体的 9549 名记者参与报道了展会盛况。作为国内首个在顶级汽车展览会中集中展示电动汽车产品的平台，"第三届广州国际电动汽车展览会"得到国内外汽车企业的高度重视。吸引到奔驰、宝马、大众、奥迪、保时捷、通用、特斯拉、沃尔沃、雷诺、起亚、广汽、上汽、北汽、东风、长安、比亚迪、长城、江淮、奇瑞、吉利、华晨、腾势（参配、图片、询价）、汉能等国内外主流电动汽车企业参展。除了整车企业，展会还吸引到松下、科士达、力朗、南方电力、安悦充电、凝智科技、超威等充电设备、充电桩及动力电池等关联企业参展，不断构建电动汽车完整产业链。

B.22
后　记

　　伴随着广州汽车产业发展壮大而成立的广州汽车产业研究中心现在已经发展了十三年。在这十三年里，我们得到了广州市领导、广州市社会科学院领导的大力支持，在广州市有关部门、各区、汽车企业等的积极支持下，我们取得了丰富的应用研究成果，公开发表了一批论文，为广州市及各区、企业发展汽车产业提供了重要的决策参考和咨询服务。近年来，我们先后编辑出版了《广州汽车产业发展报告》（2005、2007～2016）11本蓝皮书。这11本书作为广州汽车产业研究中心的代表著作，产生了很好的社会反响，为广州市及各区有关部门促进汽车产业和企业发展提供了有益的智力支持。

　　配合广州汽车产业在新形势下的发展态势，在广州市领导和有关部门的支持下，在广州市社科院各部门的积极配合下，我们编辑出版的《广州汽车产业发展报告（2017）》现在与读者见面了，该书定位为专家观点、民间立场，以专家、学者提供的各类关于广州汽车产业发展的专题研究报告为主，同时也吸收了广州市及有关部门提供的一些汽车产业专题调研成果，中国汽车产业发展的年度热点也是我们关注的重要话题。在篇章结构上，我们设置了"总报告""环境篇""专题篇""区域篇""企业篇"及"附录"等专栏。力求从宏观与微观、理论与实际、分析与展望、综合与重点的结合上，对2016年广州汽车产业进行全面分析和论述，对2017年及未来广州汽车产业发展进行展望和讨论。希望这本凝聚专家、学者心血的汽车产业研究成果，能为年度广州汽车产业科学发展出谋划策，能为热心于研究广州汽车产业的专家、学者和领导提供有益的资料参考。

　　本书的出版，得到了受邀专家、学者、广州市领导和有关部门以及汽车企业的大力支持。广州市商务委、广州汽车工业集团股份有限公司、广汽乘用车有限公司、花都汽车城、从化区明珠工业园、增城开发区管委会等单位为我们的调查研究、资料搜集提供了积极的帮助和配合，提出了很多建设性的意见，提供了相关的资料，部分观点和建议已经融入我们所撰写的研究报告中。广汽集团发展部的欧阳惠芳、黄坚，广州市商务委的刘旭，花都汽车城的邹仁才，增城区科工信局的钟晓莺等为本书提供了优秀的研究论文。社会科学文献出版社为本书出版付出了辛苦的劳动。广州市社会科学院办公室、科研处、经济研究所等部门领导及相关研究人员也为本书的出版提供了大力的支持。在此，我们谨向所有支持、参与本书编写工作的领导、专家、学者等表示衷心的感谢。

本书由广州市社会科学院牵头，广州市社会科学院广州汽车产业研究中心和区域经济研究所具体负责编纂工作。随着自主品牌整车企业的快速发展，广州汽车产销规模再次实现两位数增长，产销规模再创历史新高，突破260万辆，产值突破4300亿元，使广州成为国内五大汽车特大城市之一。广汽乘用车借助国内SUV市场的高速增长态势，仅用六年时间就实现了产销规模接近40万辆，东风启辰也首次突破10万辆规模，自主品牌已经成长为广州汽车产业发展的新引擎。为进一步做大做强广州的第一支柱产业，为广州汽车产业向全球汽车产业价值链的高端环节提升提供决策参考，我们将继续编辑出版《广州汽车产业发展报告》，以此为广州汽车产业科学发展提供持续不断的智力支持，积累广州汽车产业发展的珍贵历史资料。我们希望得到全国各地关心广州汽车产业、研究广州汽车产业的专家、学者和广州市各有关部门、研究单位、汽车企业等的大力支持，期待得到各位专家、学者、有关领导以及读者的继续支持、指导和赐稿，进一步提高《广州汽车产业发展报告》的质量，共同为广州汽车产业科学发展贡献智慧。

广州市社会科学院

广州汽车产业研究中心

2017 年 4 月 20 日

❖ 皮书起源 ❖

"皮书"起源于十七、十八世纪的英国，主要指官方或社会组织正式发表的重要文件或报告，多以"白皮书"命名。在中国，"皮书"这一概念被社会广泛接受，并被成功运作、发展成为一种全新的出版形态，则源于中国社会科学院社会科学文献出版社。

❖ 皮书定义 ❖

皮书是对中国与世界发展状况和热点问题进行年度监测，以专业的角度、专家的视野和实证研究方法，针对某一领域或区域现状与发展态势展开分析和预测，具备原创性、实证性、专业性、连续性、前沿性、时效性等特点的公开出版物，由一系列权威研究报告组成。

❖ 皮书作者 ❖

皮书系列的作者以中国社会科学院、著名高校、地方社会科学院的研究人员为主，多为国内一流研究机构的权威专家学者，他们的看法和观点代表了学界对中国与世界的现实和未来最高水平的解读与分析。

❖ 皮书荣誉 ❖

皮书系列已成为社会科学文献出版社的著名图书品牌和中国社会科学院的知名学术品牌。2016年，皮书系列正式列入"十三五"国家重点出版规划项目；2012~2016年，重点皮书列入中国社会科学院承担的国家哲学社会科学创新工程项目；2017年，55种院外皮书使用"中国社会科学院创新工程学术出版项目"标识。

中国皮书网

发布皮书研创资讯，传播皮书精彩内容
引领皮书出版潮流，打造皮书服务平台

栏目设置

关于皮书：何谓皮书、皮书分类、皮书大事记、皮书荣誉、
皮书出版第一人、皮书编辑部

最新资讯：通知公告、新闻动态、媒体聚焦、网站专题、视频直播、下载专区

皮书研创：皮书规范、皮书选题、皮书出版、皮书研究、研创团队

皮书评奖评价：指标体系、皮书评价、皮书评奖

互动专区：皮书说、皮书智库、皮书微博、数据库微博

所获荣誉

2008年、2011年，中国皮书网均在全国新闻出版业网站荣誉评选中获得"最具商业价值网站"称号；

2012年，获得"出版业网站百强"称号。

网库合一

2014年，中国皮书网与皮书数据库端口合一，实现资源共享。更多详情请登录www.pishu.cn。

权威报告 · 热点资讯 · 特色资源

皮书数据库
ANNUAL REPORT(YEARBOOK)
DATABASE

当代中国与世界发展高端智库平台

所获荣誉

- 2016年，入选"国家'十三五'电子出版物出版规划骨干工程"
- 2015年，荣获"搜索中国正能量 点赞2015""创新中国科技创新奖"
- 2013年，荣获"中国出版政府奖·网络出版物奖"提名奖
- 连续多年荣获中国数字出版博览会"数字出版·优秀品牌"奖

成为会员

通过网址www.pishu.com.cn或使用手机扫描二维码进入皮书数据库网站，进行手机号码验证或邮箱验证即可成为皮书数据库会员（建议通过手机号码快速验证注册）。

会员福利

- 使用手机号码首次注册会员可直接获得100元体验金，不需充值即可购买和查看数据库内容（仅限使用手机号码快速注册）。
- 已注册用户购书后可免费获赠100元皮书数据库充值卡。刮开充值卡涂层获取充值密码，登录并进入"会员中心"—"在线充值"—"充值卡充值"，充值成功后即可购买和查看数据库内容。

社会科学文献出版社 皮书系列
SOCIAL SCIENCES ACADEMIC PRESS (CHINA)

卡号：514525382993
密码：

数据库服务热线：400-008-6695
数据库服务QQ：2475522410
数据库服务邮箱：database@ssap.cn
图书销售热线：010-59367070/7028
图书服务QQ：1265056568
图书服务邮箱：duzhe@ssap.cn

S子库介绍
Sub-Database Introduction

中国经济发展数据库

　　涵盖宏观经济、农业经济、工业经济、产业经济、财政金融、交通旅游、商业贸易、劳动经济、企业经济、房地产经济、城市经济、区域经济等领域，为用户实时了解经济运行态势、把握经济发展规律、洞察经济形势、做出经济决策提供参考和依据。

中国社会发展数据库

　　全面整合国内外有关中国社会发展的统计数据、深度分析报告、专家解读和热点资讯构建而成的专业学术数据库。涉及宗教、社会、人口、政治、外交、法律、文化、教育、体育、文学艺术、医药卫生、资源环境等多个领域。

中国行业发展数据库

　　以中国国民经济行业分类为依据，跟踪分析国民经济各行业市场运行状况和政策导向，提供行业发展最前沿的资讯，为用户投资、从业及各种经济决策提供理论基础和实践指导。内容涵盖农业，能源与矿产业，交通运输业，制造业，金融业，房地产业，租赁和商务服务业，科学研究，环境和公共设施管理，居民服务业，教育，卫生和社会保障，文化、体育和娱乐业等100余个行业。

中国区域发展数据库

　　对特定区域内的经济、社会、文化、法治、资源环境等领域的现状与发展情况进行分析和预测。涵盖中部、西部、东北、西北等地区，长三角、珠三角、黄三角、京津冀、环渤海、合肥经济圈、长株潭城市群、关中—天水经济区、海峡经济区等区域经济体和城市圈，北京、上海、浙江、河南、陕西等34个省份及中国台湾地区。

中国文化传媒数据库

　　包括文化事业、文化产业、宗教、群众文化、图书馆事业、博物馆事业、档案事业、语言文字、文学、历史地理、新闻传播、广播电视、出版事业、艺术、电影、娱乐等多个子库。

世界经济与国际关系数据库

　　以皮书系列中涉及世界经济与国际关系的研究成果为基础，全面整合国内外有关世界经济与国际关系的统计数据、深度分析报告、专家解读和热点资讯构建而成的专业学术数据库。包括世界经济、国际政治、世界文化与科技、全球性问题、国际组织与国际法、区域研究等多个子库。

法 律 声 明

"皮书系列"（含蓝皮书、绿皮书、黄皮书）之品牌由社会科学文献出版社最早使用并持续至今，现已被中国图书市场所熟知。"皮书系列"的 LOGO（ ）与"经济蓝皮书""社会蓝皮书"均已在中华人民共和国国家工商行政管理总局商标局登记注册。"皮书系列"图书的注册商标专用权及封面设计、版式设计的著作权均为社会科学文献出版社所有。未经社会科学文献出版社书面授权许可，任何使用与"皮书系列"图书注册商标、封面设计、版式设计相同或者近似的文字、图形或其组合的行为均系侵权行为。

经作者授权，本书的专有出版权及信息网络传播权为社会科学文献出版社享有。未经社会科学文献出版社书面授权许可，任何就本书内容的复制、发行或以数字形式进行网络传播的行为均系侵权行为。

社会科学文献出版社将通过法律途径追究上述侵权行为的法律责任，维护自身合法权益。

欢迎社会各界人士对侵犯社会科学文献出版社上述权利的侵权行为进行举报。电话：010-59367121，电子邮箱：fawubu@ssap.cn。

社会科学文献出版社

经 济 类

经济类皮书涵盖宏观经济、城市经济、大区域经济，
提供权威、前沿的分析与预测

经济蓝皮书

2017年中国经济形势分析与预测

李扬 / 主编　2017年1月出版　定价：89.00元

◆　本书为总理基金项目，由著名经济学家李扬领衔，联合中国社会科学院等数十家科研机构、国家部委和高等院校的专家共同撰写，系统分析了2016年的中国经济形势并预测2017年中国经济运行情况。

中国省域竞争力蓝皮书

中国省域经济综合竞争力发展报告（2015～2016）

李建平　李闽榕　高燕京 / 主编　2017年5月出版　定价：198.00元

◆　本书融多学科的理论为一体，深入追踪研究了省域经济发展与中国国家竞争力的内在关系，为提升中国省域经济综合竞争力提供有价值的决策依据。

城市蓝皮书

中国城市发展报告 No.10

潘家华　单菁菁 / 主编　2017年9月出版　估价：89.00元

◆　本书是由中国社会科学院城市发展与环境研究中心编著的，多角度、全方位地立体展示了中国城市的发展状况，并对中国城市的未来发展提出了许多建议。该书有强烈的时代感，对中国城市发展实践有重要的参考价值。

人口与劳动绿皮书

中国人口与劳动问题报告 No.18

蔡昉 张车伟 / 主编　2017 年 10 月出版　估价：89.00 元

◆　本书为中国社会科学院人口与劳动经济研究所主编的年度报告，对当前中国人口与劳动形势做了比较全面和系统的深入讨论，为研究中国人口与劳动问题提供了一个专业性的视角。

世界经济黄皮书

2017 年世界经济形势分析与预测

张宇燕 / 主编　2017 年 1 月出版　定价：89.00 元

◆　本书由中国社会科学院世界经济与政治研究所的研究团队撰写，2016 年世界经济增速进一步放缓，就业增长放慢。世界经济面临许多重大挑战同时，地缘政治风险、难民危机、大国政治周期、恐怖主义等问题也仍然在影响世界经济的稳定与发展。预计 2017 年按 PPP 计算的世界 GDP 增长率约为 3.0%。

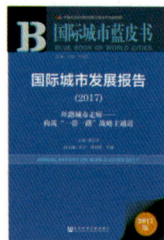

国际城市蓝皮书

国际城市发展报告（2017）

屠启宇 / 主编　2017 年 2 月出版　定价：79.00 元

◆　本书作者以上海社会科学院从事国际城市研究的学者团队为核心，汇集同济大学、华东师范大学、复旦大学、上海交通大学、南京大学、浙江大学相关城市研究专业学者。立足动态跟踪介绍国际城市发展时间中，最新出现的重大战略、重大理念、重大项目、重大报告和最佳案例。

金融蓝皮书

中国金融发展报告（2017）

王国刚 / 主编　2017 年 2 月出版　定价：79.00 元

◆　本书由中国社会科学院金融研究所组织编写，概括和分析了 2016 年中国金融发展和运行中的各方面情况，研讨和评论了 2016 年发生的主要金融事件，有利于读者了解掌握 2016 年中国的金融状况，把握 2017 年中国金融的走势。

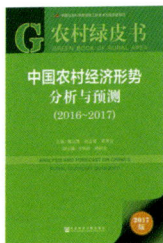

农村绿皮书

中国农村经济形势分析与预测（2016～2017）

魏后凯　杜志雄　黄秉信／主编　2017年4月出版　估价：89.00元

◆　本书描述了2016年中国农业农村经济发展的一些主要指标和变化，并对2017年中国农业农村经济形势的一些展望和预测，提出相应的政策建议。

西部蓝皮书

中国西部发展报告（2017）

徐璋勇／主编　2017年7月出版　估价：89.00元

◆　本书由西北大学中国西部经济发展研究中心主编，汇集了源自西部本土以及国内研究西部问题的权威专家的第一手资料，对国家实施西部大开发战略进行年度动态跟踪，并对2017年西部经济、社会发展态势进行预测和展望。

经济蓝皮书·夏季号

中国经济增长报告（2016～2017）

李扬／主编　2017年9月出版　估价：98.00元

◆　中国经济增长报告主要探讨2016~2017年中国经济增长问题，以专业视角解读中国经济增长，力求将其打造成一个研究中国经济增长、服务宏微观各级决策的周期性、权威性读物。

就业蓝皮书

2017年中国本科生就业报告

麦可思研究院／编著　2017年6月出版　估价：98.00元

◆　本书基于大量的数据和调研，内容翔实，调查独到，分析到位，用数据说话，对中国大学生就业及学校专业设置起到了很好的建言献策作用。

社 会 政 法 类

社会政法类皮书聚焦社会发展领域的热点、难点问题，
提供权威、原创的资讯与视点

社会蓝皮书

2017 年中国社会形势分析与预测

李培林　陈光金　张翼 / 主编　2016 年 12 月出版　定价：89.00 元

◆　本书由中国社会科学院社会学研究所组织研究机构专家、高校学者和政府研究人员撰写，聚焦当下社会热点，对 2016 年中国社会发展的各个方面内容进行了权威解读，同时对 2017 年社会形势发展趋势进行了预测。

法治蓝皮书

中国法治发展报告 No.15（2017）

李林　田禾 / 主编　2017 年 3 月出版　定价：118.00 元

◆　本年度法治蓝皮书回顾总结了 2016 年度中国法治发展取得的成就和存在的不足，对中国政府、司法、检务透明度进行了跟踪调研，并对 2017 年中国法治发展形势进行了预测和展望。

社会体制蓝皮书

中国社会体制改革报告 No.5（2017）

龚维斌 / 主编　2017 年 3 月出版　定价：89.00 元

◆　本书由国家行政学院社会治理研究中心和北京师范大学中国社会管理研究院共同组织编写，主要对 2016 年社会体制改革情况进行回顾和总结，对 2017 年的改革走向进行分析，提出相关政策建议。

社会心态蓝皮书

中国社会心态研究报告（2017）

王俊秀　杨宜音 / 主编　2017 年 12 月出版　估价：89.00 元

◆　本书是中国社会科学院社会学研究所社会心理研究中心"社会心态蓝皮书课题组"的年度研究成果，运用社会心理学、社会学、经济学、传播学等多种学科的方法进行了调查和研究，对于目前中国社会心态状况有较广泛和深入的揭示。

生态城市绿皮书

中国生态城市建设发展报告（2017）

刘举科　孙伟平　胡文臻 / 主编　2017 年 7 月出版　估价：118.00 元

◆　报告以绿色发展、循环经济、低碳生活、民生宜居为理念，以更新民众观念、提供决策咨询、指导工程实践、引领绿色发展为宗旨，试图探索一条具有中国特色的城市生态文明建设新路。

城市生活质量蓝皮书

中国城市生活质量报告（2017）

中国经济实验研究院 / 主编　2017 年 7 月出版　估价：89.00 元

◆　本书对全国 35 个城市居民的生活质量主观满意度进行了电话调查，同时对 35 个城市居民的客观生活质量指数进行了计算，为中国城市居民生活质量的提升，提出了针对性的政策建议。

公共服务蓝皮书

中国城市基本公共服务力评价（2017）

钟君　刘志昌　吴正杲 / 主编　2017 年 12 月出版　估价：89.00 元

◆　中国社会科学院经济与社会建设研究室与华图政信调查组成联合课题组，从 2010 年开始对基本公共服务力进行研究，研创了基本公共服务力评价指标体系，为政府考核公共服务与社会管理工作提供了理论工具。

行业报告类

行业报告类皮书立足重点行业、新兴行业领域，提供及时、前瞻的数据与信息

企业社会责任蓝皮书

中国企业社会责任研究报告（2017）

黄群慧　钟宏武　张蒽　翟利峰／著　2017 年 10 月出版　估价：89.00 元

◆　本书剖析了中国企业社会责任在 2016 ~ 2017 年度的最新发展特征，详细解读了省域国有企业在社会责任方面的阶段性特征，生动呈现了国内外优秀企业的社会责任实践。对了解中国企业社会责任履行现状、未来发展，以及推动社会责任建设有重要的参考价值。

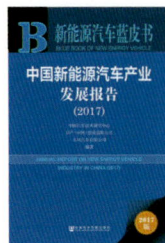

新能源汽车蓝皮书

中国新能源汽车产业发展报告（2017）

中国汽车技术研究中心　日产（中国）投资有限公司

东风汽车有限公司／编著　　2017 年 7 月出版　　估价：98.00 元

◆　本书对中国 2016 年新能源汽车产业发展进行了全面系统的分析，并介绍了国外的发展经验。有助于相关机构、行业和社会公众等了解中国新能源汽车产业发展的最新动态，为政府部门出台新能源汽车产业相关政策法规、企业制定相关战略规划，提供必要的借鉴和参考。

杜仲产业绿皮书

中国杜仲橡胶资源与产业发展报告（2016 ~ 2017）

杜红岩　胡文臻　俞锐／主编　　2017 年 4 月出版　估价：85.00 元

◆　本书对 2016 年杜仲产业的发展情况、研究团队在杜仲研究方面取得的重要成果、部分地区杜仲产业发展的具体情况、杜仲新标准的制定情况等进行了较为详细的分析与介绍，使广大关心杜仲产业发展的读者能够及时跟踪产业最新进展。

企业蓝皮书

中国企业绿色发展报告 No.2（2017）

李红玉　朱光辉 / 主编　　2017 年 8 月出版　　估价：89.00 元

◆ 本书深入分析中国企业能源消费、资源利用、绿色金融、绿色产品、绿色管理、信息化、绿色发展政策及绿色文化方面的现状，并对目前存在的问题进行研究，剖析因果，谋划对策，为企业绿色发展提供借鉴，为中国生态文明建设提供支撑。

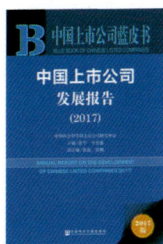

中国上市公司蓝皮书

中国上市公司发展报告（2017）

张平　王宏淼 / 主编　　2017 年 10 月出版　　估价：98.00 元

◆ 本书由中国社会科学院上市公司研究中心组织编写的，着力于全面、真实、客观反映当前中国上市公司财务状况和价值评估的综合性年度报告。本书详尽分析了 2016 年中国上市公司情况，特别是现实中暴露出的制度性、基础性问题，并对资本市场改革进行了探讨。

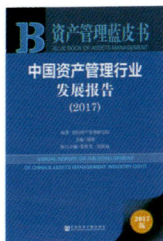

资产管理蓝皮书

中国资产管理行业发展报告（2017）

智信资产管理研究院 / 编著　　2017 年 6 月出版　　估价：89.00 元

◆ 中国资产管理行业刚刚兴起，未来将成为中国金融市场最有看点的行业。本书主要分析了 2016 年度资产管理行业的发展情况，同时对资产管理行业的未来发展做出科学的预测。

体育蓝皮书

中国体育产业发展报告（2017）

阮伟　钟秉枢 / 主编　　2017 年 12 月出版　　估价：89.00 元

◆ 本书运用多种研究方法，在体育竞赛业、体育用品业、体育场馆业、体育传媒业等传统产业研究的基础上，并对 2016 年体育领域内的各种热点事件进行研究和梳理，进一步拓宽了研究的广度、提升了研究的高度、挖掘了研究的深度。

国际问题类

国际问题类皮书关注全球重点国家与地区，
提供全面、独特的解读与研究

美国蓝皮书

美国研究报告（2017）

郑秉文　黄平 / 主编　2017 年 6 月出版　估价：89.00 元

◆　本书是由中国社会科学院美国研究所主持完成的研究成果，它回顾了美国 2016 年的经济、政治形势与外交战略，对 2017 年以来美国内政外交发生的重大事件及重要政策进行了较为全面的回顾和梳理。

日本蓝皮书

日本研究报告（2017）

杨伯江 / 主编　2017 年 5 月出版　估价：89.00 元

◆　本书对 2016 年日本的政治、经济、社会、外交等方面的发展情况做了系统介绍，对日本的热点及焦点问题进行了总结和分析，并在此基础上对该国 2017 年的发展前景做出预测。

亚太蓝皮书

亚太地区发展报告（2017）

李向阳 / 主编　2017 年 4 月出版　估价：89.00 元

◆　本书是中国社会科学院亚太与全球战略研究院的集体研究成果。2017 年的"亚太蓝皮书"继续关注中国周边环境的变化。该书盘点了 2016 年亚太地区的焦点和热点问题，为深入了解 2016 年及未来中国与周边环境的复杂形势提供了重要参考。

德国蓝皮书

德国发展报告（2017）

郑春荣 / 主编　2017 年 6 月出版　估价：89.00 元

◆　本报告由同济大学德国研究所组织编撰，由该领域的专家学者对德国的政治、经济、社会文化、外交等方面的形势发展情况，进行全面的阐述与分析。

日本经济蓝皮书

日本经济与中日经贸关系研究报告（2017）

张季风 / 编著　2017 年 5 月出版　估价：89.00 元

◆　本书系统、详细地介绍了 2016 年日本经济以及中日经贸关系发展情况，在进行了大量数据分析的基础上，对 2017 年日本经济以及中日经贸关系的大致发展趋势进行了分析与预测。

俄罗斯黄皮书

俄罗斯发展报告（2017）

李永全 / 编著　2017 年 7 月出版　估价：89.00 元

◆　本书系统介绍了 2016 年俄罗斯经济政治情况，并对 2016 年该地区发生的焦点、热点问题进行了分析与回顾；在此基础上，对该地区 2017 年的发展前景进行了预测。

非洲黄皮书

非洲发展报告 No.19（2016 ~ 2017）

张宏明 / 主编　2017 年 8 月出版　估价：89.00 元

◆　本书是由中国社会科学院西亚非洲研究所组织编撰的非洲形势年度报告，比较全面、系统地分析了 2016 年非洲政治形势和热点问题，探讨了非洲经济形势和市场走向，剖析了大国对非洲关系的新动向；此外，还介绍了国内非洲研究的新成果。

地方发展类

地方发展类皮书关注中国各省份、经济区域，
提供科学、多元的预判与资政信息

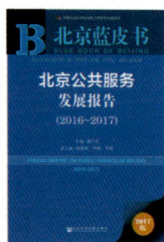

北京蓝皮书

北京公共服务发展报告（2016~2017）

施昌奎/主编　2017年3月出版　定价：79.00元

◆　本书是由北京市政府职能部门的领导、首都著名高校的教授、知名研究机构的专家共同完成的关于北京市公共服务发展与创新的研究成果。

河南蓝皮书

河南经济发展报告（2017）

张占仓　完世伟/主编　2017年4月出版　估价：89.00元

◆　本书以国内外经济发展环境和走向为背景，主要分析当前河南经济形势，预测未来发展趋势，全面反映河南经济发展的最新动态、热点和问题，为地方经济发展和领导决策提供参考。

广州蓝皮书

2017年中国广州经济形势分析与预测

庚建设　陈浩钿　谢博能/主编　2017年7月出版　估价：85.00元

◆　本书由广州大学与广州市委政策研究室、广州市统计局联合主编，汇集了广州科研团体、高等院校和政府部门诸多经济问题研究专家、学者和实际部门工作者的最新研究成果，是关于广州经济运行情况和相关专题分析、预测的重要参考资料。

文化传媒类

文化传媒类皮书透视文化领域、文化产业，
探索文化大繁荣、大发展的路径

新媒体蓝皮书

中国新媒体发展报告 No.8（2017）

唐绪军 / 主编　2017 年 6 月出版　估价：89.00 元

◆　本书是由中国社会科学院新闻与传播研究所组织编写的关于新媒体发展的最新年度报告，旨在全面分析中国新媒体的发展现状，解读新媒体的发展趋势，探析新媒体的深刻影响。

移动互联网蓝皮书

中国移动互联网发展报告（2017）

官建文 / 主编　　2017 年 6 月出版　　估价：89.00 元

◆　本书着眼于对 2016 年度中国移动互联网的发展情况做深入解析，对未来发展趋势进行预测，力求从不同视角、不同层面全面剖析中国移动互联网发展的现状、年度突破及热点趋势等。

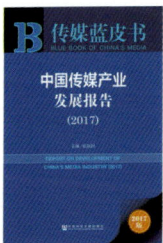

传媒蓝皮书

中国传媒产业发展报告（2017）

崔保国 / 主编　2017 年 5 月出版　　估价：98.00 元

◆　"传媒蓝皮书"连续十多年跟踪观察和系统研究中国传媒产业发展。本报告在对传媒产业总体以及各细分行业发展状况与趋势进行深入分析基础上，对年度发展热点进行跟踪，剖析新技术引领下的商业模式，对传媒各领域发展趋势、内体经营、传媒投资进行解析，为中国传媒产业正在发生的变革提供前瞻行参考。

经济类

"三农"互联网金融蓝皮书
中国"三农"互联网金融发展报告（2017）
著：李勇坚 王弢　2017年8月出版 / 估价：98.00元
PSN B-2016-561-1/1

G20国家创新竞争力黄皮书
二十国集团（G20）国家创新竞争力发展报告（2016~2017）
著（编）者：李建平 李闽榕 赵新力 周天勇
2017年8月出版 / 估价：158.00元
PSN Y-2011-229-1/1

产业蓝皮书
中国产业竞争力报告（2017）No.7
著（编）者：张其仔　2017年12月出版 / 估价：98.00元
PSN B-2010-175-1/1

城市创新蓝皮书
中国城市创新报告（2017）
著（编）者：周天勇 旷建伟　2017年11月出版 / 估价：89.00元
PSN B-2013-340-1/1

城市蓝皮书
中国城市发展报告 No.10
著（编）者：潘家华 单菁菁 2017年9月出版 / 估价：89.00元
PSN B-2007-091-1/1

城乡一体化蓝皮书
中国城乡一体化发展报告（2016~2017）
著（编）者：汝信 付崇兰 2017年7月出版 / 估价：85.00元
PSN B-2011-226-1/2

城镇化蓝皮书
中国新型城镇化健康发展报告（2017）
著（编）者：张占斌　2017年8月出版 / 估价：89.00元
PSN B-2014-396-1/1

创新蓝皮书
创新型国家建设报告（2016~2017）
著（编）者：詹正茂　2017年12月出版 / 估价：89.00元
PSN B-2009-140-1/1

创业蓝皮书
中国创业发展报告（2016~2017）
著（编）者：黄群慧 赵卫星 钟宏武等
2017年11月出版 / 估价：89.00元
PSN B-2016-578-1/1

低碳发展蓝皮书
中国低碳发展报告（2016~2017）
著（编）者：齐晔 张希良　2017年3月出版 / 估价：98.00元
PSN B-2011-223-1/1

低碳经济蓝皮书
中国低碳经济发展报告（2017）
著（编）者：薛进军 赵忠秀　2017年6月出版 / 估价：85.00元
PSN B-2011-194-1/1

东北蓝皮书
中国东北地区发展报告（2017）
著（编）者：姜晓秋　2017年2月出版 / 定价：79.00元
PSN B-2006-067-1/1

发展与改革蓝皮书
中国经济发展和体制改革报告No.8
著（编）者：邹东涛 王再文　2017年4月出版 / 估价：98.00元
PSN B-2008-122-1/1

工业化蓝皮书
中国工业化进程报告（2017）
著（编）者：黄群慧　2017年12月出版 / 估价：158.00元
PSN B-2007-095-1/1

管理蓝皮书
中国管理发展报告（2017）
著（编）者：张晓东　2017年10月出版 / 估价：98.00元
PSN B-2014-416-1/1

国际城市蓝皮书
国际城市发展报告（2017）
著（编）者：屠启宇　2017年2月出版 / 定价：79.00元
PSN B-2012-260-1/1

国家创新蓝皮书
中国创新发展报告（2017）
著（编）者：陈劲　2017年12月出版 / 估价：89.00元
PSN B-2014-370-1/1

金融蓝皮书
中国金融发展报告（2017）
著（编）者：王国刚　2017年2月出版 / 定价：79.00元
PSN B-2004-031-1/6

京津冀金融蓝皮书
京津冀金融发展报告（2017）
著（编）者：王爱俭 李向前
2017年4月出版 / 估价：89.00元
PSN B-2016-528-1/1

京津冀蓝皮书
京津冀发展报告（2017）
著（编）者：文魁 祝尔娟　2017年4月出版 / 估价：89.00元
PSN B-2012-262-1/1

经济蓝皮书
2017年中国经济形势分析与预测
著（编）者：李扬　2017年1月出版 / 定价：89.00元
PSN B-1996-001-1/1

经济蓝皮书·春季号
2017年中国经济前景分析
著（编）者：李扬　2017年6月出版 / 估价：89.00元
PSN B-1999-008-1/1

经济蓝皮书·夏季号
中国经济增长报告（2016~2017）
著（编）者：李扬　2017年9月出版 / 估价：98.00元
PSN B-2010-176-1/1

经济信息绿皮书
中国与世界经济发展报告（2017）
著（编）者：杜平　2017年12月出版 / 定价：89.00元
PSN G-2003-023-1/1

就业蓝皮书
2017年中国本科生就业报告
著（编）者：麦可思研究院　2017年6月出版 / 估价：98.00元
PSN B-2009-146-1/2

就业蓝皮书
2017年中国高职高专生就业报告
著(编)者：麦可思研究院　2017年6月出版 / 估价：98.00元
PSN B-2015-472-2/2

科普能力蓝皮书
中国科普能力评价报告（2017）
著(编)者：李富 强李群　2017年8月出版 / 估价：89.00元
PSN B-2016-556-1/1

临空经济蓝皮书
中国临空经济发展报告（2017）
著(编)者：连玉明　2017年9月出版 / 估价：89.00元
PSN B-2014-421-1/1

农村绿皮书
中国农村经济形势分析与预测（2016～2017）
著(编)者：魏后凯 杜志雄 黄秉信
2017年4月出版 / 估价：89.00元
PSN G-1998-003-1/1

农业应对气候变化蓝皮书
气候变化对中国农业影响评估报告 No.3
著(编)者：矫梅燕　2017年8月出版 / 估价：98.00元
PSN B-2014-413-1/1

气候变化绿皮书
应对气候变化报告（2017）
著(编)者：王伟光 郑国光　2017年6月出版 / 估价：89.00元
PSN G-2009-144-1/1

区域蓝皮书
中国区域经济发展报告（2016～2017）
著(编)者：赵弘　2017年6月出版 / 估价：89.00元
PSN B-2004-034-1/1

全球环境竞争力绿皮书
全球环境竞争力报告（2017）
著(编)者：李建平 李闽榕 王金南
2017年12月出版 / 估价：198.00元
PSN G-2013-363-1/1

人口与劳动绿皮书
中国人口与劳动问题报告 No.18
著(编)者：蔡昉 张车伟　2017年11月出版 / 估价：89.00元
PSN G-2000-012-1/1

商务中心区蓝皮书
中国商务中心区发展报告 No.3（2016）
著(编)者：李国红 单菁菁　2017年4月出版 / 估价：89.00元
PSN B-2015-444-1/1

世界经济黄皮书
2017年世界经济形势分析与预测
著(编)者：张宇燕　2017年1月出版 / 定价：89.00元
PSN Y-1999-006-1/1

世界旅游城市绿皮书
世界旅游城市发展报告（2017）
著(编)者：宋宇　2017年4月出版 / 估价：128.00元
PSN G-2014-400-1/1

土地市场蓝皮书
中国农村土地市场发展报告（2016～2017）
著(编)者：李光荣　2017年4月出版 / 估价：89.00元
PSN B-2016-527-1/1

西北蓝皮书
中国西北发展报告（2017）
著(编)者：高建龙　2017年4月出版 / 估价：89.00元
PSN B-2012-261-1/1

西部蓝皮书
中国西部发展报告（2017）
著(编)者：徐璋勇　2017年7月出版 / 估价：89.00元
PSN B-2005-039-1/1

新型城镇化蓝皮书
新型城镇化发展报告（2017）
著(编)者：李伟 宋敏 沈体雁　2017年4月出版 / 估价：98.00元
PSN B-2014-431-1/1

新兴经济体蓝皮书
金砖国家发展报告（2017）
著(编)者：林跃勤 周文　2017年12月出版 / 估价：89.00元
PSN B-2011-195-1/1

长三角蓝皮书
2017年新常态下深化一体化的长三角
著(编)者：王庆五　2017年12月出版 / 估价：88.00元
PSN B-2005-038-1/1

中部竞争力蓝皮书
中国中部经济社会竞争力报告（2017）
著(编)者：教育部人文社会科学重点研究基地
　　　　南昌大学中国中部经济社会发展研究中心
2017年12月出版 / 估价：89.00元
PSN B-2012-276-1/1

中部蓝皮书
中国中部地区发展报告（2017）
著(编)者：宋亚平　2017年12月出版 / 估价：88.00元
PSN B-2007-089-1/1

中国省域竞争力蓝皮书
中国省域经济综合竞争力发展报告（2017）
著(编)者：李建平 李闽榕 高燕京
2017年2月出版 / 定价：198.00元
PSN B-2007-088-1/1

中三角蓝皮书
长江中游城市群发展报告（2017）
著(编)者：秦尊文　2017年9月出版 / 估价：89.00元
PSN B-2014-417-1/1

中小城市绿皮书
中国中小城市发展报告（2017）
著(编)者：中国城市经济学会中小城市经济发展委员会
　　　　中国城镇化促进会中小城市发展委员会
　　　　《中国中小城市发展报告》编纂委员会
　　　　中小城市发展战略研究院
2017年11月出版 / 估价：128.00元
PSN G-2010-161-1/1

中原蓝皮书
中原经济区发展报告（2017）
著(编)者：李英杰　2017年6月出版 / 估价：88.00元
PSN B-2011-192-1/1

自贸区蓝皮书
中国自贸区发展报告（2017）
著(编)者：王力　2017年7月出版 / 估价：89.00元
PSN B-2016-559-1/1

社会政法类

北京蓝皮书
中国社区发展报告（2017）
著(编)者：于燕燕　2017年4月出版 / 估价：89.00元
PSN B-2007-083-5/8

殡葬绿皮书
中国殡葬事业发展报告（2017）
著(编)者：李伯森　2017年4月出版 / 估价：158.00元
PSN G-2010-180-1/1

城市管理蓝皮书
中国城市管理报告（2016~2017）
著(编)者：刘林　刘承水　2017年5月出版 / 估价：158.00元
PSN B-2013-336-1/1

城市生活质量蓝皮书
中国城市生活质量报告（2017）
著(编)者：中国经济实验研究院
2018年7月出版 / 估价：89.00元
PSN B-2013-326-1/1

城市政府能力蓝皮书
中国城市政府公共服务能力评估报告（2017）
著(编)者：何艳玲　2017年4月出版 / 估价：89.00元
PSN B-2013-338-1/1

慈善蓝皮书
中国慈善发展报告（2017）
著(编)者：杨团　2017年6月出版 / 估价：89.00元
PSN B-2009-142-1/1

党建蓝皮书
党的建设研究报告No.2（2017）
著(编)者：崔建民　陈东平　2017年4月出版 / 估价：89.00元
PSN B-2016-524-1/1

地方法治蓝皮书
中国地方法治发展报告No.3（2017）
著(编)者：李林　田禾　2017年4月出版 / 估价：108.00元
PSN B-2015-442-1/1

法治蓝皮书
中国法治发展报告No.15（2017）
著(编)者：李林　田禾　2017年3月出版 / 定价：118.00元
PSN B-2004-027-1/1

法治政府蓝皮书
中国法治政府发展报告（2017）
著(编)者：中国政法大学法治政府研究院
2017年4月出版 / 估价：98.00元
PSN B-2015-502-1/2

法治政府蓝皮书
中国法治政府评估报告（2017）
著(编)者：中国政法大学法治政府研究院
2017年11月出版 / 估价：98.00元
PSN B-2016-577-2/2

法治蓝皮书
中国法院信息化发展报告No.1（2017）
著(编)者：李林　田禾　2017年2月出版 / 定价：108.00元
PSN B-2017-604-3/3

反腐倡廉蓝皮书
中国反腐倡廉建设报告No.7
著(编)者：张英伟　2017年12月出版 / 估价：89.00元
PSN B-2012-259-1/1

非传统安全蓝皮书
中国非传统安全研究报告（2016~2017）
著(编)者：余潇枫　魏志江　2017年6月出版 / 估价：89.00元
PSN B-2012-273-1/1

妇女发展蓝皮书
中国妇女发展报告No.7
著(编)者：王金玲　2017年9月出版 / 估价：148.00元
PSN B-2006-069-1/1

妇女教育蓝皮书
中国妇女教育发展报告No.4
著(编)者：张李玺　2017年10月出版 / 估价：78.00元
PSN B-2008-121-1/1

妇女绿皮书
中国性别平等与妇女发展报告（2017）
著(编)者：谭琳　2017年12月出版 / 估价：99.00元
PSN G-2006-073-1/1

公共服务蓝皮书
中国城市基本公共服务力评价（2017）
著(编)者：钟君　刘志昌　吴正昊　2017年12月出版 / 估价：89.00元
PSN B-2011-214-1/1

公民科学素质蓝皮书
中国公民科学素质报告（2016~2017）
著(编)者：李群　陈雄　马宗文
2017年4月出版 / 估价：89.00元
PSN B-2014-379-1/1

公共关系蓝皮书
中国公共关系发展报告（2017）
著(编)者：柳斌杰　2017年11月出版 / 估价：89.00元
PSN B-2016-580-1/1

公益蓝皮书
中国公益慈善发展报告（2017）
著(编)者：朱健刚　2018年4月出版 / 估价：118.00元
PSN B-2012-283-1/1

国际人才蓝皮书
中国国际移民报告（2017）
著(编)者：王辉耀　2017年4月出版 / 估价：89.00元
PSN B-2012-304-3/4

国际人才蓝皮书
中国留学发展报告（2017）No.5
著(编)者：王辉耀　苗绿　2017年10月出版 / 估价：89.00元
PSN B-2012-244-2/4

海洋社会蓝皮书
中国海洋社会发展报告（2017）
著(编)者：崔凤　宋宁而　2017年7月出版 / 估价：89.00元
PSN B-2015-478-1/1

行政改革蓝皮书
中国行政体制改革报告（2017）No.6
著（编）者：魏礼群　2017年5月出版／估价：98.00元
PSN B-2011-231-1/1

华侨华人蓝皮书
华侨华人研究报告（2017）
著（编）者：贾益民　2017年12月出版／估价：128.00元
PSN B-2011-204-1/1

环境竞争力绿皮书
中国省域环境竞争力发展报告（2017）
著（编）者：李建平　李闽榕　王金南
2017年11月出版／估价：198.00元
PSN G-2010-165-1/1

环境绿皮书
中国环境发展报告（2017）
著（编）者：刘鉴强　2017年4月出版／估价：89.00元
PSN G-2006-048-1/1

基金会蓝皮书
中国基金会发展报告（2016~2017）
著（编）者：中国基金会发展报告课题组
2017年4月出版／估价：85.00元
PSN B-2013-368-1/1

基金会绿皮书
中国基金会发展独立研究报告（2017）
著（编）者：基金会中心网　中央民族大学基金会研究中心
2017年6月出版／估价：88.00元
PSN G-2011-213-1/1

基金会透明度蓝皮书
中国基金会透明度发展研究报告（2017）
著（编）者：基金会中心网　清华大学廉政与治理研究中心
2017年12月出版／估价：89.00元
PSN B-2015-509-1/1

家庭蓝皮书
中国"创建幸福家庭活动"评估报告（2017）
国务院发展研究中心"创建幸福家庭活动评估"课题组著
2017年8月出版／估价：89.00元
PSN B-2015-508-1/1

健康城市蓝皮书
中国健康城市建设研究报告（2017）
著（编）者：王鸿春　解树江　盛继洪
2017年9月出版／估价：89.00元
PSN B-2016-565-2/2

教师蓝皮书
中国中小学教师发展报告（2017）
著（编）者：曾晓东　鱼霞　2017年6月出版／估价：89.00元
PSN B-2012-289-1/1

教育蓝皮书
中国教育发展报告（2017）
著（编）者：杨东平　2017年4月出版／估价：89.00元
PSN B-2006-047-1/1

科普蓝皮书
中国基层科普发展报告（2016～2017）
著（编）者：赵立　新陈玲　2017年9月出版／估价：89.00元
PSN B-2016-569-3/3

科普蓝皮书
中国科普基础设施发展报告（2017）
著（编）者：任福君　2017年6月出版／估价：89.00元
PSN B-2010-174-1/3

科普蓝皮书
中国科普人才发展报告（2017）
著（编）者：郑念　任嵘嵘　2017年4月出版／估价：98.00元
PSN B-2015-512-2/3

科学教育蓝皮书
中国科学教育发展报告（2017）
著（编）者：罗晖　王康友　2017年10月出版／估价：89.00元
PSN B-2015-487-1/1

劳动保障蓝皮书
中国劳动保障发展报告（2017）
著（编）者：刘燕斌　2017年9月出版／估价：188.00元
PSN B-2014-415-1/1

老龄蓝皮书
中国老年宜居环境发展报告（2017）
著（编）者：党俊武　周燕珉　2017年4月出版／估价：89.00元
PSN B-2013-320-1/1

连片特困区蓝皮书
中国连片特困区发展报告（2017）
著（编）者：游俊　冷志明　丁建军
2017年4月出版／估价：98.00元
PSN B-2013-321-1/1

流动儿童蓝皮书
中国流动儿童教育发展报告（2016）
著（编）者：杨东平　2017年1月出版／定价：79.00元
PSN B-2017-600-1/1

民调蓝皮书
中国民生调查报告（2017）
著（编）者：谢耘耕　2017年12月出版／估价：98.00元
PSN B-2014-398-1/1

民族发展蓝皮书
中国民族发展报告（2017）
著（编）者：郝时远　王延中　王希恩
2017年4月出版／估价：98.00元
PSN B-2006-070-1/1

女性生活蓝皮书
中国女性生活状况报告No.11（2017）
著（编）者：韩湘景　2017年10月出版／估价：98.00元
PSN B-2006-071-1/1

汽车社会蓝皮书
中国汽车社会发展报告（2017）
著（编）者：王俊秀　2017年12月出版／估价：89.00元
PSN B-2011-224-1/1

青年蓝皮书
中国青年发展报告（2017）No.3
著(编)者：廉思 等　2017年4月出版 / 估价：89.00元
PSN B-2013-333-1/1

青少年蓝皮书
中国未成年人互联网运用报告（2017）
著(编)者：李文革 沈洁 季为民
2017年11月出版 / 估价：89.00元
PSN B-2010-165-1/1

青少年体育蓝皮书
中国青少年体育发展报告（2017）
著(编)者：郭建军 杨桦　2017年9月出版 / 估价：89.00元
PSN B-2015-482-1/1

群众体育蓝皮书
中国群众体育发展报告（2017）
著(编)者：刘国永 杨桦　2017年12月出版 / 估价：89.00元
PSN B-2016-519-2/3

人权蓝皮书
中国人权事业发展报告 No.7（2017）
著(编)者：李君如　2017年9月出版 / 估价：98.00元
PSN B-2011-215-1/1

社会保障绿皮书
中国社会保障发展报告（2017）No.8
著(编)者：王延中　2017年1月出版 / 估价：98.00元
PSN G-2001-014-1/1

社会风险评估蓝皮书
风险评估与危机预警评估报告（2017）
著(编)者：唐钧　2017年8月出版 / 估价：85.00元
PSN B-2016-521-1/1

社会管理蓝皮书
中国社会管理创新报告 No.5
著(编)者：连玉明　2017年11月出版 / 估价：89.00元
PSN B-2012-300-1/1

社会蓝皮书
2017年中国社会形势分析与预测
著(编)者：李培林 陈光金 张翼
2016年12月出版 / 定价：89.00元
PSN B-1998-002-1/1

社会体制蓝皮书
中国社会体制改革报告No.5（2017）
著(编)者：龚维斌　2017年3月出版 / 定价：89.00元
PSN B-2013-330-1/1

社会心态蓝皮书
中国社会心态研究报告（2017）
著(编)者：王俊秀 杨宜音　2017年12月出版 / 估价：89.00元
PSN B-2011-199-1/1

社会组织蓝皮书
中国社会组织发展报告（2016~2017）
著(编)者：黄晓勇　2017年1月出版 / 定价：89.00元
PSN B-2008-118-1/2

社会组织蓝皮书
中国社会组织评估发展报告（2017）
著(编)者：徐家良 廖鸿　2017年12月出版 / 估价：89.00元
PSN B-2013-366-1/1

生态城市绿皮书
中国生态城市建设发展报告（2017）
著(编)者：刘举科 孙伟平 胡文臻
2017年9月出版 / 估价：118.00元
PSN G-2012-269-1/1

生态文明绿皮书
中国省域生态文明建设评价报告（ECI 2017）
著(编)者：严耕　2017年12月出版 / 估价：98.00元
PSN G-2010-170-1/1

土地整治蓝皮书
中国土地整治发展研究报告 No.4
著(编)者：国土资源部土地整治中心
2017年7月出版 / 估价：89.00元
PSN B-2014-401-1/1

土地政策蓝皮书
中国土地政策研究报告（2017）
著(编)者：高延利 李宪文
2017年12月出版 / 定价：89.00元
PSN B-2015-506-1/1

医改蓝皮书
中国医药卫生体制改革报告（2017）
著(编)者：文学国 房志武　2017年11月出版 / 估价：98.00元
PSN B-2014-432-1/1

医疗卫生绿皮书
中国医疗卫生发展报告 No.7（2017）
著(编)者：申宝忠 韩玉珍　2017年4月出版 / 估价：85.00元
PSN G-2004-033-1/1

应急管理蓝皮书
中国应急管理报告（2017）
著(编)者：宋英华　2017年9月出版 / 估价：98.00元
PSN B-2016-563-1/1

政治参与蓝皮书
中国政治参与报告（2017）
著(编)者：房宁　2017年9月出版 / 估价：118.00元
PSN B-2011-200-1/1

宗教蓝皮书
中国宗教报告（2016）
著(编)者：邱永辉　2017年4月出版 / 估价：89.00元
PSN B-2008-117-1/1

行业报告类

SUV蓝皮书
中国SUV市场发展报告（2016~2017）
著(编)者：靳军　2017年9月出版 / 估价：89.00元
PSN B-2016-572-1/1

保健蓝皮书
中国保健服务产业发展报告No.2
著(编)者：中国保健协会 中共中央党校
2017年7月出版 / 估价：198.00元
PSN B-2012-272-3/3

保健蓝皮书
中国保健食品产业发展报告No.2
著(编)者：中国保健协会
　　　中国社会科学院食品药品产业发展与监管研究中心
2017年7月出版 / 估价：198.00元
PSN B-2012-271-2/3

保健蓝皮书
中国保健用品产业发展报告No.2
著(编)者：中国保健协会
　　　国务院国有资产监督管理委员会研究中心
2017年4月出版 / 估价：198.00元
PSN B-2012-270-1/3

保险蓝皮书
中国保险业竞争力报告（2017）
著(编)者：项俊波　2017年12月出版 / 估价：99.00元
PSN B-2013-311-1/1

冰雪蓝皮书
中国滑雪产业发展报告（2017）
著(编)者：孙承华 伍斌 魏庆华 张鸿俊
2017年8月出版 / 估价：89.00元
PSN B-2016-560-1/1

彩票蓝皮书
中国彩票发展报告（2017）
著(编)者：益彩基金　2017年4月出版 / 估价：98.00元
PSN B-2015-462-1/1

餐饮产业蓝皮书
中国餐饮产业发展报告（2017）
著(编)者：邢颖　2017年6月出版 / 估价：98.00元
PSN B-2009-151-1/1

测绘地理信息蓝皮书
新常态下的测绘地理信息研究报告（2017）
著(编)者：库热西·买合苏提
2017年12月出版 / 估价：118.00元
PSN B-2009-145-1/1

茶业蓝皮书
中国茶产业发展报告（2017）
著(编)者：杨江帆 李闽榕　2017年10月出版 / 估价：88.00元
PSN B-2010-164-1/1

产权市场蓝皮书
中国产权市场发展报告（2016~2017）
著(编)者：曹和平　2017年5月出版 / 估价：89.00元
PSN B-2009-147-1/1

产业安全蓝皮书
中国出版传媒产业安全报告（2016~2017）
著(编)者：北京印刷学院文化产业安全研究院
2017年4月出版 / 估价：89.00元
PSN B-2014-384-13/14

产业安全蓝皮书
中国文化产业安全报告（2017）
著(编)者：北京印刷学院文化产业安全研究院
2017年12月出版 / 估价：89.00元
PSN B-2014-378-12/14

产业安全蓝皮书
中国新媒体产业安全报告（2017）
著(编)者：北京印刷学院文化产业安全研究院
2017年12月出版 / 估价：89.00元
PSN B-2015-500-14/14

城投蓝皮书
中国城投行业发展报告（2017）
著(编)者：王晨艳 丁伯康　2017年11月出版 / 估价：300.00元
PSN B-2016-514-1/1

电子政务蓝皮书
中国电子政务发展报告（2016~2017）
著(编)者：李季 杜平　2017年7月出版 / 估价：89.00元
PSN B-2003-022-1/1

杜仲产业绿皮书
中国杜仲橡胶资源与产业发展报告（2016~2017）
著(编)者：杜红岩 胡文臻 俞锐
2017年4月出版 / 估价：85.00元
PSN G-2013-350-1/1

房地产蓝皮书
中国房地产发展报告No.14（2017）
著(编)者：李春华 王业强　2017年5月出版 / 估价：89.00元
PSN B-2004-028-1/1

服务外包蓝皮书
中国服务外包产业发展报告（2017）
著(编)者：王晓红 刘德军
2017年6月出版 / 估价：89.00元
PSN B-2013-331-2/2

服务外包蓝皮书
中国服务外包竞争力报告（2017）
著(编)者：王力 刘春生 黄育华
2017年11月出版 / 估价：85.00元
PSN B-2011-216-1/2

工业和信息化蓝皮书
世界网络安全发展报告（2016~2017）
著(编)者：洪京一　2017年4月出版 / 估价：89.00元
PSN B-2015-452-5/5

工业和信息化蓝皮书
世界信息化发展报告（2016~2017）
著(编)者：洪京一　2017年4月出版 / 估价：89.00元
PSN B-2015-451-4/5

工业和信息化蓝皮书
世界信息技术产业发展报告（2016~2017）
著(编)者：洪京一　2017年4月出版／估价：89.00元
PSN B-2015-449-2/5

工业和信息化蓝皮书
移动互联网产业发展报告（2016~2017）
著(编)者：洪京一　2017年4月出版／估价：89.00元
PSN B-2015-448-1/5

工业和信息化蓝皮书
战略性新兴产业发展报告（2016~2017）
著(编)者：洪京一　2017年4月出版／估价：89.00元
PSN B-2015-450-3/5

工业设计蓝皮书
中国工业设计发展报告（2017）
著(编)者：王晓红　于炜 张立群
2017年9月出版／估价：138.00元
PSN B-2014-420-1/1

黄金市场蓝皮书
中国商业银行黄金业务发展报告（2016~2017）
著(编)者：平安银行　2017年4月出版／估价：98.00元
PSN B-2016-525-1/1

互联网金融蓝皮书
中国互联网金融发展报告（2017）
著(编)者：李东荣　2017年9月出版／估价：128.00元
PSN B-2014-374-1/1

互联网医疗蓝皮书
中国互联网医疗发展报告（2017）
著(编)者：宫晓东　2017年9月出版／估价：89.00元
PSN B-2016-568-1/1

会展蓝皮书
中外会展业动态评估年度报告（2017）
著(编)者：张敏　2017年4月出版／估价：88.00元
PSN B-2013-327-1/1

金融监管蓝皮书
中国金融监管报告（2017）
著(编)者：胡滨　2017年6月出版／估价：89.00元
PSN B-2012-281-1/1

金融蓝皮书
中国金融中心发展报告（2017）
著(编)者：王力 黄育华　2017年11月出版／估价：85.00元
PSN B-2011-186-6/6

建筑装饰蓝皮书
中国建筑装饰行业发展报告（2017）
著(编)者：刘晓一 葛道顺　2017年7月出版／估价：198.00元
PSN B-2016-554-1/1

客车蓝皮书
中国客车产业发展报告（2016~2017）
著(编)者：姚蔚　2017年10月出版／估价：85.00元
PSN B-2013-361-1/1

旅游安全蓝皮书
中国旅游安全报告（2017）
著(编)者：郑向敏 谢朝武　2017年5月出版／估价：128.00元
PSN B-2012-280-1/1

旅游绿皮书
2016~2017年中国旅游发展分析与预测
著(编)者：宋瑞　2017年2月出版／定价：89.00元
PSN G-2002-018-1/1

煤炭蓝皮书
中国煤炭工业发展报告（2017）
著(编)者：岳福斌　2017年12月出版／估价：85.00元
PSN B-2008-123-1/1

民营企业社会责任蓝皮书
中国民营企业社会责任报告（2017）
著(编)者：中华全国工商业联合会
2017年12月出版／估价：89.00元
PSN B-2015-510-1/1

民营医院蓝皮书
中国民营医院发展报告（2017）
著(编)者：庄一强　2017年10月出版／估价：85.00元
PSN B-2012-299-1/1

闽商蓝皮书
闽商发展报告（2017）
著(编)者：李闽榕 王日根 林琛
2017年12月出版／估价：89.00元
PSN B-2012-298-1/1

能源蓝皮书
中国能源发展报告（2017）
著(编)者：崔民选 王军生 陈义和
2017年10月出版／估价：98.00元
PSN B-2006-049-1/1

农产品流通蓝皮书
中国农产品流通产业发展报告（2017）
著(编)者：贾敬敦 张东科 张玉玺 张鹏毅 周伟
2017年4月出版／估价：89.00元
PSN B-2012-288-1/1

企业公益蓝皮书
中国企业公益研究报告（2017）
著(编)者：钟宏武 汪杰 顾一 黄晓娟 等
2017年12月出版／估价：89.00元
PSN B-2015-501-1/1

企业国际化蓝皮书
中国企业国际化报告（2017）
著(编)者：王辉耀　2017年11月出版／估价：98.00元
PSN B-2014-427-1/1

企业蓝皮书
中国企业绿色发展报告 No.2（2017）
著(编)者：李红玉 朱光辉　2017年8月出版／估价：89.00元
PSN B-2015-481-2/2

企业社会责任蓝皮书
中国企业社会责任研究报告（2017）
著(编)者：黄群慧 钟宏武 张蒽 翟利峰
2017年11月出版／估价：89.00元
PSN B-2009-149-1/1

企业社会责任蓝皮书
中资企业海外社会责任研究报告（2016~2017）
著(编)者：钟宏武 叶柳红 张蒽
2017年1月出版／定价：79.00元
PSN B-2017-603-2/2

汽车安全蓝皮书
中国汽车安全发展报告（2017）
著(编)者：中国汽车技术研究中心
2017年7月出版 / 估价：89.00元
PSN B-2014-385-1/1

汽车电子商务蓝皮书
中国汽车电子商务发展报告（2017）
著(编)者：中华全国工商业联合会汽车经销商商会
　　　　　北京易观智库网络科技有限公司
2017年10月出版 / 估价：128.00元
PSN B-2015-485-1/1

汽车工业蓝皮书
中国汽车工业发展年度报告（2017）
著(编)者：中国汽车工业协会 中国汽车技术研究中心
　　　　　丰田汽车（中国）投资有限公司
2017年4月出版 / 估价：128.00元
PSN B-2015-463-1/2

汽车工业蓝皮书
中国汽车零部件产业发展报告（2017）
著(编)者：中国汽车工业协会 中国汽车工程研究院
2017年10月出版 / 估价：98.00元
PSN B-2016-515-2/2

汽车蓝皮书
中国汽车产业发展报告（2017）
著(编)者：国务院发展研究中心产业经济研究部
　　　　　中国汽车工程学会 大众汽车集团（中国）
2017年8月出版 / 估价：98.00元
PSN B-2008-124-1/1

人力资源蓝皮书
中国人力资源发展报告（2017）
著(编)者：余兴安 2017年11月出版 / 估价：89.00元
PSN B-2012-287-1/1

融资租赁蓝皮书
中国融资租赁业发展报告（2016～2017）
著(编)者：李光荣 王力 2017年8月出版 / 估价：89.00元
PSN B-2015-443-1/1

商会蓝皮书
中国商会发展报告No.5（2017）
著(编)者：王钦敏 2017年7月出版 / 估价：89.00元
PSN B-2008-125-1/1

输血服务蓝皮书
中国输血行业发展报告（2017）
著(编)者：朱永明 耿鸿武 2016年8月出版 / 估价：89.00元
PSN B-2016-583-1/1

社会责任管理蓝皮书
中国上市公司社会责任能力成熟度报告（2017）No.2
著(编)者：肖红军 王晓光 李伟阳
2017年12月出版 / 估价：98.00元
PSN B-2015-507-2/2

社会责任管理蓝皮书
中国企业公众透明度报告(2017)No.3
著(编)者：黄速建 熊梦 王晓光 肖红军
2017年4月出版 / 估价：98.00元
PSN B-2015-440-1/2

食品药品蓝皮书
食品药品安全与监管政策研究报告（2016～2017）
著(编)者：唐民皓 2017年6月出版 / 估价：89.00元
PSN B-2009-129-1/1

世界能源蓝皮书
世界能源发展报告（2017）
著(编)者：黄晓勇 2017年6月出版 / 估价：99.00元
PSN B-2013-349-1/1

水利风景区蓝皮书
中国水利风景区发展报告（2017）
著(编)者：谢婵才 兰思仁 2017年5月出版 / 估价：89.00元
PSN B-2015-480-1/1

碳市场蓝皮书
中国碳市场报告（2017）
著(编)者：定金彪 2017年11月出版 / 估价：89.00元
PSN B-2014-430-1/1

体育蓝皮书
中国体育产业发展报告（2017）
著(编)者：阮伟 钟秉枢 2017年12月出版 / 估价：89.00元
PSN B-2010-179-1/4

网络空间安全蓝皮书
中国网络空间安全发展报告（2017）
著(编)者：惠志斌 唐涛 2017年4月出版 / 估价：89.00元
PSN B-2015-466-1/1

西部金融蓝皮书
中国西部金融发展报告（2017）
著(编)者：李忠民 2017年8月出版 / 估价：85.00元
PSN B-2010-160-1/1

协会商会蓝皮书
中国行业协会商会发展报告（2017）
著(编)者：景朝阳 李勇 2017年4月出版 / 估价：99.00元
PSN B-2015-461-1/1

新能源汽车蓝皮书
中国新能源汽车产业发展报告（2017）
著(编)者：中国汽车技术研究中心
　　　　　日产（中国）投资有限公司 东风汽车有限公司
2017年7月出版 / 估价：98.00元
PSN B-2013-347-1/1

新三板蓝皮书
中国新三板市场发展报告（2017）
著(编)者：王力 2017年6月出版 / 估价：89.00元
PSN B-2016-534-1/1

信托市场蓝皮书
中国信托业市场报告（2016～2017）
著(编)者：用益信托研究院
2017年1月出版 / 定价：198.00元
PSN B-2014-371-1/1

信息化蓝皮书
中国信息化形势分析与预测（2016～2017）
著(编)者：周宏仁 2017年8月出版 / 估价：98.00元
PSN B-2010-168-1/1

信用蓝皮书
中国信用发展报告（2017）
著(编)者：章政 田侃　　2017年4月出版 / 估价：99.00元
PSN B-2013-328-1/1

休闲绿皮书
2017年中国休闲发展报告
著(编)者：宋瑞　　2017年10月出版 / 估价：89.00元
PSN G-2010-158-1/1

休闲体育蓝皮书
中国休闲体育发展报告（2016～2017）
著(编)者：李相如 钟炳枢　　2017年10月出版 / 估价：89.00元
PSN G-2016-516-1/1

养老金融蓝皮书
中国养老金融发展报告（2017）
著(编)者：董克用 姚余栋
2017年8月出版 / 估价：89.00元
PSN B-2016-584-1/1

药品流通蓝皮书
中国药品流通行业发展报告（2017）
著(编)者：佘鲁林 温再兴　　2017年8月出版 / 估价：158.00元
PSN B-2014-429-1/1

医院蓝皮书
中国医院竞争力报告（2017）
著(编)者：庄一强 曾益新　　2017年3月出版 / 定价：108.00元
PSN B-2016-529-1/1

邮轮绿皮书
中国邮轮产业发展报告（2017）
著(编)者：汪泓　　2017年10月出版 / 估价：89.00元
PSN G-2014-419-1/1

智能养老蓝皮书
中国智能养老产业发展报告（2017）
著(编)者：朱勇　　2017年10月出版 / 估价：89.00元
PSN B-2015-488-1/1

债券市场蓝皮书
中国债券市场发展报告（2016～2017）
著(编)者：杨农　　2017年10月出版 / 估价：89.00元
PSN B-2016-573-1/1

中国节能汽车蓝皮书
中国节能汽车发展报告（2016~2017）
著(编)者：中国汽车工程研究院股份有限公司
2017年9月出版 / 估价：98.00元
PSN B-2016-566-1/1

中国上市公司蓝皮书
中国上市公司发展报告（2017）
著(编)者：张平 王宏淼
2017年10月出版 / 估价：98.00元
PSN B-2014-414-1/1

中国陶瓷产业蓝皮书
中国陶瓷产业发展报告（2017）
著(编)者：左和平 黄速建　　2017年10月出版 / 估价：98.00元
PSN B-2016-574-1/1

中国总部经济蓝皮书
中国总部经济发展报告（2016～2017）
著(编)者：赵弘　　2017年9月出版 / 估价：89.00元
PSN B-2005-036-1/1

中医文化蓝皮书
中国中医药文化传播发展报告（2017）
著(编)者：毛嘉陵　　2017年7月出版 / 估价：89.00元
PSN B-2015-468-1/1

装备制造业蓝皮书
中国装备制造业发展报告（2017）
著(编)者：徐东华　　2017年12月出版 / 估价：148.00元
PSN B-2015-505-1/1

资本市场蓝皮书
中国场外交易市场发展报告（2016～2017）
著(编)者：高峦　　2017年4月出版 / 估价：89.00元
PSN B-2009-153-1/1

资产管理蓝皮书
中国资产管理行业发展报告（2017）
著(编)者：智信资产管理研究院
2017年6月出版 / 估价：89.00元
PSN B-2014-407-2/2

文化传媒类

传媒竞争力蓝皮书
中国传媒国际竞争力研究报告（2017）
著（编）者：李本乾 刘强
2017年11月出版 / 估价：148.00元
PSN B-2013-356-1/1

传媒蓝皮书
中国传媒产业发展报告（2017）
著（编）者：崔保国　2017年5月出版 / 估价：98.00元
PSN B-2005-035-1/1

传媒投资蓝皮书
中国传媒投资发展报告（2017）
著（编）者：张向东 谭云明
2017年6月出版 / 估价：128.00元
PSN B-2015-474-1/1

动漫蓝皮书
中国动漫产业发展报告（2017）
著（编）者：卢斌 郑玉明 牛兴侦
2017年9月出版 / 估价：89.00元
PSN B-2011-198-1/1

非物质文化遗产蓝皮书
中国非物质文化遗产发展报告（2017）
著（编）者：陈平　2017年5月出版 / 估价：98.00元
PSN B-2015-469-1/1

广电蓝皮书
中国广播电影电视发展报告（2017）
著（编）者：国家新闻出版广电总局发展研究中心
2017年7月出版 / 估价：98.00元
PSN B-2006-072-1/1

广告主蓝皮书
中国广告主营销传播趋势报告 No.9
著（编）者：黄升民 杜国清 邵华冬 等
2017年10月出版 / 估价：148.00元
PSN B-2005-041-1/1

国际传播蓝皮书
中国国际传播发展报告（2017）
著（编）者：胡正荣 李继东 姬德强
2017年11月出版 / 估价：89.00元
PSN B-2014-408-1/1

国家形象蓝皮书
中国国家形象传播报告（2016）
著（编）者：张昆　2017年3月出版 / 定价：98.00元
PSN B-2017-605-1/1

纪录片蓝皮书
中国纪录片发展报告（2017）
著（编）者：何苏六　2017年9月出版 / 估价：89.00元
PSN B-2011-222-1/1

科学传播蓝皮书
中国科学传播报告（2017）
著（编）者：詹正茂　2017年7月出版 / 估价：89.00元
PSN B-2008-120-1/1

两岸创意经济蓝皮书
两岸创意经济研究报告（2017）
著（编）者：罗昌智 林咏能
2017年10月出版 / 估价：98.00元
PSN B-2014-437-1/1

媒介与女性蓝皮书
中国媒介与女性发展报告(2016~2017)
著（编）者：刘利群　2017年9月出版 / 估价：118.00元
PSN B-2013-345-1/1

媒体融合蓝皮书
中国媒体融合发展报告（2017）
著（编）者：梅宁华 宋建武　2017年7月出版 / 估价：89.00元
PSN B-2015-479-1/1

全球传媒蓝皮书
全球传媒发展报告（2017）
著（编）者：胡正荣 李继东 唐晓芬
2017年11月出版 / 估价：89.00元
PSN B-2012-237-1/1

少数民族非遗蓝皮书
中国少数民族非物质文化遗产发展报告（2017）
著（编）者：肖远平（彝） 柴立（满）
2017年8月出版 / 估价：98.00元
PSN B-2015-467-1/1

视听新媒体蓝皮书
中国视听新媒体发展报告（2017）
著（编）者：国家新闻出版广电总局发展研究中心
2017年7月出版 / 估价：98.00元
PSN B-2011-184-1/1

文化创新蓝皮书
中国文化创新报告（2017）No.7
著（编）者：于平 傅才武　2017年7月出版 / 估价：98.00元
PSN B-2009-143-1/1

文化建设蓝皮书
中国文化发展报告（2016~2017）
著（编）者：江畅 孙伟平 戴茂堂
2017年6月出版 / 估价：116.00元
PSN B-2014-392-1/1

文化科技蓝皮书
文化科技创新发展报告（2017）
著（编）者：于平 李凤亮　2017年11月出版 / 估价：89.00元
PSN B-2013-342-1/1

文化蓝皮书
中国公共文化服务发展报告（2017）
著（编）者：刘新成 张永新 张旭
2017年12月出版 / 估价：98.00元
PSN B-2007-093-2/10

文化蓝皮书
中国公共文化投入增长测评报告（2017）
著（编）者：王亚南　2017年2月出版 / 定价：79.00元
PSN B-2014-435-10/10

文化蓝皮书
中国少数民族文化发展报告（2016~2017）
著(编)者：武翠英 张晓明 任乌晶
2017年9月出版 / 估价：89.00元
PSN B-2013-369-9/10

文化蓝皮书
中国文化产业发展报告（2016~2017）
著(编)者：张晓明 王家新 章建刚
2017年4月出版 / 估价：89.00元
PSN B-2002-019-1/10

文化蓝皮书
中国文化产业供需协调检测报告（2017）
著(编)者：王亚南 2017年2月出版 / 定价：79.00元
PSN B-2013-323-8/10

文化蓝皮书
中国文化消费需求景气评价报告（2017）
著(编)者：王亚南 2017年2月出版 / 定价：79.00元
PSN B-2011-236-4/10

文化品牌蓝皮书
中国文化品牌发展报告（2017）
著(编)者：欧阳友权 2017年5月出版 / 估价：98.00元
PSN B-2012-277-1/1

文化遗产蓝皮书
中国文化遗产事业发展报告（2017）
著(编)者：苏杨 张颖岚 王宇飞
2017年8月出版 / 估价：98.00元
PSN B-2008-119-1/1

文学蓝皮书
中国文情报告（2016~2017）
著(编)者：白烨 2017年5月出版 / 估价：49.00元
PSN B-2011-221-1/1

新媒体蓝皮书
中国新媒体发展报告No.8（2017）
著(编)者：唐绪军 2017年6月出版 / 估价：89.00元
PSN B-2010-169-1/1

新媒体社会责任蓝皮书
中国新媒体社会责任研究报告（2017）
著(编)者：钟瑛 2017年11月出版 / 估价：89.00元
PSN B-2014-423-1/1

移动互联网蓝皮书
中国移动互联网发展报告（2017）
著(编)者：官建文 2017年6月出版 / 估价：89.00元
PSN B-2012-282-1/1

舆情蓝皮书
中国社会舆情与危机管理报告（2017）
著(编)者：谢耘耕 2017年9月出版 / 估价：128.00元
PSN B-2011-235-1/1

影视蓝皮书
中国影视产业发展报告（2017）
著(编)者：司若 2017年4月出版 / 估价：138.00元
PSN B-2016-530-1/1

地方发展类

安徽经济蓝皮书
合芜蚌国家自主创新综合示范区研究报告（2016~2017）
著(编)者：黄家海 王开玉 蔡宪
2017年7月出版 / 估价：89.00元
PSN B-2014-383-1/1

安徽蓝皮书
安徽社会发展报告（2017）
著(编)者：程桦 2017年4月出版 / 估价：89.00元
PSN B-2013-325-1/1

澳门蓝皮书
澳门经济社会发展报告（2016~2017）
著(编)者：吴志良 郝雨凡 2017年6月出版 / 估价：98.00元
PSN B-2009-138-1/1

北京蓝皮书
北京公共服务发展报告（2016~2017）
著(编)者：施昌奎 2017年3月出版 / 定价：79.00元
PSN B-2008-103-7/8

北京蓝皮书
北京经济发展报告（2016~2017）
著(编)者：杨松 2017年6月出版 / 估价：89.00元
PSN B-2006-054-2/8

北京蓝皮书
北京社会发展报告（2016~2017）
著(编)者：李伟东 2017年6月出版 / 估价：89.00元
PSN B-2006-055-3/8

北京蓝皮书
北京社会治理发展报告（2016~2017）
著(编)者：殷星辰 2017年5月出版 / 估价：89.00元
PSN B-2014-391-8/8

北京蓝皮书
北京文化发展报告（2016~2017）
著(编)者：李建盛 2017年4月出版 / 估价：89.00元
PSN B-2007-082-4/8

北京律师绿皮书
北京律师发展报告No.3（2017）
著(编)者：王隽 2017年7月出版 / 估价：88.00元
PSN G-2012-301-1/1

北京旅游蓝皮书
北京旅游发展报告（2017）
著(编)者：北京旅游学会 2017年4月出版 / 估价：88.00元
PSN B-2011-217-1/1

北京人才蓝皮书
北京人才发展报告（2017）
著(编)者：于淼 2017年12月出版 / 估价：128.00元
PSN B-2011-201-1/1

北京社会心态蓝皮书
北京社会心态分析报告（2016～2017）
著(编)者：北京社会心理研究所
2017年8月出版 / 估价：89.00元
PSN B-2014-422-1/1

北京社会组织管理蓝皮书
北京社会组织发展与管理（2016～2017）
著(编)者：黄江松 2017年4月出版 / 估价：88.00元
PSN B-2015-446-1/1

北京体育蓝皮书
北京体育产业发展报告（2016～2017）
著(编)者：钟秉枢 陈杰 杨铁黎
2017年9月出版 / 估价：89.00元
PSN B-2015-475-1/1

北京养老产业蓝皮书
北京养老产业发展报告（2017）
著(编)者：周明明 冯喜良 2017年8月出版 / 估价：89.00元
PSN B-2015-465-1/1

滨海金融蓝皮书
滨海新区金融发展报告（2017）
著(编)者：王爱俭 张锐钢 2017年12月出版 / 估价：89.00元
PSN B-2014-424-1/1

城乡一体化蓝皮书
中国城乡一体化发展报告·北京卷（2016～2017）
著(编)者：张宝秀 黄序 2017年5月出版 / 估价：89.00元
PSN B-2012-258-2/2

创意城市蓝皮书
北京文化创意产业发展报告（2017）
著(编)者：张京成 王国华 2017年10月出版 / 估价：89.00元
PSN B-2012-263-1/7

创意城市蓝皮书
天津文化创意产业发展报告（2016～2017）
著(编)者：谢思全 2017年6月出版 / 估价：89.00元
PSN B-2016-537-7/7

创意城市蓝皮书
武汉文化创意产业发展报告（2017）
著(编)者：黄永林 陈汉桥 2017年9月出版 / 估价：99.00元
PSN B-2013-354-4/7

创意上海蓝皮书
上海文化创意产业发展报告（2016～2017）
著(编)者：王慧敏 王兴全 2017年8月出版 / 估价：89.00元
PSN B-2016-562-1/1

福建妇女发展蓝皮书
福建省妇女发展报告（2017）
著(编)者：刘群英 2017年11月出版 / 估价：88.00元
PSN B-2011-220-1/1

福建自贸区蓝皮书
中国（福建）自由贸易实验区发展报告（2016～2017）
著(编)者：黄茂兴 2017年4月出版 / 估价：108.00元
PSN B-2017-532-1/1

甘肃蓝皮书
甘肃经济发展分析与预测（2017）
著(编)者：安文华 罗哲 2017年1月出版 / 定价：79.00元
PSN B-2013-312-1/6

甘肃蓝皮书
甘肃社会发展分析与预测（2017）
著(编)者：安文华 包晓霞 谢增虎
2017年1月出版 / 定价：79.00元
PSN B-2013-313-2/6

甘肃蓝皮书
甘肃文化发展分析与预测（2017）
著(编)者：王俊莲 周小华 2017年1月出版 / 定价：79.00元
PSN B-2013-314-3/6

甘肃蓝皮书
甘肃县域和农村发展报告（2017）
著(编)者：朱智文 包东红 王建兵
2017年1月出版 / 定价：79.00元
PSN B-2013-316-5/6

甘肃蓝皮书
甘肃舆情分析与预测（2017）
著(编)者：陈双梅 张谦元 2017年1月出版 / 定价：79.00元
PSN B-2013-315-4/6

甘肃蓝皮书
甘肃商贸流通发展报告（2017）
著(编)者：张应华 王福生 王晓芳
2017年1月出版 / 定价：79.00元
PSN B-2016-523-6/6

广东蓝皮书
广东全面深化改革发展报告（2017）
著(编)者：周林生 涂成林 2017年12月出版 / 估价：89.00元
PSN B-2015-504-3/3

广东蓝皮书
广东社会工作发展报告（2017）
著(编)者：罗观翠 2017年6月出版 / 估价：89.00元
PSN B-2014-402-2/3

广东外经贸蓝皮书
广东对外经济贸易发展研究报告（2016~2017）
著(编)者：陈万灵 2017年8月出版 / 估价：98.00元
PSN B-2012-286-1/1

广西北部湾经济区蓝皮书
广西北部湾经济区开放开发报告（2017）
著(编)者：广西北部湾经济区规划建设管理委员会办公室
广西社会科学院广西北部湾发展研究院
2017年4月出版 / 估价：89.00元
PSN B-2010-181-1/1

巩义蓝皮书
巩义经济社会发展报告（2017）
著(编)者：丁同民 朱军 2017年4月出版 / 估价：58.00元
PSN B-2016-533-1/1

广州蓝皮书
2017年中国广州经济形势分析与预测
著(编)者：庚建设 陈浩钿 谢博能
2017年7月出版 / 估价：85.00元
PSN B-2011-185-9/14

广州蓝皮书
2017年中国广州社会形势分析与预测
著(编)者：张强　陈怡霓　杨泰　　2017年6月出版 / 估价：85.00元
PSN B-2008-110-5/14

广州蓝皮书
广州城市国际化发展报告（2017）
著(编)者：朱名宏　　2017年8月出版 / 估价：79.00元
PSN B-2012-246-11/14

广州蓝皮书
广州创新型城市发展报告（2017）
著(编)者：尹涛　　2017年7月出版 / 估价：79.00元
PSN B-2012-247-12/14

广州蓝皮书
广州经济发展报告（2017）
著(编)者：朱名宏　　2017年7月出版 / 估价：79.00元
PSN B-2005-040-1/14

广州蓝皮书
广州农村发展报告（2017）
著(编)者：朱名宏　　2017年8月出版 / 估价：79.00元
PSN B-2010-167-8/14

广州蓝皮书
广州汽车产业发展报告（2017）
著(编)者：杨再高　冯兴亚　2017年7月出版 / 估价：79.00元
PSN B-2006-066-3/14

广州蓝皮书
广州青年发展报告（2016~2017）
著(编)者：徐柳　张强　　2017年9月出版 / 估价：79.00元
PSN B-2013-352-13/14

广州蓝皮书
广州商贸业发展报告（2017）
著(编)者：李江涛　肖振宇　荀振英
2017年7月出版 / 估价：79.00元
PSN B-2012-245-10/14

广州蓝皮书
广州社会保障发展报告（2017）
著(编)者：蔡国萱　2017年8月出版 / 估价：79.00元
PSN B-2014-425-14/14

广州蓝皮书
广州文化创意产业发展报告（2017）
著(编)者：徐咏虹　2017年7月出版 / 估价：79.00元
PSN B-2008-111-6/14

广州蓝皮书
中国广州城市建设与管理发展报告（2017）
著(编)者：董皞　陈小钢　李江涛
2017年7月出版 / 估价：85.00元
PSN B-2007-087-4/14

广州蓝皮书
中国广州科技创新发展报告（2017）
著(编)者：邹采荣　马正勇　陈爽
2017年7月出版 / 估价：79.00元
PSN B-2006-065-2/14

广州蓝皮书
中国广州文化发展报告（2017）
著(编)者：徐俊忠　陆志强　顾涧清
2017年7月出版 / 估价：79.00元
PSN B-2009-134-7/14

贵阳蓝皮书
贵阳城市创新发展报告No.2（白云篇）
著(编)者：连玉明　2017年10月出版 / 估价：89.00元
PSN B-2015-491-3/10

贵阳蓝皮书
贵阳城市创新发展报告No.2（观山湖篇）
著(编)者：连玉明　2017年10月出版 / 估价：89.00元
PSN B-2011-235-1/1

贵阳蓝皮书
贵阳城市创新发展报告No.2（花溪篇）
著(编)者：连玉明　2017年10月出版 / 估价：89.00元
PSN B-2015-490-2/10

贵阳蓝皮书
贵阳城市创新发展报告No.2（开阳篇）
著(编)者：连玉明　2017年10月出版 / 估价：89.00元
PSN B-2015-492-4/10

贵阳蓝皮书
贵阳城市创新发展报告No.2（南明篇）
著(编)者：连玉明　2017年10月出版 / 估价：89.00元
PSN B-2015-496-8/10

贵阳蓝皮书
贵阳城市创新发展报告No.2（清镇篇）
著(编)者：连玉明　2017年10月出版 / 估价：89.00元
PSN B-2015-489-1/10

贵阳蓝皮书
贵阳城市创新发展报告No.2（乌当篇）
著(编)者：连玉明　2017年10月出版 / 估价：89.00元
PSN B-2015-495-7/10

贵阳蓝皮书
贵阳城市创新发展报告No.2（息烽篇）
著(编)者：连玉明　2017年10月出版 / 估价：89.00元
PSN B-2015-493-5/10

贵阳蓝皮书
贵阳城市创新发展报告No.2（修文篇）
著(编)者：连玉明　2017年10月出版 / 估价：89.00元
PSN B-2015-494-6/10

贵阳蓝皮书
贵阳城市创新发展报告No.2（云岩篇）
著(编)者：连玉明　2017年10月出版 / 估价：89.00元
PSN B-2015-498-10/10

贵州房地产蓝皮书
贵州房地产发展报告No.4（2017）
著(编)者：武廷方　2017年7月出版 / 估价：89.00元
PSN B-2014-426-1/1

贵州蓝皮书
贵州册亨经济社会发展报告 (2017)
著(编)者：黄德林　2017年3月出版 / 估价：89.00元
PSN B-2016-526-8/9

贵州蓝皮书
贵安新区发展报告（2016~2017）
著(编)者：马长青 吴大华　2017年6月出版 / 估价：89.00元
PSN B-2015-459-4/9

贵州蓝皮书
贵州法治发展报告（2017）
著(编)者：吴大华　2017年5月出版 / 估价：89.00元
PSN B-2012-254-2/9

贵州蓝皮书
贵州国有企业社会责任发展报告（2016~2017）
著(编)者：郭丽 周航 万强
2017年12月出版 / 估价：89.00元
PSN B-2015-511-6/9

贵州蓝皮书
贵州民航业发展报告（2017）
著(编)者：申振东 吴大华　2017年10月出版 / 估价：89.00元
PSN B-2015-471-5/9

贵州蓝皮书
贵州民营经济发展报告（2017）
著(编)者：杨静 吴大华　2017年4月出版 / 估价：89.00元
PSN B-2016-531-9/9

贵州蓝皮书
贵州人才发展报告（2017）
著(编)者：于杰 吴大华　2017年9月出版 / 估价：89.00元
PSN B-2014-382-3/9

贵州蓝皮书
贵州社会发展报告（2017）
著(编)者：王兴骥　2017年6月出版 / 估价：89.00元
PSN B-2010-166-1/9

贵州蓝皮书
贵州国家级开放创新平台发展报告（2017）
著(编)者：申晓庆 吴大华 李泓
2017年6月出版 / 估价：89.00元
PSN B-2016-518-1/9

海淀蓝皮书
海淀区文化和科技融合发展报告（2017）
著(编)者：陈名杰 孟景伟　2017年5月出版 / 估价：85.00元
PSN B-2013-329-1/1

杭州都市圈蓝皮书
杭州都市圈发展报告（2017）
著(编)者：沈翔 戚建国　2017年5月出版 / 估价：128.00元
PSN B-2012-302-1/1

杭州蓝皮书
杭州妇女发展报告（2017）
著(编)者：魏颖　2017年6月出版 / 估价：89.00元
PSN B-2014-403-1/1

河北经济蓝皮书
河北省经济发展报告（2017）
著(编)者：马树强 金浩 张贵
2017年4月出版 / 估价：89.00元
PSN B-2014-380-1/1

河北蓝皮书
河北经济社会发展报告（2017）
著(编)者：郭金平　2017年1月出版 / 定价：79.00元
PSN B-2014-372-1/2

河北蓝皮书
京津冀协同发展报告（2017）
著(编)者：陈路　2017年1月出版 / 定价：79.00元
PSN B-2015-601-2/2

河北食品药品安全蓝皮书
河北食品药品安全研究报告（2017）
著(编)者：丁锦霞　2017年6月出版 / 估价：89.00元
PSN B-2015-473-1/1

河南经济蓝皮书
2017年河南经济形势分析与预测
著(编)者：王世炎　2017年3月出版 / 定价：79.00元
PSN B-2007-086-1/1

河南蓝皮书
2017年河南社会形势分析与预测
著(编)者：刘道兴 牛苏林　2017年4月出版 / 估价89.00元
PSN B-2005-043-1/8

河南蓝皮书
河南城市发展报告（2017）
著(编)者：张占仓 王建国　2017年5月出版 / 估价：89.00元
PSN B-2009-131-3/8

河南蓝皮书
河南法治发展报告（2017）
著(编)者：丁同民 张林海　2017年5月出版 / 估价：89.00元
PSN B-2014-376-6/8

河南蓝皮书
河南工业发展报告（2017）
著(编)者：张占仓 丁同民　2017年5月出版 / 估价：89.00元
PSN B-2013-317-5/8

河南蓝皮书
河南金融发展报告（2017）
著(编)者：河南省社会科学院
2017年6月出版 / 估价：89.00元
PSN B-2014-390-7/8

河南蓝皮书
河南经济发展报告（2017）
著(编)者：张占仓 完世伟　2017年4月出版 / 估价：89.00元
PSN B-2010-157-4/8

河南蓝皮书
河南农业农村发展报告（2017）
著(编)者：吴海峰　2017年4月出版 / 估价：89.00元
PSN B-2015-445-8/8

河南蓝皮书
河南文化发展报告（2017）
著(编)者：卫绍生　2017年4月出版 / 估价：88.00元
PSN B-2008-106-2/8

河南商务蓝皮书
河南商务发展报告（2017）
著(编)者：焦锦淼 穆荣国　2017年6月出版 / 估价：88.00元
PSN B-2014-399-1/1

黑龙江蓝皮书
黑龙江经济发展报告（2017）
著(编)者：朱宇　2017年1月出版 / 定价：79.00元
PSN B-2011-190-2/2

黑龙江蓝皮书
黑龙江社会发展报告（2017）
著(编)者：谢宝禄　2017年1月出版 / 定价：79.00元
PSN B-2011-189-1/2

湖北文化蓝皮书
湖北文化发展报告（2017）
著(编)者：吴成国　2017年10月出版 / 估价：95.00元
PSN B-2016-567-1/1

湖南城市蓝皮书
区域城市群整合
著(编)者：童中贤 韩未名
2017年12月出版 / 估价：89.00元
PSN B-2006-064-1/1

湖南蓝皮书
2017年湖南产业发展报告
著(编)者：梁志峰　2017年5月出版 / 估价：128.00元
PSN B-2011-207-2/8

湖南蓝皮书
2017年湖南电子政务发展报告
著(编)者：梁志峰　2017年5月出版 / 估价：128.00元
PSN B-2014-394-6/8

湖南蓝皮书
2017年湖南经济展望
著(编)者：梁志峰　2017年5月出版 / 估价：128.00元
PSN B-2011-206-1/8

湖南蓝皮书
2017年湖南两型社会与生态文明发展报告
著(编)者：梁志峰　2017年5月出版 / 估价：128.00元
PSN B-2011-208-3/8

湖南蓝皮书
2017年湖南社会发展报告
著(编)者：梁志峰　2017年5月出版 / 估价：128.00元
PSN B-2014-393-5/8

湖南蓝皮书
2017年湖南县域经济社会发展报告
著(编)者：梁志峰　2017年5月出版 / 估价：128.00元
PSN B-2014-395-7/8

湖南蓝皮书
湖南城乡一体化发展报告（2017）
著(编)者：陈文胜 王文强 陆福兴 邝奕轩
2017年6月出版 / 估价：89.00元
PSN B-2015-477-8/8

湖南县域绿皮书
湖南县域发展报告 No.3
著(编)者：袁准 周小毛 黎仁寅
2017年3月出版 / 定价：79.00元
PSN G-2012-274-1/1

沪港蓝皮书
沪港发展报告（2017）
著(编)者：尤安山　2017年9月出版 / 估价：89.00元
PSN B-2013-362-1/1

吉林蓝皮书
2017年吉林经济社会形势分析与预测
著(编)者：邵汉明　2016年12月出版 / 定价：79.00元
PSN B-2013-319-1/1

吉林省城市竞争力蓝皮书
吉林省城市竞争力报告（2016~2017）
著(编)者：崔岳春 张磊　2016年12月出版 / 定价：79.00元
PSN B-2013-513-1/1

济源蓝皮书
济源经济社会发展报告（2017）
著(编)者：喻新安　2017年4月出版 / 估价：89.00元
PSN B-2014-387-1/1

健康城市蓝皮书
北京健康城市建设研究报告（2017）
著(编)者：王鸿春　2017年8月出版 / 估价：89.00元
PSN B-2015-460-1/2

江苏法治蓝皮书
江苏法治发展报告 No.6（2017）
著(编)者：蔡道通 龚廷泰　2017年8月出版 / 估价：98.00元
PSN B-2012-290-1/1

江西蓝皮书
江西经济社会发展报告（2017）
著(编)者：张勇 姜玮 梁勇　2017年10月出版 / 估价：89.00元
PSN B-2015-484-1/2

江西蓝皮书
江西设区市发展报告（2017）
著(编)者：姜玮 梁勇　2017年10月出版 / 估价：79.00元
PSN B-2016-517-2/2

江西文化蓝皮书
江西文化产业发展报告（2017）
著(编)者：张圣才 汪春翔
2017年10月出版 / 估价：128.00元
PSN B-2015-499-1/1

街道蓝皮书
北京街道发展报告No.2（白纸坊篇）
著(编)者：连玉明　2017年8月出版 / 估价：98.00元
PSN B-2016-544-7/15

街道蓝皮书
北京街道发展报告No.2（椿树篇）
著(编)者：连玉明　2017年8月出版 / 估价：98.00元
PSN B-2016-548-11/15

街道蓝皮书
北京街道发展报告No.2（大栅栏篇）
著(编)者：连玉明　2017年8月出版 / 估价：98.00元
PSN B-2016-552-15/15

街道蓝皮书
北京街道发展报告No.2（德胜篇）
著(编)者：连玉明　2017年8月出版 / 估价：98.00元
PSN B-2016-551-14/15

街道蓝皮书
北京街道发展报告No.2（广安门内篇）
著(编)者：连玉明　2017年8月出版 / 估价：98.00元
PSN B-2016-540-3/15

街道蓝皮书
北京街道发展报告No.2（广安门外篇）
著(编)者：连玉明　2017年8月出版 / 估价：98.00元
PSN B-2016-547-10/15

街道蓝皮书
北京街道发展报告No.2（金融街篇）
著(编)者：连玉明　2017年8月出版 / 估价：98.00元
PSN B-2016-538-1/15

街道蓝皮书
北京街道发展报告No.2（牛街篇）
著(编)者：连玉明　2017年8月出版 / 估价：98.00元
PSN B-2016-545-8/15

街道蓝皮书
北京街道发展报告No.2（什刹海篇）
著(编)者：连玉明　2017年8月出版 / 估价：98.00元
PSN B-2016-546-9/15

街道蓝皮书
北京街道发展报告No.2（陶然亭篇）
著(编)者：连玉明　2017年8月出版 / 估价：98.00元
PSN B-2016-542-5/15

街道蓝皮书
北京街道发展报告No.2（天桥篇）
著(编)者：连玉明　2017年8月出版 / 估价：98.00元
PSN B-2016-549-12/15

街道蓝皮书
北京街道发展报告No.2（西长安街篇）
著(编)者：连玉明　2017年8月出版 / 估价：98.00元
PSN B-2016-543-6/15

街道蓝皮书
北京街道发展报告No.2（新街口篇）
著(编)者：连玉明　2017年8月出版 / 估价：98.00元
PSN B-2016-541-4/15

街道蓝皮书
北京街道发展报告No.2（月坛篇）
著(编)者：连玉明　2017年8月出版 / 估价：98.00元
PSN B-2016-539-2/15

街道蓝皮书
北京街道发展报告No.2（展览路篇）
著(编)者：连玉明　2017年8月出版 / 估价：98.00元
PSN B-2016-550-13/15

经济特区蓝皮书
中国经济特区发展报告（2017）
著(编)者：陶一桃　2017年12月出版 / 估价：98.00元
PSN B-2009-139-1/1

辽宁蓝皮书
2017年辽宁经济社会形势分析与预测
2017年4月出版 / 估价：79.00元
PSN B-2006-053-1/1

洛阳蓝皮书
洛阳文化发展报告（2017）
著(编)者：刘福兴　陈启明　2017年7月出版 / 估价：89.00元
PSN B-2015-476-1/1

南京蓝皮书
南京文化发展报告（2017）
著(编)者：徐宁　2017年10月出版 / 估价：89.00元
PSN B-2014-439-1/1

南宁蓝皮书
南宁法治发展报告（2017）
著(编)者：杨维超　2017年12月出版 / 估价：79.00元
PSN B-2015-509-1/3

南宁蓝皮书
南宁经济发展报告（2017）
著(编)者：胡建华　2017年9月出版 / 估价：79.00元
PSN B-2016-570-2/3

南宁蓝皮书
南宁社会发展报告（2017）
著(编)者：胡建华　2017年9月出版 / 估价：79.00元
PSN B-2016-571-3/3

内蒙古蓝皮书
内蒙古反腐倡廉建设报告 No.2
著(编)者：张志华 无极　2017年12月出版 / 估价：79.00元
PSN B-2013-365-1/1

浦东新区蓝皮书
上海浦东经济发展报告（2017）
著(编)者：沈开艳 周奇　2017年2月出版 / 定价：79.00元
PSN B-2011-225-1/1

青海蓝皮书
2017年青海经济社会形势分析与预测
著(编)者：陈玮　2016年12月出版 / 定价：79.00元
PSN B-2012-275-1/1

人口与健康蓝皮书
深圳人口与健康发展报告（2017）
著(编)者：陆杰华 罗乐宣 苏杨
2017年11月出版 / 估价：89.00元
PSN B-2011-228-1/1

山东蓝皮书
山东经济形势分析与预测（2017）
著(编)者：李广杰　2017年7月出版 / 估价：89.00元
PSN B-2014-404-1/4

山东蓝皮书
山东社会形势分析与预测（2017）
著(编)者：张华 唐洲雁　2017年6月出版 / 估价：89.00元
PSN B-2014-405-2/4

山东蓝皮书
山东文化发展报告（2017）
著(编)者：涂可国　2017年11月出版 / 估价：98.00元
PSN B-2014-406-3/4

山西蓝皮书
山西资源型经济转型发展报告（2017）
著(编)者：李志强　2017年7月出版 / 估价：89.00元
PSN B-2011-197-1/1

陕西蓝皮书
陕西经济发展报告（2017）
著(编)者：任宗哲 白宽犁 裴成荣
2017年1月出版 / 定价：69.00元
PSN B-2009-135-1/5

陕西蓝皮书
陕西社会发展报告（2017）
著(编)者：任宗哲 白宽犁 牛昉
2017年1月出版 / 定价：69.00元
PSN B-2009-136-2/5

陕西蓝皮书
陕西文化发展报告（2017）
著(编)者：任宗哲 白宽犁 王长寿
2017年1月出版 / 定价：69.00元
PSN B-2009-137-3/5

上海蓝皮书
上海传媒发展报告（2017）
著(编)者：强荧 焦雨虹　2017年2月出版 / 定价：79.00元
PSN B-2012-295-5/7

上海蓝皮书
上海法治发展报告（2017）
著(编)者：叶青　2017年6月出版 / 估价：89.00元
PSN B-2012-296-6/7

上海蓝皮书
上海经济发展报告（2017）
著(编)者：沈开艳　2017年2月出版 / 定价：79.00元
PSN B-2006-057-1/7

上海蓝皮书
上海社会发展报告（2017）
著(编)者：杨雄 周海旺　2017年2月出版 / 定价：79.00元
PSN B-2006-058-2/7

上海蓝皮书
上海文化发展报告（2017）
著(编)者：荣跃明　2017年2月出版 / 定价：79.00元
PSN B-2006-059-3/7

上海蓝皮书
上海文学发展报告（2017）
著(编)者：陈圣来　2017年6月出版 / 估价：89.00元
PSN B-2012-297-7/7

上海蓝皮书
上海资源环境发展报告（2017）
著(编)者：周冯琦 汤庆合
2017年2月出版 / 定价：79.00元
PSN B-2006-060-4/7

社会建设蓝皮书
2017年北京社会建设分析报告
著(编)者：宋贵伦 冯虹　2017年10月出版 / 估价：89.00元
PSN B-2010-173-1/1

深圳蓝皮书
深圳法治发展报告（2017）
著(编)者：张骁儒　2017年6月出版 / 估价：89.00元
PSN B-2015-470-6/7

深圳蓝皮书
深圳经济发展报告（2017）
著(编)者：张骁儒　2017年7月出版 / 估价：89.00元
PSN B-2008-112-3/7

深圳蓝皮书
深圳劳动关系发展报告（2017）
著(编)者：汤庭芬　2017年6月出版 / 估价：89.00元
PSN B-2007-097-2/7

深圳蓝皮书
深圳社会建设与发展报告（2017）
著(编)者：张骁儒 陈东平　2017年7月出版 / 估价：89.00元
PSN B-2008-113-4/7

深圳蓝皮书
深圳文化发展报告(2017)
著(编)者：张骁儒　2017年7月出版 / 估价：89.00元
PSN B-2016-555-7/7

丝绸之路蓝皮书
丝绸之路经济带发展报告（2017）
著(编)者：任宗哲 白宽犁 谷孟宾
2017年1月出版 / 定价：75.00元
PSN B-2014-410-1/1

法治蓝皮书
四川依法治省年度报告 No.3（2017）
著(编)者：李林 杨天宗 田禾
2017年3月出版 / 定价：118.00元
PSN B-2015-447-1/1

四川蓝皮书
2017年四川经济形势分析与预测
著(编)者：杨钢　2017年1月出版 / 定价：98.00元
PSN B-2007-098-2/7

四川蓝皮书
四川城镇化发展报告（2017）
著(编)者：侯水平 陈炜　2017年4月出版 / 估价：85.00元
PSN B-2015-456-7/7

四川蓝皮书
四川法治发展报告（2017）
著(编)者：郑泰安　2017年4月出版 / 估价：89.00元
PSN B-2015-441-5/7

四川蓝皮书
四川企业社会责任研究报告（2016～2017）
著(编)者：侯水平 盛毅 翟刚
2017年4月出版 / 估价：89.00元
PSN B-2014-386-4/7

四川蓝皮书
四川社会发展报告（2017）
著(编)者：李羚　2017年5月出版 / 估价：89.00元
PSN B-2008-127-3/7

四川蓝皮书
四川生态建设报告（2017）
著(编)者：李晟之　2017年4月出版 / 估价：85.00元
PSN B-2015-455-6/7

四川蓝皮书
四川文化产业发展报告（2017）
著(编)者：向宝云 张立伟
2017年4月出版 / 估价：89.00元
PSN B-2006-074-1/7

体育蓝皮书
上海体育产业发展报告（2016~2017）
著(编)者：张林 黄海燕
2017年10月出版 / 估价：89.00元
PSN B-2015-454-4/4

体育蓝皮书
长三角地区体育产业发展报告（2016~2017）
著(编)者：张林 2017年4月出版 / 估价：89.00元
PSN B-2015-453-3/4

天津金融蓝皮书
天津金融发展报告（2017）
著(编)者：王爱俭 孔德昌
2017年12月出版 / 估价：98.00元
PSN B-2014-418-1/1

图们江区域合作蓝皮书
图们江区域合作发展报告（2017）
著(编)者：李铁 2017年6月出版 / 估价：98.00元
PSN B-2015-464-1/1

温州蓝皮书
2017年温州经济社会形势分析与预测
著(编)者：潘忠强 王春光 金浩
2017年4月出版 / 估价：89.00元
PSN B-2008-105-1/1

西咸新区蓝皮书
西咸新区发展报告（2016~2017）
著(编)者：李扬 王军 2017年6月出版 / 估价：89.00元
PSN B-2016-535-1/1

扬州蓝皮书
扬州经济社会发展报告（2017）
著(编)者：丁纯 2017年12月出版 / 估价：98.00元
PSN B-2011-191-1/1

长株潭城市群蓝皮书
长株潭城市群发展报告（2017）
著(编)者：张萍 2017年12月出版 / 估价：89.00元
PSN B-2008-109-1/1

中医文化蓝皮书
北京中医文化传播发展报告（2017）
著(编)者：毛嘉陵 2017年5月出版 / 估价：79.00元
PSN B-2015-468-1/2

珠三角流通蓝皮书
珠三角商圈发展研究报告（2017）
著(编)者：王先庆 林至颖
2017年7月出版 / 估价：98.00元
PSN B-2012-292-1/1

遵义蓝皮书
遵义发展报告（2017）
著(编)者：曾征 龚永育 雍思强
2017年12月出版 / 估价：89.00元
PSN B-2014-433-1/1

国际问题类

"一带一路"跨境通道蓝皮书
"一带一路"跨境通道建设研究报告（2017）
著(编)者：郭业洲 2017年8月出版 / 估价：89.00元
PSN B-2016-558-1/1

"一带一路"蓝皮书
"一带一路"建设发展报告（2017）
著(编)者：孔丹 李永全 2017年7月出版 / 估价：89.00元
PSN B-2016-553-1/1

阿拉伯黄皮书
阿拉伯发展报告（2016~2017）
著(编)者：罗林 2017年11月出版 / 估价：89.00元
PSN Y-2014-381-1/1

北部湾蓝皮书
泛北部湾合作发展报告（2017）
著(编)者：吕余生 2017年12月出版 / 估价：85.00元
PSN B-2008-114-1/1

大湄公河次区域蓝皮书
大湄公河次区域合作发展报告（2017）
著(编)者：刘稚 2017年8月出版 / 估价：89.00元
PSN B-2011-196-1/1

大洋洲蓝皮书
大洋洲发展报告（2017）
著(编)者：喻常森 2017年10月出版 / 估价：89.00元
PSN B-2013-341-1/1

德国蓝皮书
德国发展报告（2017）
著(编)者：郑春荣　　2017年6月出版 / 估价：89.00元
PSN B-2012-278-1/1

东盟黄皮书
东盟发展报告（2017）
著(编)者：杨晓强 庄国土
2017年4月出版 / 估价：89.00元
PSN Y-2012-303-1/1

东南亚蓝皮书
东南亚地区发展报告（2016~2017）
著(编)者：厦门大学东南亚研究中心　王勤
2017年12月出版 / 估价：89.00元
PSN B-2012-240-1/1

俄罗斯黄皮书
俄罗斯发展报告（2017）
著(编)者：李永全　　2017年7月出版 / 估价：89.00元
PSN Y-2006-061-1/1

非洲黄皮书
非洲发展报告 No.19（2016~2017）
著(编)者：张宏明　　2017年8月出版 / 估价：89.00元
PSN Y-2012-239-1/1

公共外交蓝皮书
中国公共外交发展报告（2017）
著(编)者：赵启正 雷蔚真
2017年4月出版 / 估价：89.00元
PSN B-2015-457-1/1

国际安全蓝皮书
中国国际安全研究报告(2017)
著(编)者：刘慧　　2017年7月出版 / 估价：98.00元
PSN B-2016-522-1/1

国际形势黄皮书
全球政治与安全报告（2017）
著(编)者：张宇燕
2017年1月出版 / 定价：89.00元
PSN Y-2001-016-1/1

韩国蓝皮书
韩国发展报告（2017）
著(编)者：牛林杰 刘宝全
2017年11月出版 / 估价：89.00元
PSN B-2010-155-1/1

加拿大蓝皮书
加拿大发展报告（2017）
著(编)者：仲伟合　　2017年9月出版 / 估价：89.00元
PSN B-2014-389-1/1

拉美黄皮书
拉丁美洲和加勒比发展报告（2016~2017）
著(编)者：吴白乙　　2017年6月出版 / 估价：89.00元
PSN Y-1999-007-1/1

美国蓝皮书
美国研究报告（2017）
著(编)者：郑秉文 黄平　2017年6月出版 / 估价：89.00元
PSN B-2011-210-1/1

缅甸蓝皮书
缅甸国情报告（2017）
著(编)者：李晨阳　　2017年12月出版 / 估价：86.00元
PSN B-2013-343-1/1

欧洲蓝皮书
欧洲发展报告（2016~2017）
著(编)者：黄平 周弘 江时学
2017年6月出版 / 估价：89.00元
PSN B-1999-009-1/1

葡语国家蓝皮书
葡语国家发展报告（2017）
著(编)者：王成安 张敏　2017年12月出版 / 估价：89.00元
PSN B-2015-503-1/2

葡语国家蓝皮书
中国与葡语国家关系发展报告·巴西（2017）
著(编)者：张曙光　　2017年8月出版 / 估价：89.00元
PSN B-2016-564-2/2

日本经济蓝皮书
日本经济与中日经贸关系研究报告（2017）
著(编)者：张季风　　2017年5月出版 / 估价：89.00元
PSN B-2008-102-1/1

日本蓝皮书
日本研究报告（2017）
著(编)者：杨伯江　　2017年5月出版 / 估价：89.00元
PSN B-2002-020-1/1

上海合作组织黄皮书
上海合作组织发展报告（2017）
著(编)者：李进峰 吴宏伟 李少捷
2017年6月出版 / 估价：89.00元
PSN Y-2009-130-1/1

世界创新竞争力黄皮书
世界创新竞争力发展报告（2017）
著(编)者：李闽榕 李建平 赵新力
2017年4月出版 / 估价：148.00元
PSN Y-2013-318-1/1

泰国蓝皮书
泰国研究报告（2017）
著(编)者：庄国土 张禹东
2017年8月出版 / 估价：118.00元
PSN B-2016-557-1/1

土耳其蓝皮书
土耳其发展报告（2017）
著(编)者：郭长刚 刘义　2017年9月出版 / 估价：89.00元
PSN B-2014-412-1/1

亚太蓝皮书
亚太地区发展报告（2017）
著(编)者：李向阳　　2017年4月出版 / 估价：89.00元
PSN B-2001-015-1/1

印度蓝皮书
印度国情报告（2017）
著(编)者：吕昭义　　2017年12月出版 / 估价：89.00元
PSN B-2012-241-1/1

印度洋地区蓝皮书
印度洋地区发展报告（2017）
著(编)者：汪戎　2017年6月出版／估价：89.00元
PSN B-2013-334-1/1

英国蓝皮书
英国发展报告（2016～2017）
著(编)者：王展鹏　2017年11月出版／估价：89.00元
PSN B-2015-486-1/1

越南蓝皮书
越南国情报告（2017）
著(编)者：谢林城
2017年12月出版／估价：89.00元
PSN B-2006-056-1/1

以色列蓝皮书
以色列发展报告（2017）
著(编)者：张倩红　2017年8月出版／估价：89.00元
PSN B-2015-483-1/1

伊朗蓝皮书
伊朗发展报告（2017）
著(编)者：冀开远　2017年10月出版／估价：89.00元
PSN B-2016-575-1/1

中东黄皮书
中东发展报告 No.19（2016～2017）
著(编)者：杨光　2017年10月出版／估价：89.00元
PSN Y-1998-004-1/1

中亚黄皮书
中亚国家发展报告（2017）
著(编)者：孙力 吴宏伟　2017年7月出版／估价：98.00元
PSN Y-2012-238-1/1

　　皮书序列号是社会科学文献出版社专门为识别皮书、管理皮书而设计的编号。皮书序列号是出版皮书的许可证号，是区别皮书与其他图书的重要标志。

　　它由一个前缀和四部分构成。这四部分之间用连字符"-"连接。前缀和这四部分之间空半个汉字（见示例）。

《国际人才蓝皮书：中国留学发展报告》序列号示例

　　从示例中可以看出，《国际人才蓝皮书：中国留学发展报告》的首次出版年份是2012年，是社科文献出版社出版的第244个皮书品种，是"国际人才蓝皮书"系列的第2个品种（共4个品种）。

❖ 皮书起源 ❖

"皮书"起源于十七、十八世纪的英国,主要指官方或社会组织正式发表的重要文件或报告,多以"白皮书"命名。在中国,"皮书"这一概念被社会广泛接受,并被成功运作、发展成为一种全新的出版形态,则源于中国社会科学院社会科学文献出版社。

❖ 皮书定义 ❖

皮书是对中国与世界发展状况和热点问题进行年度监测,以专业的角度、专家的视野和实证研究方法,针对某一领域或区域现状与发展态势展开分析和预测,具备原创性、实证性、专业性、连续性、前沿性、时效性等特点的公开出版物,由一系列权威研究报告组成。

❖ 皮书作者 ❖

皮书系列的作者以中国社会科学院、著名高校、地方社会科学院的研究人员为主,多为国内一流研究机构的权威专家学者,他们的看法和观点代表了学界对中国与世界的现实和未来最高水平的解读与分析。

❖ 皮书荣誉 ❖

皮书系列已成为社会科学文献出版社的著名图书品牌和中国社会科学院的知名学术品牌。2016 年,皮书系列正式列入"十三五"国家重点出版规划项目;2012~2016 年,重点皮书列入中国社会科学院承担的国家哲学社会科学创新工程项目;2017 年,55 种院外皮书使用"中国社会科学院创新工程学术出版项目"标识。

中国皮书网

www.pishu.cn

发布皮书研创资讯，传播皮书精彩内容
引领皮书出版潮流，打造皮书服务平台

栏目设置

关于皮书：何谓皮书、皮书分类、皮书大事记、皮书荣誉、
皮书出版第一人、皮书编辑部

最新资讯：通知公告、新闻动态、媒体聚焦、网站专题、视频直播、下载专区

皮书研创：皮书规范、皮书选题、皮书出版、皮书研究、研创团队

皮书评奖评价：指标体系、皮书评价、皮书评奖

互动专区：皮书说、皮书智库、皮书微博、数据库微博

所获荣誉

2008 年、2011 年，中国皮书网均在全国新闻出版业网站荣誉评选中获得"最具商业价值网站"称号；

2012 年，获得"出版业网站百强"称号。

网库合一

2014 年，中国皮书网与皮书数据库端口合一，实现资源共享。更多详情请登录www.pishu.cn。